光文社文庫

読書の方法

なにを、どう読むか

吉本隆明

KOBUNSHA

土

『読書の方法』◎目次

第1章　なにに向かって読むのか　〝読書原論〟

なにに向かって読むのか　10
読書について　17
読むことの愉しみ　25
本に向かって　27
《インタビュー》いま活字は衰退しているか　36
書物の評価　47
「書評」を書く難かしさ　55
《インタビュー》戦後思想界の巨人の頭脳が映し出された書棚　58
いずれ物書き自身を廃棄処分にする時代が来るだろう　62
《対談》吉本隆明・中沢新一
消滅にむかう世界のなかで、「現在」を読みとくための読書論　67

第2章　どう読んできたか　〝読書体験論〞

本を読まなかった　100
読書とは、書物からの知識を得ることより、一種の精神病理だ　わが生涯の愛読書　103
思い出の本　118
国語の教科書　121
百人一首の遊び　127
書くことで自意識の拡がりを充たした日々　134
《インタビュー》詩について　138
近代詩の歩み　148
《インタビュー》東京の本１００冊　149
ある履歴　171
《インタビュー》批評と学問＝西欧近代化をどうとらえるか　177

第3章　なにを読んだか、なにを読むか　〝読書対象論〟

ノン・ジャンル　ベスト120　234
わが古典　太宰治「黄金風景」　257
短篇小説ベスト3　作者の資質の根をあらわにした短篇　262
思想書ベスト10　人に読んでもらいたいオーソドックスな十冊　267
思想書（日本）ベスト50　絶望的かつ楽天的な、日本の思想書　273
「ナショナリズム」の書　297
「国家の思想」の書　302
文学者への言葉　311
私の好きな文庫本ベスト5　321
'93単行本・ベスト3　324
'94単行本・ベスト3　327
「戦後詩を読む」　330
30人への3つの質問　331

《対談》吉本隆明・荒俣宏
恋愛小説の新しい効用 332
あとがき 386
本文に登場する主要な著作、著作者索引 403
初出一覧 405
解説 還相《げんそう》の方位 齋藤愼爾 407

本文デザイン　大竹左紀斗

第1章　なにに向かって読むのか　〝読書原論〟

なにに向かって読むのか

　いぜんには、なにに向かって読むということもなしに、手あたり次第に読み、途中でたちどまって書物からひき出されるとりとめもない空想や感想にふける、という読み方をする時間があった。貸本屋[*1]がどこにでもあった頃で、時代小説や推理小説を借りては読み、借りては読みして、とうとう近所の貸本屋の大衆小説の棚には目新しい本はなくなってしまったこともあった。

　その体験には本を読むということの、ほんとうに大切な部分があったような気がする。本を読むということは、ひとがいうほど生活のたしになることもなければ、社会を判断することのたしになるものでもない。また、有益なわけでも有害なわけでもない。生活の世界があり、書物の世界があり、いずれも体験であるにはちがいないが、どこまでも二重になった体験で、どこかで地続きになっているところなどないから、本を読んで実生活の役に立つことなどはないのである。

　また、世界を判断するのに役たつこともない。書物に記載された判断をそのまま受け入れると、この世界はさかさまになる。重たいのは書物の判断で、軽いのは現実の体験からくる判断だというように。これがすべて優れた書物であればあるほど多量にもっている毒である。そこで、書物の判断は、いつもパズルを解くような反訳をしてからでないと、現実には受け入れられないようにできている。

書物がそういうものであるとすれば、読むことの中心には、いつも、なにに向かって読むのか、ということを〈無〉にしてしまうものがあって然るべきだ、といったほうがいい。

あなたはなにに向かって読むのか？

こういう本質的な問いにたいして、いまのわたしは、たぶん答える資格を欠いている。学生が試験に向かって読み、学者が研究に向かって読み、司法家が法律に向かって読み、実務家が利潤に向かって読み、といったことと、あまり変りのない読み方しかしていないからである。そして、こういう読み方は、読書の中心にある大切なものを欠いた読み方にしかすぎない。

図書館にゆくと、すべての書物は、誰かによって手をつけられていることがわかる。けれど、たぶんほんとうに読まれたのではなく、なにかの役にたてようとして読まれる方がほとんどなのだ。余裕もなく、はやく結論がみつけられないかどうかと焦りながら。そして、書き手もまた、読み手のせき込みに応じようとして、なにかに尻をたたかれながら書物をつくりあげたという書物が、ほとんどであるかもしれない。

ある書物がよい書物であるか、そうでないかを判断するために、普通わたしたちがやっていることは誰でも類似している。じぶんが比較的得意な項目、じぶんが体験などを綜合してよく考えたこと、あるいは切実に思い煩っていること、などについて、その書物がどう書いているかを、拾って読んでみればよい。よい書物であれば、きっとそういうことについて、よい記述がしてあるから、だいたいその個処で、書物の全体を占ってもそれほど見当が外れることはない。

だが、じぶんの知識にも、体験にも、まったくかかわりのない書物にゆきあたったときは、どう判断すればよいのだろうか。

それは、たぶん、書物にふくまれている世界によってきめられる。優れた書物には、どんな分野のものであっても小さな世界がある。その世界は書き手のもっている世界の縮尺のようなものである。この縮尺には書き手が通り過ぎてきた〈山〉や〈谷〉や、宿泊した〈土地〉や、出遇った人や、思い煩った痕跡などが、すべて豆粒のように小さくなって籠《こ》められている。どんな拡大鏡にかけても、この〈山〉や〈谷〉や〈土地〉や〈人〉は、眼には視《み》えないかも知れない。

そう、じじつそれは視えない。視えない世界が含まれているかどうかを、どうやって知ることができるのだろう？

もし、ひとつの書物を読んで、読み手を引きずり、また休ませ、立ちどまって空想させ、また考え込ませ、ようするにここは文字のひと続きのようにみえても、じつは広場みたいなところだな、と感じさせるものがあったら、それは小さな世界だと考えてよいのではないか。

この小さな世界は、知識にも体験にも理念にもかかわりがない。書き手がいく度も反復して立ちどまり、また戻り、また歩きだし、そして思い煩った場所なのだ。かれは、そういう小さな世界をつくり出すために、長い年月を棒にふった。棒にふるだけの価値があるかどうかもわからずに、どうしようもなく棒にふってしまった。そこには書き手以外の人の影も、隣人もいなかった。また、どういう道もついていなかった。行きつ戻りつしたために、そこだけが踏み固められて広場のようになってしまった。

じっさいは広場というようなものではなく、ただの踏み溜りでしかないほど小さな場所で、そこからさきに道がついているわけでもない。たぶん、書き手ひとりがやっと腰を下ろせるくらいの小さな場所にしかすぎない。けれどそれは世界なのだ。そういう場所に行き当った読み手は、ひとつひとつの言葉、何行かの文章にわからないところがあっても、書き手をつかまえたことになるのだ。

わたしは、なぜ文章を書くようになったかを考えてみる。心のなかに奇怪な観念が横行してどうしようもなくもて余していた少年の晩期のころ、喋《しゃべ》ることがどうしても他者に通じないという感じに悩まされた。この思いは、極端になるばかりであった。とうとう、誰からも無口だといわれるほど、この感じは外にもあらわれるようになった。父親は、おまえこのごろ覇気《はき》がなくなったというようになった。過剰な観念をどう扱ってよいかわからず、喋ることは、じぶんをあらわしえないということに思い煩っていたので、覇気がなくなったのは当然であった。

われながら、青年になりかかるころの素直な言動がないことを認めざるをえなかった。いまおもえば、〈若さ〉というものは、まさしくそういうことなのだ。他者にすぐ判るように外に出せる覇気など、どうせ、たいした覇気ではない、と断言できるが、そのとき、そういいきるだけの自信はなかった。

そうして、喋ることへの不信から、書くことを覚えるようになった。それは同時に読むようになったことを意味している。

わたしの読書は、出発点でなにに向かって読んだのだろうか。たぶん、自分自身を探しに出かけるというモチーフで読みはじめたのである。じぶんの思い煩っていることを代弁してくれていて、しかも、じぶんの同類のようなものを探しあてたいという願望でいっぱいであった。すると書物のなかに、あるときは登場人物として、あるときは書き手として、同類がたくさんいたのである。

　自分の周囲を見わたしても、同類はまったくいないようにおもわれたのに、書物のなかでは、たくさん同類がみつけられた。そこで、書物を読むことに病みつきになった。深入りするにつれて、読書の毒は全身を侵しはじめた、といまでもおもっている。

　ところで、そういうある時期に、わたしはふと気がついた。じぶんの周囲には、あまりじぶんの同類はみつからないのに、書物のなかにはたくさんの同類がみつけられるというのはなぜだろうか。

　ひとつの答えは、書物の書き手になった人間は、じぶんとおなじように周囲に同類はみつからず、また、喋言ることでは他者に通じないという思いになやまされた人たちではないのだろうか、ということである。もうひとつの答えは、じぶんの周囲にいる人たちもみな、じつは喋言ることでは他者と疎通しないという思いに悩まされているのではないか。ただ、外からはそう視えないだけではないのか、ということである。

　後者の答えに思いいたったとき、わたしは、はっとした。わたしもまた、周囲の人たちから視ると思いの通じない人間に視えているにちがいない。

　うかつにも、わたしは、この時期にはじめて、じぶんの姿をじぶんの外で視るとどう視えるか、を知った。わたしはわたしが判ったとおもった。もっとおおげさにいうと、人間が判ったような気がした。

もちろん、前者の答えも幾分かの度合で真実であるにちがいない。しかし、後者の答えのほうがわたしは好きであった。眼から鱗《うろこ》が落ちるような体験であった。

わたしは、文章を書くことを専門とするようになってからも、できるだけそういう人たちだけの世界に近づかないようにしてきた。つまり、後者の答えを胸の奥の戒律としてきた。

もし、わたしが書き手としてすこしましなところがあるとすれば、わたしがほんとうに畏れている人たちが、ほかの書き手ではなく、後者の答えによって発見したじぶんをじぶんの外で視るときのじぶんの凡庸さに映った人たちであることだけに基いている。

＊1貸本屋＝さまざまな本を一定期間貸し出して、レンタル料をとる店。あるいは、得意先を巡回して本を貸す、行商の一種。すでに江戸時代から存在していたが、昭和以後の書籍の爆発的な出版により、昭和三十年代に、全盛期を迎えた。その後テレビの普及や、古書店、図書館の発達などもあって、現在では数が激減。

読書について

現在、わたしは、推理小説、時代小説をとりまぜて、ひと月に、十数冊くらいの量をよむ。これは、べつに仕事とも何も関係のない暇つぶしのようなものである。

先頃、今年度の芥川賞と直木賞の候補作品というのが新聞に掲載されていたが、おどろいたことに直木賞候補作品は一冊を除いて全部よんでいるのに、芥川賞候補作品は一篇を除いて全部よんでいなかった。どうせ、暇つぶしとすれば、芥川賞候補作品より、直木賞候補作品のほうが、はるかに面白いのだから仕方がない。

仕事に関係のある書物はよむが、そのよみかたは調べるといったほうがいいもので、けっして読書といいうるものではない。こうかんがえてみるとここ数年来、わたしは一冊も書物をよんでいないということになる。

書物をよむということは、そこにかかれた表現をたどり、著者の精神的な生活を、追体験することをさしているから、たとえ、数十冊の推理小説を追っても、ひとつもよんでいないこともあるし、たとえ、一冊の他人にはつまらないとおもわれる書物でも、精神的な大事件のようによむこともありうる。

わたしは、まだ弱年だから、これからどのような書物に出会い、どのような精神と遭遇し、どのように震撼《しんかん》されることがあるかわからない。それを考えることはたのしくもあり、また、恐ろしいような気もする。

いままでの読書の体験のうち、恐ろしい精神的な事件のようなよみ方をしたのは、十代の半ばごろよんだファーブルの『昆虫記』[*1]と、二十代のはじめごろよんだ『新約聖書』[*2]と、二十代の半ばごろよんだ『資本論』[*3]であった。

あえていえば、この何《いず》れの場合も、完全にこれらの書物を理解したとはいわない。しかし、たしかにわかったという感じがしたのである。

『昆虫記』をよんだ時期は、ちょうど太平洋戦争のはじまる一年くらい前である。ファーブルの分析的な緊密な文体をたどりながら、たしかに、ここに、一生を棒にふってどこかの路ばたにうずくまって蟻地獄の生態などを観察している孤独な人間がいるような気がした。それは、十代の柔軟なこころには恐ろしい感動であった。

昆虫の生態を観察しているファーブルは充実した時間のなかにおり、すこしの孤独もないのだが、そういうことに生涯をついやしうるということで、わたしは人間の孤独とは何かということを感じないではおられなかった。実用的ならざるもの、役に立たざるものは価値なしというような窮乏した職人的家系のなかにいたわたしには、人間が昆虫の観察のために一生を費しうるのだということを『昆虫記』を通じて知った。そして、そのために浪費された時間は、たしかに『昆虫記』の観察のなかに詰めこまれていることを了解したのである。

そこには鋭利な分析的な文体と、なめるように対象を観察したものにしかありえない感覚的なイメージがあり、その背後に、うずくまって虫を観察している充実した孤独な老人を視たような気がした。

『新約聖書』をよんだのは、敗戦直後の混迷した精神状態のさ中であった。そのころは、ちょうど天地がひっくりかえったような精神状態で、すべてを白眼視していた時期であった。そんなとき、十代によんだ『昆虫記』のことなどを想い出すことができたら、随分道がひらけたろうとおもうが、そんな時期にかぎって眼は現実の社会的動きに苛立っているものだ。

いまおもうと、自分がコッケイであり、悲しくもあるが、富士見坂の教会などに行って、牧師の説教をきいたりしたこともあった。

だめなのだ。彼らは、『新約聖書』の理解を、まったく、まちがっているとしかおもえなかった。綺麗事《きれいごと》じゃないか。『新約聖書』なんて、そんなものじゃないよ、という抗議を、こころのなかで何度もあげた。

わたしは、その時も、いまも、『新約聖書』を理解した日本の文学作品としては、太宰治の「駈込み訴へ」[*4]が、最上のものではないかとかんがえている。芥川龍之介の「西方の人」は、太宰の「駈込み訴へ」一篇に及ばないのである。

やがて、わたしなりの新約理解をたどって、「マチウ書試論」[*5]という評論をかき、このときの『新約聖書』からうけた恩恵に、いささか、むくいることができた。『新約聖書』の作者は、おそらく人類の生んだ最大の思想家の一人である。そこにある愛憎の大きさは、とうてい常人のたどりうるものではないとおもう。しかし、創られた『新約聖書』より、神話の書である『旧約聖書』のほうが、書物としては、はるかにすぐれていると考えたのは、ずっと後になってからである。

『資本論』をよんだのは大学院の研究生時代であった。わたしは、ジイド[*6]、リストの名著『経済学説史』や、ジョセフ・シュムペーター[*7]の『経済学史』を一読してから、スミス[*8]からマルクスまでの古典経済学の主著をたどっていった。シスモンディ[*9]やロウドベルトゥス、ヤゲッツオなどにも触れていたので、『資本論』の発想が確然たる独創とはおもわなかったし、同時代の人間は、おなじようなことを模索するものだなあと思ったが、『資本論』の精密な膨大な論理の体系は、ほとんど有無をいわさぬ形で常人に隔絶していることを感じた。

素人であるわたしがこんなことをいうのは、『資本論』の解釈に一生を費してやまない学者にたいして、後ろめたい気がするが、あえてゆるしてもらえば、わたしは『資本論』を千年に一度くらいしかあらわれない種類の書物だとおもう。その圧倒的な論理は、どうしようもないのである。

『資本論』にくらべれば、『ドイツ・イデオロギー』[*10]などは、ただ天才の書であるというにすぎない。レーニン[*11]の『帝国主義論』などは、天才的な実践家の政治哲学の書であるというにすぎまい。また、『金融資本論』をかいたルドルフ・ヒルファディング[*12]は、世界的な水準のマルクス主義経済学者であるというだけだ。

このようにかんがえてくると、わたしの読書範囲で、ほとんど現実的な事件とおなじように精神を動かした書物には、何か共通の性格があるような気がする。

それは、情熱の火柱が太いというようなシェイクスピアにたいする太宰治の言いかたが当っているのかもしれないし、また、たとえば、常人ならば数時間くらいしか耐ええない思案を、連続的に数年間耐えつづけるような、並はずれた精神の力が書物に存在していることかもしれない。

しかし、また、べつのことを言うべきである。人間とは、生まれ、子どもとなり、青年となり、壮年となり、老人となり死ぬまでの間に、何か為すべきことを程度に応じて為すために生涯があるのだ、というような軌道をまったくはずれて、とにかく、どんな微細な事であれ、巨大な事であれ、事の大小にかかわりなく、その事のために膨大な時間を浪費することのできた人間の精神的な生活が書物のなかにあるとき、その書物は事件のようにわたしのこころを動かすのではないか。

『昆虫記』のファーブルも、『新約聖書』の作者も『資本論』のマルクスも、また、やがてわたしが遭遇するであろうすぐれた書物の著者も、その著書によってどうしようと考えるよりまえに、彼自身の生自体が必然的にそこにのめり込み、のめり込んだ主題につきすすんだままやがて気がつくと、膨大な時間を浪費していた、という種類の人物であることはうたがいない。

ファーブルは、昆虫を眺めて、ふとわれにかえったらシラガのお爺さん。『新約聖書』の作者は人を愛憎して、ふとわれにかえったらシラガのお爺さん。マルクスは資本主義社会の正体をあばいて、ふとわれにかえったらシラガのお爺さん。

読書が、こういう人物の精神に出あうためになされるのでなければ、あるいは、書物よりも、現実のほうがずっとおもしろいのではないかとかんがえる。

＊1『昆虫記』＝フランスの昆虫学者ファーブル（ジャン・アンリ、一八二三〜一九一五）の著作。さまざまな虫の生態を描いた。全十巻（一八七九〜一九一〇刊）。
＊2『新約聖書』＝イエス・キリストや弟子たちの言行を記し、また手紙などを加えた、キリスト教の聖典。「マタイ伝（マチウ書ともいう）」「ヨハネ伝」「パウロの手紙」「黙示録」など、二十七の文書からなる。成立は、西暦六五年頃以降とされる。ユダヤ教の聖典でもある『旧約聖書』と合わせて、『聖書』と呼ばれる。
＊3『資本論』＝ドイツの経済学者・思想家・革命家カール・マルクス（一八一八〜一八八三）の主著。全三巻。第二巻、第三巻は盟友フリードリヒ・エンゲルス（一八二〇〜一八九五）が編集。近代資本主義の経済法則の解明を目ざした、画期的な論考。
＊4「駈込み訴へ」＝キリストを裏切った弟子ユダを主人公にした太宰治の短編。一九四〇年発表。
＊5「マチウ書試論」＝吉本隆明、一九五四年「現代評論」に発表。
＊6ジイド、リスト＝シャルル・ジイド（一八四七〜一九三二）、シャルル・リスト（一八七四〜一九五五）。両者とも、フランスの経済学者。『経済学説史』は共著。
＊7ジョセフ・シュムペーター（一八八三〜一九五〇）＝アメリカの経済学者。
＊8スミス（アダム、一七二三〜一七九〇）＝イギリスの経済学者、古典派経済学の祖。主著『国富論』は、十九世紀の自由主義時代に、世界各国の経済政策の手本となった。
＊9シスモンディ（一七七三〜一八四二）＝スイスの経済学者、歴史家。アダム・スミスの『国富

論』の解説書で自由主義を主張したが、のちに資本主義の弊害を認め、主著『経済学新原理』（一八一九年）では資本主義を批判した。

＊10『ドイツ・イデオロギー』＝マルクスがエンゲルスとともに執筆（一八四五～一八四六）。ドイツの古典哲学を根本的に批判し、唯物史観、マルクス経済学の基礎を描いた。

＊11レーニン（ウラディミール・イリイッチ、一八七〇～一九二四）＝ロシアの革命家。ほかに『国家と革命』などの著作がある。

＊12ルドルフ・ルファディング（一八七七～一九四一）＝ドイツの経済学者。ナチスに囚われ獄死。

読むことの愉しみ

もしただいま大恋愛の最中だったら、本など読むことをおすすめしない。とくに恋愛小説など、間違っても読んじゃいけない。たとえバルザックの『谷間のゆり』[*1]のような純愛小説の傑作をもってきても、トルストイの『アンナ・カレーニナ』[*2]のような不倫小説の傑作をもってきても、あなたが現に夢中でうちこんでいる恋愛の生なましい体験に比べたら、色あせてしまうにちがいないからだ。

また恋愛中の相手の恋人に、本の話など仕掛けてはいけない。たとえば遊園地に行って黙って恋人とジェットコースターに乗って遊ぶことに比べたら、ずっと不毛なお喋りにすぎないからだ。

だがおなじ本を読むことでも、おなじ本の話でもいいからやってみたほうがいい。もしも恋愛が峠をこえたと思えたり、これは失敗だったと思えたりしたときには。

本には恋愛の終りや失恋の辛さを、もとに返す力はないが、あなたの恋愛の終りや失恋をもう一度、あなたが体験したよりもっと巨きく、もっと深く体験させてくれる力があるからだ。

本を読む体験は実生活には役に立たないことがあるかもしれない。もしかすると逆に実生活のやり方を、ぎくしゃくさせるかもしれない。でも他人からみて、何かこの人は見た目とは違うものがありそうだと感じさせるものがあったら、それは役にも立たない本を読んだ体験を積み重ねてきたからだと思える。

本当は本には直《す》ぐ役には立たない本と、直ぐに役に立つ本と二種類ある。直ぐに役に立つ本は書いてある通りに役立ってくれる。直ぐには役に立たない本は、ちょっぴりだが、いつも無限のむこうから手を振って、あなたの喜怒哀楽に応えてくれる。本は言葉で織りあげられていて、すぐに本の表情を知ることはできないかもしれない。そんな時には、すこし本と遊んでいると、昼間の星のようにかすかでも、珠玉のような表情が浮かんでくるものだ。それは愉しい体験ですよ。

＊1『谷間のゆり』＝バルザック（オノレ・ド、一七九九〜一八五〇）の長編小説、一八三六年刊。青年貴族の熱烈な求愛に精神的な愛でこたえる、伯爵夫人の内面の悲劇。
＊2『アンナ・カレーニナ』＝トルストイ（レフ、一八二八〜一九一〇）の長編小説、一八七三〜七七年刊。不倫を隠さず、社交界から追われて自殺する、主人公アンナの悲劇。

本に向かって

●天井に貼った「雨ニモマケズ」

思い出すと少し照れくさいが、十代後半に十数人で生活していた学生自治寮のじぶんの部屋の天井には、墨で書いた宮沢賢治の「雨ニモマケズ」[*1]という詩が貼ってある。その真下に蒲団《ふとん》をしいて寝ていたから、横になるとこの詩が読めるようになっていた。

それ以前に昭和の詩人たちの現在の詩がどうなっているか、小説作品がどうか、文芸批評がどんな傾向か、大凡《おおよそ》のことは判っていた。だが宮沢賢治という詩人は、まったく異質におもわれた。

そのなかでも松田甚次郎編『宮沢賢治名作選』で読んだこの「雨ニモマケズ」は、わたしの詩心と生きる倫理をふたつながら充たすように思われたのだ。

「ミンナニデクノボウトヨバレ　ホメラレモセズ　クニモサレズ」とか「慾ハナク　決シテ瞋《イカ》ラズ　イツモシヅカニワラツテヰル」とかいう詩句は、この詩人が目指している生き方の倫理が、一種の「愚」であることを示していた。また「西ニツカレタ母アレバ」とか「サムサノナツハオロオロアルキ」とかいう詩句は、この詩人の詩的な力量が並々ならないものであることを示している。その程度には、理解できていた。

またこの「雨ニモマケズ」の全体からやってくる宗教的ともいえる渾然とした匂いは、この詩人の人格的な境地がそれ相当なもので、たんなる文芸の徒でないと思われた。わたし自身からは茫々として遥かなところにいることが、すぐに理解できる。わたしはただの文学好きの学生にすぎないが、この詩人は偉大な魂の境地をもっている。もちろん文学青年の常として、この種の偉大さの表現にたいして懐疑や否認も繰り返しやってきた。だが、この「雨ニモマケズ」にあらわれた詩と宗教的ともいえる境地の融合された調和感は、背伸びでも、作為でもない本音からの希求であることを認めざるをえなかった。

『名作選』は、明るい健康な作品をよく選んでいる向日的な編集になっていた。でもこの詩人、童話作家、宗教家としての全貌を知りたくなって、『宮沢賢治全集』への道に踏み込んでゆくことになった。

いまでも「雨ニモマケズ」の詩碑を訪ねて花巻に行ったときのことを覚えている。河川敷のような平地に、高村光太郎[*2]の立派な字で大きな碑が建っていた。そこからみると北上川がすこし曲がって白い筋になりうねっていた。

宮沢賢治が「イギリス海岸」と名づけた水辺がみえ、そこまで歩いて行った。ほんとをいうと水辺にゴミがたまって侘しい感じもしたが、ファンとしては満足だった。

道路で詩碑への道を尋ねたおばさんの受け答えからも、宮沢家の親切な対応からも、この詩人が尊敬されていたことがすぐ判った。これもファンとしてはたいへんうれしかった。

まだ十代であったわたしはおなじ化学生徒だったから、じぶんも宮沢賢治のようになれるかもしれないと錯覚していた。その夢を破るために、わたしはそのあとの生活を送ってきたような気がしないでもない。

●はじめて買った詩集『道程』

高村光太郎の改訂版『道程』は、二十代前半に東北の小さな町の本屋で自腹《じばら》をきって買ったはじめての詩集だから、よく覚えている。文庫本のような小型の判型で、おまけに藁《わら》半紙《ばんし》より少し良質の紙をつかっている。戦争中のことで、この粗末な製本を不思議には思わなかった。

ほんとは正道でないのかもしれないが、最初の読書体験のときから、生活の倫理のようなものを昇華して文芸の作品へと続いてゆく地続きの道が、じぶんには本筋の愛好する経路だった。

その途上で宮沢賢治のあとには高村光太郎の詩集がやってきた。高村光太郎の詩も、宮沢賢治とはちがった意味で、同時代の日本の詩とは異質だった。彫刻家にふさわしい並外れた言葉の造形力、情緒の雰囲気をそぎおとす簡潔さ、思惟と倫理の立体性など、およそ文芸として必要なものを削りとった詩だった。詩集の題名になった詩「道程」など暗記するほど好きになったが、それは愛誦するというのと少しちがって、言葉によって生の倫理をえぐってくるといった方がよかった。

「僕の前に道はない／僕の後ろに道は出来る／ああ、自然よ／父よ／僕を一人立ちにさせた広大な父よ／僕から目を離さないで守る事をせよ／常に父の気魄を僕に充たせよ／この遠い道程のため／この遠い道程のため」

こういうお説教にならないで倫理を読むものに与えることは至難のことだ、とすぐに判った。道徳家や宗教家にはできない。また並の啓蒙家にもできない。また並の詩人だったら情緒にまみれてしまう。文学や芸術は、倫理を並べることを本領とするものではない。

だがこの「道程」という詩に象徴される高村光太郎の詩業は、倫理を生の行方につなげながら、芸術としての詩になっていた。本居宣長[*3]のいう「物のあはれ」を日本の文芸の主筋とすれば、ここには「物の倫理」があった。そこには花鳥風月の「自然」を「魂の倫理」としての「自然」に変えてしまう思想が潜んでいた。

すでに『道程』という詩集は読んでいたが、何が改訂版なのかよく判らなかった。けれど少し考えてみて、たんに判が小型になり、粗末になっただけではないに違いないと思った。そしてはたと気がついたことは、内向的とおもわれる短詩がはぶかれているのではないかということだった。

戦争というのは、人々の常識と反対に表面的な健全を好むものだ。「酔つぱらつた課長殿よ／さめても其の自由を失ふな」という短詩など、はぶかれていたとおもう。

高村光太郎自身は「猛獣篇」の連作、「智恵子抄」を終え、詩集『記録』の戦争詩に使命感をもって集中していた。戦後は宮沢賢治の故郷近くに隠棲して戦争責任に殉じた。この高村光太郎の身の処し方は日本の文学者に類例がなく、わたしなどには手の届かないところで、いまでも論じ残している次第だ。

現在、高村光太郎の全集は北川太一編によって完璧に近い形で刊行されている。若い世代が古典として読み、論ずる高村光太郎論が待たれる。そのとき、この詩人、彫刻家の全貌がはっきりと解明されるとおもう。

●太宰治のように書けたらなあ

昭和名作選の一冊として最初に手にした太宰治[*4]の作品集『富嶽百景』を挙げておく。

太平洋戦争のさなかに東北の小さな町の本屋で買った。この作者の本は二十代、三十代、それから以後も繰り返して読んだので、どの年代にあてていいのだが、ここで象徴させてみたいのは、特に「黄金風景」という短編というより掌編といった方がいい作品のことだ。目の子《めのこ》勘定で原稿用紙二十枚に足りないのではないかと思う。

「私」というこの作品の主人公は、わがままで、ごうまんで性悪な子どもだった。子守のお手伝いさんに無理難題を押しつけてやらせる。気にくわないことがあると、足蹴《あしげ》にしていじめ、わたしは親からだってそんな乱暴なことされたことはありませんと、泣きながら抗議されたりするほどだった。

「私」は長じて病を養いながら、千葉の海岸の町で小説を書いて生活している。あるとき戸籍調べの巡査が、「おや、あなたは……のお坊ちゃんじゃございませんか?」と問いかける。そうだと答えると、じぶんの家内はあなたの子守をしていました。いつもおうわさを聞いていました、こんど一緒に子どもも連れて挨拶にうかがいます、と言って巡査は帰る。

いじめてばかりで良くしてやった思い出はなかったので、巡査と子守さんの一家がやってきたとき、用事で出かけるから今度にしてくれと、追い返すようにして外に出てしまう。所在なく町をうろうろして海岸に出てみると、あの巡査と子守さんの一家が、海に向かって小石を投げながら、和らいで話を交わしている。聞くともなく声が聞こえる。

「頭のよさそうな方じゃないか」と主人の巡査が「私」をほめている。子守さんは「あのかたは、お小さいときからひとり変って居られた。目下のものにもそれは親切に、目をかけて下すった」と応じている。

後ろの方で聞いていた「私」は涙が流れてきて、負けたと思う。そんな作品だ。

三十代のはじめの頃には、詩の延長線でじぶんもこんな掌編を散文詩のように書けたらなあ、と嘆息した。そしてその後、この作品を演劇用に脚本化して、好きな俳優に高額の出演料を提供して出演を依頼し、一週間でいいから上演してみたいなどと空想した。その頃、篤志家《とくしか》の知人がいて、その程度の金なら賄《まかな》ってもいいぜ、と言ってくれたからだ。十数年前のことだが、その気持ちは今も変わらない。

太宰治は掌編の名手で、この作品のほかにも「満願」や「きりぎりす」など名品がおおい。

夫人の回想を読むと、「駈込み訴へ」など、たまたま口述筆記した作品だったが、一言一句訂正なしに言葉が出てくるので、舌を巻くおもいだったと書かれている。わたしは太宰治の掌編や短編を読むと、いつもこの夫人の記した驚きの言葉を肯定するおもいがする。

彼自身の言い方をかりれば、いつも「おいしい料理」を読者に提供しようと気配りを忘れない作家だった。

＊1「雨ニモマケズ」＝詩人・歌人・童話作家、宮沢賢治（一八九六〜一九三三）の詩。手帳に記した独白「雨ニモマケズ」は、あまりにも有名。童話の代表作に『銀河鉄道の夜』『風の又三郎』『セロ弾きのゴーシュ』など。
＊2高村光太郎（一八八三〜一九五六）＝詩人・彫刻家。『道程』は、光太郎の処女詩集。一九一四年刊。詩七十五篇、小曲三十二篇を収録。ほかに、詩集『智恵子抄』など。
＊3本居宣長（もとおりのりなが、一七三〇〜一八〇一）＝江戸中期の国学者、医師。『源氏物語』などの古典を研究。復古思想を説いて儒教を排し、国学の思想的基礎を固めた。主著に三十余年を費やして完成した『古事記伝』などがある。

＊4太宰治（一九〇九～一九四八）＝作家。いわゆる無頼派の作風として知られる。『斜陽』『人間失格』などの長編のほか、数々の傑作短編を書いた。『富嶽百景』は、一九四三年刊の短編集。

いま活字は衰退しているか

インタビュー「病的な人物しか登場しない純文学は、未来への予言書である」

「一冊の書物はいつも理解されることを願ってそこにある」と、詩人で評論家の吉本隆明氏はいう。氏の評論活動は文芸のみにとどまらず、『言語にとって美とはなにか』[*1]『共同幻想論』[*2]等の著作は、時代を切り裂く提言として多くの共感者を得てきた。
十七年前（一九七五）の『書物の解体学』[*3]に続く『新・書物の解体学』[*4]（一九九二）では、内外七十冊の書を〝基本的な概念〟によって腑分け（解体）してみせる。「書評によって一冊の書物を開くことができれば、それが書評の快楽」という吉本氏に〝読む快楽〟とは何かを聞いた。

――今回は、どんな視点から書物を解体されたんでしょうか？

吉本 現在は、わけのわからない時代だと思うんです。経済的にも文化的にも、物質的な生活面でも、従来の尺度が通用しなくなってきている。せめて〝ここは新しい部分だぞ〟という感触を、書物を通じて掌につかみたいんです。

——現代のわかりにくさは、尺度＝価値観が多様化したから？

吉本　二十年前は、原理主義的な発想で詰めていけばよかった。当時、経済成長途上にある日本社会の変化を主導していたのは学生なんです。彼らに向かって多少難解でも原理的な言葉を書けばよかった。ところが、そういう意味での社会の後進性は、六〇年代で終わりました。いまはまるで違うでェ（笑）。

——いまはどんな読者想定を？

吉本　三十歳前後のサラリーマン。会社でコキ使われている連中ですよ。社会のド真ン中にいて、そこから飛び出ようとも落っこちようとも思わずに、とりあえず現状維持で〝まあいいか〟と思っている人たち。世論調査で〝中流〟と答えている八十数パーセントの人たちです。しかも、遅くともあと十年以内に、この中流意識を持った大衆が、間違いなく九十九パーセントになる。そのとき、この一見ユートピアのような、じつに奇妙な社会を主導していくのは、いまの三十代前後の世代なんです。

――たしかに、原理・原則では動かない人たちが激増している。

吉本 たとえばPKO[*5]法案がなぜ通ってしまうか。僕に言わせてもらえば、簡単なんです。世界最強の技術を見せたいという潜在的な願望もあるかもしれないけれど、いちばん大きいのは、〝世間並みにして何が悪い〟という中流意識ですよ。他の国が軍隊を出しているのに、ウチだけなぜ出しちゃいけないのか。

原理・原則、主義・主張以前に〝隣りで車を買ったから俺も買う〟という中流意識なんです。つまり、社・共の論理は終わっているんです。〝平和憲法うんぬん〟という原理では、中流意識はつかみきれない。

――中流意識の大群は、社会にどんな変化をもたらすのか。

吉本 倫理が大きく変わると思うんです。善悪の価値観、損得の価値観が変わらないと、世界が立ちゆかない時代が始まっている。たとえば、等価交換という経済社会の基本原理は、とりわけ南北間では、すでに形骸化していますよ。

第三世界の国々が先進国から〝貸与〟されている援助は、実質的には〝贈与〟なんです。

一国のGNPをはるかに超えていて、とても返せるものではない。つまり、環境破壊に乗じて経済発展を遂げた先進国が、第三世界の国に対して〝木を切るな〟というのは、等価交換の原理に立つかぎり、〝貧乏しろ〟というのと同じことなんです。冗談じゃあない。
都会と農村も同じですよ。〝農業しろ〟ということは〝貧乏しろ〟ということなんです。経済が発達していけば、必然的に農業、漁業は縮小していく。製造業より流通・サービス業が伸びるんです。もはや等価交換ではなくて、贈与交換で発想するしかバランスをとる術がない。

――バブルが弾けて!?

吉本 製造業のくせに株で儲けた企業が、あわててるだけでしょう。経済評論家が脅《おど》かしているだけで、個人貯蓄はちゃんと増えてますよ。一杯飲む回数をちょっと減らせば、それで済んじゃうんです。
あいかわらず、日本のサラリーマンは世界最強の大衆なんです。なぜなら、いま世界経済を支えているのは、日本とドイツだけですよ。旧ソ連・東欧圏、第三世界の後進性、欧米の不況による世界経済の停滞を、日本とドイツの黒字（日本約七パーセント、ドイツ約五パーセント）が背負っている。日本の企業とサラリーマンは、世界最強なんです。このことをちゃんと認識しておかないと、判断を誤る。

●〝二人の村上〟には都会の退廃が描けている

――世界最強の大衆にすすめる読書法とは何か。

吉本　ここ一年間で、小説やら何やら新刊本を百冊近く読んでみたんです。正直な感想を言わせていただけば、やっぱりこりゃまいったなぁー、そうとうひどいなぁー（笑）。

いわゆる大衆小説には、面白おかしいものがたくさんあるんです。登場人物も、比較的健全ですしね。しかし、たしかに読んでりゃ楽しいが、読み終わったらなにもない。僕自身の中流意識は満足できても、僕のなかの深刻な部分は〝あれ～!?〟と思わざるをえないわけです。やっぱり、主人公に〝おまえ、そんな健全さでいいのか？〟、といいたくなっちゃう（笑）。

――〝純文学〟はどうですか。

吉本　ろくな主人公が出てこないんですねぇ。性的不能、倒錯者、精神を病んでいたり、おかしなやつばっかり（笑）。たしかに病的なのは文学の特権でもあります、病的な登場人物が、文学者の鋭敏さの証明だとしたら予言的ですらあるんです。

ところが、いまの純文学は読んでいても、ちっとも新しくない。この程度の異常さを読み取るなら、経済統計でも眺めていたほうが、よっぽどいい。

――〝原理〟でものを見る、社・共の文学になっちゃってると？

吉本　そうなんです。たとえば、この東京という都市を扱うにしても、進歩か退廃かという原理的な視点からは、何も見えてこない。東京はきわめて便利で、しかも退廃しているという意味では、不気味な都市なんです。

そこで未来に挑戦している村上春樹[*6]と村上龍[*7]は、ホープだと思いますね。ときどき〝通俗的でかなわんよな〟とは思っても、成功しているときは、やはり凄い。都市のわからない部分、気味悪いところへ感覚で挑んでいく。この次に何を書くかなと期待させる作家は、この二人だけですね。

――女流では、どうですか？

吉本　一時の山田詠美《えいみ》[*8]さんには、〝これは凄まじいぜ〟って迫力があった。こんなスゲエことをババアになるまで書き続けるのか（笑）。しかし、いまはわかんないところがないんです。あれは、何を書くのかわかっているよさですね。ますますウデも良くなって、大女流作家の王道を歩いてる。

僕は、何から読み始めてもいいと思うんです。現代文学がつまらない人は、夏目漱石とか芥川龍之介、太宰治などの一昔前の新古典から読み出すのもいい。むろん評論でもいいし科学本でもいい。

●書物に喋らせることを心得ているホーキング

――今回の解体学は、中島みゆきから大西巨人[*9]、精神医学のベイトソン[*10]から進化論のグールド[*11]まで、じつに多岐にわたっている。

吉本　そのときどきに、無作為に書物を選んで書いた書評を、あらためて配列しなおして並べてみますと、不思議なことに、ある意思を持っているように思えてくるんです。

考えてみると、書物というのは、書かれた中身でひとつの世界を作っているわけでもないし、作者ひとりのものでもない。〝おれは世界でもないし、作者でもない〟と書物は喋っている。それを読み取ることが最高ですね。書物というのは、まったく異分野の書物と、どこかで連動しあっていながら自ら喋り続けている。そういう本と本との連結子をたくさん持っている本が、いい本なんだと思うんです。

――たとえばどんな本が……。

吉本　ホーキング[*12]の『ホーキング、宇宙を語る』という本は、じつによくできています。宇宙物理学の専門書でありながら、文学、経済、数学、哲学、教育、ビジネス……、分野を超えて広く何かを語りかけている。宇宙論のやさしい解説書はたくさんありますが、最先端の高度な研究結果が書かれていながら、書物をして喋らせることをちゃんと心得ている。

――著者ホーキングではなく、あの一冊が他の書物と谺《こだま》しながら、宇宙を語っていると？

吉本 ええ。書物にも、一級品の手応え、手触りがあるものなんですねえ。文学でいえば、たとえば太宰治の小説など、僕は一級品だと思う。必ずしも波瀾万丈ではない物語を、べらぼうに読みやすく面白く書く。最初の一行から読者をスッと作品の中に引き込んで、緊張感を張り詰めたまま、感銘させ、さまざまなことを考えさせて、スッと作品の外に連れ出す。書物はこうでなければいけないんです。書物が喋りながら、書物が書物に繋がっていく。それが、理想的な本だと思うんです。

――メディアが多様化するなかで、本は生き残れるでしょうか⁉

吉本 このままいけば、客観的に考えて、書物は滅亡するメディアです。即時性も、同時性も、ない。新たな性格を与えないと生き延びられないかもしれませんね。もちろん、開かれた書き方をする作家も必要だが、開かれた読み方をする読者の出現を期待しているんです。

〝自分が読みにくいものばかり書いてるのに何だ〟と言われれば、〝はい、もうしわけありません〟と言うしかないけれど、なかなか理想通りにはいかないんですよ（笑）。

――吉本さんの本も、二十年前よりはるかにわかりやすくなった。

吉本　ほら、テレビ番組で〝映画って本当にいいですねぇ〟って言う評論家がいるじゃないですか。あれと同じですよ。

僕もね、〝書物って本当にいいですね〟と言われたいわけです（笑）。

＊1『言語にとって美とはなにか』1・2＝吉本隆明、一九六五年刊。『定本・言語にとって美とはなにか』、一九九〇年刊。

＊2『共同幻想論』＝同、一九六八年刊。

＊3『書物の解体学』＝同、一九七五年刊。

＊4『新・書物の解体学』＝同、一九九二年刊。

＊5PKO法案＝一九九二年六月、「国際連合平和維持活動等に対する協力に関する法律」（いわゆるPKO協力法）が成立。それまで、憲法や自衛隊法の制約により、PKOへの援助は資金協力のみだったが、人的な貢献の重要性を訴え、PKOへの本格参入に踏み切った。

＊6村上春樹＝作家。一九七九年、『風の歌を聴け』でデビュー。『羊をめぐる冒険』『世界の終りとハードボイルド・ワンダーランド』など、ヒット作多数。カーヴァーなどの翻訳も手がける。

＊7村上龍＝作家。一九七六年、『限りなく透明に近いブルー』でデビュー。『海の向こうで戦争が始まる』『コインロッカー・ベイビーズ』など、ヒット作多数。

＊8山田詠美＝作家。大学在学中から山田双葉の名で、漫画をコミック誌に連載。大学中退後も漫画家として活躍。一九八〇年ごろから小説を書きはじめ、一九八七年に『ソウル・ミュージック・ラバーズ・オンリー』で直木賞を受賞。
＊9大西巨人（一九一九〜）＝作家・評論家。一九四九年、処女作『精神の氷点』を発表（二〇〇一年、みすず書房より復刊）。一九六〇年から七〇年にかけて、戦後文学の大金字塔ともいわれる長編『神聖喜劇』を「新日本文学」に連載。その後書きついで、一九八〇年に完成。
＊10ベイトソン（グレゴリー、一九〇四〜一九八〇）＝イギリスの精神医学者、文化人類学者。『精神の生態学』などを著す。
＊11グールド（スティーブン・ジェイ、一九四一〜二〇〇二）＝アメリカの古生物学者、科学エッセイスト。ハーバード大学教授。『ダーウィン以来』『パンダの親指』『フラミンゴの微笑―進化論の現在』など。
＊12ホーキング（スティーブン、一九四二〜）＝理論物理学者、天文物理学者。一九七四年、画期的な「ブラックホール蒸発論」を唱え、世界的脚光を浴びる。『スペース・タイムの構造』『超空間と起動力』『ホーキング、宇宙を語る』など。

書物の評価

〈書物〉というのは、さまざまな性格をもっている。また、そのためにさまざまな評価の仕方がある。

もう十年以上も前に、失業と結婚がおなじ時期にかさなっていたとき、じぶんの蔵書といっしょに他人から寄贈された書物を売り払って、〈米塩《べいえん》の資《し》〉に供していたことがあった。じぶんの蔵書については、買うときはあんなに高価であるものが、こうも安いものかという思いで、やりきれない気分に襲われるのが常のことであった。

そしていくらかの愛着を伴うのでいっそうみじめな気になってゆくこの繰返しのなかに、なにか追われるものの立場が普遍的にあり、そのみじめさのなかに失墜の世界がこもっていた。どこかで、一挙にこの気分を喰い止める方法はないかともがいたが、なかなかその手立てはみつけられなかった。

他人から寄贈された書物を売り払うことも、背信行為をやっているようで頗《すこぶ》る忌《いま》わしい感じを伴った。それで、せめてもの自慰から、寄贈者の名前を、カミソリで削りおとしたり、見開きを一枚カミソリで切りとったりしたが、いずれも巧くいかないので、かえって安値を呼ぶということになる。労おおくして功すくない方法であることがわかった。

そのあげく、えい、ままよ、署名をそのままに売り払え、これも腹のたしであればやむをえないとじぶんを強いてかりたてて売り払い、ある経路をへて寄贈者ご当人から指摘され、〈ああ、おれはこの人から悪党だとおもわれても自業自得だ、どんな弁解もすまい〉と心の中でおもいながら、ただただ恐縮の意を表したことがあった。

たまたま、その寄贈者は寛大で、わたしを罵《ののし》ったり非難したりしなかったが、わたしのほうの気分はかえっておこられたほうが楽であったかもしれない。その経験があってから、わたしは、ふたつのことを心の奥で思いきめた。

ひとつは、書物を寄贈するときはけっして署名をすまいということである。なぜなら、寄贈されたひとが何かの理由で売り払うとき手間がかからず、また、わたしに背信感をもたないですむだろうからである。もうひとつは、わたしの著書が売り払われて古本屋の店頭にあるのを見つけても、けっしておこったり不快の念をもったりすまいということである。なぜなら、書物は、心の糧となりうるとともに、文字通りの〈糧〉ともなりうるものだからである。

わたしの著書で署名入りのものが古本屋で流布されていたら、それはかならずその所有者から依頼されたものであると断言できる。文学者のなかにはじぶんが署名入りで寄贈した相手が、それを売り払ったあげく古本屋に流布されているのを発見しておこる人がいるが、わたしにはそういう著作家は、〈書物〉が心の糧ばかりではなく生活の〈糧〉でもあることを骨身に沁みて知らないからだとしかおもえない。すくなくともわたしならば、手ばなしで喜ばないまでも、〈おう、やってるな〉と微笑するだろうことも、断言できるような気がする。

その頃のわたしには、書物を評価する基準は、いくらくらいで売れるかということであった。この基準からすれば、古今東西の名著をあつめた〈何々文庫〉というのは、もっとも矛盾の大きい書物であった。内容をかんがえれば、たしかに価値の大きいものだが、売り払えば二束三文でしかない。そこで、どうしてもこの種の書物は売り払いにくいので、自然にとり残されることになった。

そこでおもうのだが、現在、古典としてのこされている書物は、当時において、おおくこの種の矛盾をはらんだものではなかったのだろうか。

著名な古典が、誰某の写本というような形で存在するのは、それを譲りわたして代償を得るということができにくいために、写して流布されるということになった当然の帰結のようにおもわれる。もちろん時代が遠くなれば、富豪や篤志家《とくしか》や社寺が万金を積んで買い求めることになる。そのときは、何々寺蔵本とか誰某氏私蔵本とかいうことになるのも、また当然の帰結である。

〈書物〉とはいったい何だろうか！　それを評価するとか、読むとかいうことは何を意味するのだろうか？　それを売るとか買うとかいうことになるのは、何だろうか？

これらの問いに、もっとも近づきやすいのは、〈書物〉を人間からもっとも遠くにある観念の〈人間〉とみなすことである。

わたしたちは誰でも、子どものころは親とか兄弟とか友人とか教師から、知識や判断力や書物にたいする習慣的な位置のとり方を習いおぼえる。そして青年期に足を踏みこむと、しだいに親や兄弟や教師たちを、教え手としては物足りなく思いはじめ、離反するようになる。これは個人にとっては〈乳離れ〉とおなじで必然的なものである。

しかし、わたしたちは誰もここで錯覚した経験をもっている。親や兄弟や教師などはくだらない存在であり、自分はかれらより優れてしまったし、かれらより純粋であるし、かれらから学ぶものはなにもないというように思いはじめる。こういう思い込みが真実でありうるのは、半分くらいである。あとの半分では、青年期に達したとき、わたしたちは眼の前に何を与えられてもくだらないし、何にたいしても否定したいという衝動をもつようになる。

これは、自己にたいする不満の投射された病いにすぎない。つまり誰もかれを満足させるものではなく、何を与えても否定的であることの一半の原因は、対象の側にはなく自己の側にあるだけである。

この時期に、わたしたちは、じぶんを充たしてくれるものとして、〈書物〉をもとめる。〈書物〉は周囲で眼に触れる事柄や人間にすべて不満である時期に、いわば、〈肉体〉をもたない〈親〉や〈兄弟〉や〈教師〉の代理物としてあらわれる。

ほんとうは〈書物〉は、身近にいる〈親〉や〈兄弟〉や〈教師〉などよりつまらないものであるかもしれない。しかしわたしたちは青年期に足を踏みこんだとき、〈書物〉には肉体や性癖や生々しい触感がなく、ただの〈印刷物〉であるということだけで、不満や否定から控除するのだといってよい。

そこで〈書物〉は、身近にいる〈親〉や〈兄弟〉や〈教師〉などより格段に優れた〈親〉や〈兄弟〉や〈教師〉に思われてくる。つまり、遠くの存在だというだけで苛立たしい否定の対象から免れるのだ。

しかし、青年期にはいったときわたしたちは、さらに錯覚する。こういう優れた〈書物〉を書いた著者は、人格も識見もじぶんの知っている〈親〉や〈兄弟〉や〈教師〉などより格段に優れており、平凡な肉親や教師たちとちがった特異な生活をしているにちがいない、ぜひ一度会って、できるならばその生活ぶりも知りたいものだというように。

しかし、かれが実際に訪れてみると、その〈書物〉の著者は、すくなくとも見掛けたところ、ごく普通の生活をやっている平凡な人物にすぎない。じぶんの〈親〉や〈兄弟〉や〈教師〉とおなじように、子どもを叱りとばしたり、女房と喧嘩をしたり、くだらぬお説教のひとつも喋言《しゃべ》るありふれた人物である。

ここで、青年に足を踏みいれたときわたしたちは落胆した体験をもっている。だがこの世界に超人などはいないので、いるのはありふれた生活人と、ありふれた生活人の観念の世界に宿る、奇怪とも果てしないともいいようのない心の働きだけである。

わたしの体験に則していえば、〈書物〉というのはまったく嘘っぱちで、やくざで、こういうものを信用することはまったく馬鹿気たことであるという感じに襲われたのは、敗戦時であった。〈書物〉はもとのまま戦争を挑発しているのに、その著者のほうは一夜にして軍国主義者から平和な民主主義者に、社会ファシストから共産主義者に転化してしまったからである。

そこでわたしは蔵書をすべて売り払った。わたしが〈書物〉を売り値の大小で評価し、また〈書物〉を売ることを覚えたのは、さかのぼればこの時からである。

しかしながら、あとから冷静になってかんがえてみると、わたしはそのとき〈書物〉というものをいくらか誤解していた形跡がある。それが証拠に、後になって高い銭をはらって戦争中の〈書物〉を、ふたたび資料として探したり買いもとめたりした。

いったん書かれ刊行されてしまった〈書物〉は、作者の転変がどうであれ、印刷物の形で固定されそして固定されたままの姿で生きつづける。

それはたしかに著者のある時期にかんがえた内容をもつという意味では、著者とかかわることではじめて生きているにはちがいないが、ある面からは著者から独立した〈書物〉という存在である。たとえ、つぎの瞬間に著者から捨てられ、逃亡されたとしても、なおもとのままで生きていることをやめない。

そうだとすればつぎの瞬間に著者から裏切られ捨てられても、著者以外のものにたいしては、おなじ語りかけをやめないから、あたらしい年代の読者にとっては、やはり嘘っぱちで、やくざでとはいえない意味をもって語りつづけている。この意味では、著者への不信は、すぐに〈書物〉への不信につながるとはかぎらないのである。

それにしても、こういうばあいにあらわれる〈書物〉の評価は、あまり絶対的な意味を与えることはできそうもない。すべての〈書物〉が嘘っぱちであっても、そうでなくとも、また、すべての〈書物〉がやくざなものであってもなくても、それはコップのなかの著者と読者とのあいだのさ細なできごとと関係にすぎない。

〈書物〉を著述するもの書きとしてのわたしが、いちばん大切にかんがえている声や視線は、けっしてわたしの〈書物〉を読まない人々の声や視線であり、一般化していえばけっして〈書物〉を読まない人々の声や視線である。

もちろんそれらの人々の姿はわたしには視えないし、その声はわたしには聞こえない。しかし書き手としてのわたしのほうがその視線を感じその声を聴こうとするのである。それらの〈書物〉を読まない潜在的な人々をおそれるのである。

「書評」を書く難かしさ

書評は難かしい。いままでずいぶんやってきたが、満足がいったことなどなかった。それは当然だとしても、満足という思いにちかづくところまでも、いったことはない。理由をかんがえてみると、どうしても書物というものの多様な形をさばききれないことに帰する気がする。

書物には、世界とおなじように書き手の所有物がぜんぶ投げこまれているばあいがある。そうかとおもうと書き手の視えない世界の可視的な模写で、ちょうど地図の国境のようにほんとは存在しない線で境界をつくることが書物になっているばあいもある。また世界の案内図が書物で、書き手はその案内人だから、案内の巧みさとか丁寧さが内容だということもある。書評は書物がどんな形でも中身を案内し、評価し、そのあいだに体験した言葉の、快楽や不快や解放感など、感覚的な投影についても記述しなくてはならない。これは不可能にちかいほど難かしい。

書評をやるかぎりこの難かしさをはじめから避けてしまうわけにはいかない。そこでいつも及ばずながらというところでおわってしまう。

逆に理想どおりにこの難かしさをのりこえられたとしたら、書評の定義にゆきつけそうだ。その定義を記してみれば、書評とは書物を対象にして公正な作品を作ることだ、といってよさそうな気がする。もうすこし注釈を付けくわえれば、公正なということが作品を作ることであるような作品をつくることだ。

ところで実際にわたし自身がやっている書評は、公正なということが作品を作るところまでいくまえに、努力や労力を惜しんで、途中で眼をつぶったままの裁断を繰りこんでおわってしまっている。わたしが裁《た》ち鋏《ばさみ》をもっているかぎり、書物の中身を裁断することはできる。でも書物を縫うためには運針ということが必要だ。書評の作業は、京友禅《きょうゆうぜん》だとか大島紬《おおしまつむぎ》だとかいう生地とデザインを定められた織布を与えられて、縫い上げる注文をうけるようなものだ。書評の難かしさの心理的ないちばんの根拠は、縫い子になりきることの難かしさだという気がする。

古今東西の名著でも読むことにおいてならば、死とおなじように誰でも書き手と平等だ。たとえ学ぶことがたくさんあってもだ。でも書評では誰でも書物にたいして、縫い子のようにへりくだらなくてはならない。しかも本格的にいえば無償でへりくだることが、どうしても必要なことになってくる。そして書物にたいしてへりくだるというのは、書物の書き手にたいしてへりくだることと微妙に違っている。このばあいにはひとつの書物はいつも書物の書き手の破片にしかすぎないから、いわば物神にたいしてへりくだる情感にちかくなってしまう。

なぜこんな難かしい条件のもとで書評を手がけたりすることがあるのだろう？　こんなふうにじぶんに問いかけてみる。すると微かだが応答に似たものが感じられる。何かといえば、書評はときとして批評がやる懺悔《ざんげ》のようなものではないかということだ。

書評にこころが動くのは、殺傷したり、切り裂いたりせずに批評をやってみたい、という無償の均衡の願望のような気がする。言うまでもないことだが、わたしたちが現在、雑誌や新聞のうえで眼にしている書評のたぐいは、概していえばここで言ってきたことの堕落形態のようなものだ。ほんとに書物が読めるのか、と疑ってみたくなることもあるくらいだ。

戦後思想界の巨人の頭脳が映し出された書棚

インタビュー

書斎や書棚がその人の頭脳を映し出すミクロスコープであるとしたら、「戦後思想界の巨人」と称される吉本隆明氏のそれには、文学はもとより政治から自然科学、社会科学、芸術、宗教……と果てることがない氏の見識の深さが見事に映し出されている。まさに〝巨人〟の心もそこにある。

●購入した本は机の脇に積んでおく

かつて『言語にとって美とはなにか』『共同幻想論』『心的現象論序説』[*1]などに代表される数々の名著によって世に〝吉本隆明現象〟なるものを巻き起こし、以来、常に時代への尖端的発言を繰り返すなど、いまもなお現代思想界をリードし続けている吉本隆明氏。書斎の壁を四方に取り囲んだ書棚を見るかぎり、ふだんの読書はさぞと思いきや、「読書という読書はしていない」との答えが返ってきた。ここで氏のいう読書とは、読みたい本をゆっくりと時間をかけて楽しむことを意味している。

「本は仕事の必要上読んでいる。それも必要な箇所を部分的にひろうだけ。あらゆる面で余裕がなかった三十代のほうが、ゆとりある読書をしていたと思いますね。映画でも同じだけれども、自分が楽しむために観たり読んだりというのが少なくなりましたね」

じつに嘆かわしい状態だとおっしゃる。本にかかわらず、すべての事象に見解を求められる氏にとっては当然のことといえるが、購入する本に関しても同じことがいえるそうだ。

「古典に関する研究書にしろ、たわいない内容の小説にしろ、仕事の意識から離れて買うことはありません。ある意味では、欲しいと思って自発的に買った本は無に等しいんじゃないかと思いますね」

行きつけの書店は、自宅から近い文京区白山にある南天堂書房。一週間に二回は顔を出し、月に平均すると六〜七冊の本を購入する。文芸書以外で資料とする本を選ぶさいには、いくつかのポイントがある。

「まず最初に目次。次に索引を見る。それからパラパラとめくって、自分が比較的よく知っている事項についてどう書かれているかを確かめる。だいたいこのくらいの作業でその本が良いか悪いかの見当をつけて、役に立ちそうだと思ったら、買っています」

良書と判断した本のなかで引用されていたり、参考文献リストに載っている書籍は、夕イトルをひかえておき、次の機会に必ず買うように心がけている。

こうして購入した本は、すぐには書棚に入れず、机の脇に積んでおく。吉本氏の場合、これが読み終えた本とそうでない本との区別になるわけだ。もっとも積み上げ可能の高さには限界があり、くずれるまでに全部を読みきることはほとんどないというが、そばに置いてあることで、ふと手にする機会が多いこともひとつの利点であるらしい。

●執着を断ちきれないから、増え続ける本

食事と睡眠時間以外は、外出をしないかぎり書斎で一日を過ごしている。窓を除いた四方の壁には、八段の棚を持つ木製の書棚が作り付けられており、本はそこに二重、三重になって収められている。八畳ほどの広さの床には、書棚に入りきれない本や、長期にわたって情報を整理してきたノート、あるいは資料として送られてきた書籍などが雑然と置かれ、ちょうど人ひとりが歩けるほどのスペースしか残っていない。

「他の人から見ると、よくもこんな部屋に長い間座っていられるなとくるんでしょうが、自分としては、決して居心地は悪くないんですよ」

整理は暮れの大そうじの一回だけ。整理方法は、膨大な蔵書のなかから処分する本を決めることから始まる。一日がかりで四～五箱のダンボールにそれらを詰めて古本屋に取り

にきてもらっている。しかし、いまだかつて本当に決断のある整理というものはしたことがないそうだ。

「つまり、執着なんですよね。この本を残すならあれもこれもというように、ひとつの系列に対する執着が生まれてくる。これがやっかいなんです」

何度も読んだ本には、内容を忘れてしまって読み返す本と、本当に手放すことができない愛読書の二種類がある。影響を受けた本はファーブルの『昆虫記』。十六歳のころはじめて読んだときには、緻密な観察をこれほど見事な文体で記述することができるのかと、強い衝撃を受けた。同じような意味で手放せないのは、『新約聖書』『資本論』[*2]『国歌大観』。吉本氏は、自分も含めて、いくら蔵書の数が多い人でも、生涯のうちで影響を受ける本というのはほんの数冊にすぎないのではないかという。また、今日以上にエレクトロニクスが進んだ将来を考えるとき、本が生き残る可能性はそのあたりにあるのではないかと推察している。

「私自身、本に囲まれて生活をしていますが、その大半は、仕事に必要な情報や知識なんですね。本来はひとつの箱のなかに入っていれば、用が足りるものだと思っている。しかし、どう頑張っても情報として残せないものがある。つまり、それがその人の魂の根源にふれた本だといえるんじゃないでしょうか」

いずれ物書き自身を廃棄処分にする時代が来るだろう

引っ越してきたとき、仕事場にしている部屋には頑丈《がんじょう》な木の本棚を作って取付けた。そこは四六判*3くらいの本なら二列に、文庫本の大きさなら三列に並べて詰め込んである。その手前には、板の間に、本が積んである。

ひどいもので、机の両側には、いまやりかけ、また読みかけの関係の本が積んであって、おわり次第もとのところに戻されることになっている。おわらぬうちに次のことに手をつけたりするから、いつも二、三種類の関係本がおかれ、その外側にすこし長期の展望でやろうとおもっている関係の本が半ば恒久的な貌をして、少しほこりをかぶって積んである。

八畳から十畳の広さの建売住宅の応接間のつもりで造られた部屋を仕事場にしているのだが、立ち上がって台所の方へ通ずるフスマに向う方と、玄関に出てゆく方向の通路が、人間がやっと横向いたり、伸び上がったりして通れるだけの隙間があるだけで、あとは机ひとつと卓ひとつが置かれているほかに、隙間はほとんどない。

電話が鳴ったり、用事があって呼ばれたりして、部屋の外へ出ようとすると、よほどそろそろ歩かないかぎり、かならず身体を本の山に接触させて、二、三冊の本が振り落とされる。どうしても出たい電話で気持があせったりすると、たちまち本の山の一角を崩してしまうことになる。すると、えい畜生！　などと口のなかでつぶやきながら受話器をとりあげることになる。もし整理法や「超」整理法があるなら、わたしの方で教えてもらいたいものだ。

むかし東京市の歌というのがあって、小学校の式などのとき唱わされた。「月影入るべき山の端もなく、昔のひろ野の面影いずこ」といった文句があった。東京はそのあと、手がつけられないほど発達しすぎて、いまやエコロジストたちのひんしゅくの的になるほどになった。

わたしの仕事場もごみためのように不潔で、駄本の山積みのために出入の交通も危うくなるほど密集して、手がつけられなくなった。この有様をみて、東京のビル街の縮尺をみているようで、さまざまなシミュレーションを頭のなかで試みて、模擬的な都市論をやるときのイメージを作っている。

東京よりひどく、本はあっても機能は半減している。つまり本が無意味になりつつある。たとえばAという本が、いまの仕事に必要だとする。漠然とした類別はしてあるつもりだから、あの辺と見当をつけて山を崩しはじめる。

偶然はやく見つかる場合もあるが、もし見つからないと次の見当で山を崩したり、本棚の外側の列を取り除いて二列目を探しはじめる。かくして必要な本を机のそばに揃えるまで半日かかって、くたくたになってしまう。それでも見つからないばあいは、確かに持っているのがわかっているのに、本屋街におなじ本を買いにいったり、文庫本になっていればそれを探しにいったりすることになる。

こんな馬鹿気た話はない。経済的にも時間的にもたくさんの無駄をやっているのだが、いわば絶対的な空間の不足だから、この過密による機能不全はどうすることもできない。どんな整理の仕方をしても数日のうちに元《もと》の木阿弥《もくあみ》になってしまう。

もちろん整理の方法は、いくつか頭のなかでこしらえてはまたこわしている。それを言ってみる。

ひとつは、いちばん単純ですっきりした方法で、この駄本の山や本棚のなかの行列本をみんな売りとばしてしまうことだ。

ただ心理や心情のうえでいくつかの壁をこわしてしまわなくてはならない。まだ愛着がのこっているとか、中味がいいけど売れば二束三文で、こん畜生！　というおもいを青年期から味わいつづけてきたとか、親しい知人の著書だとか、これは天敵の本でいつかまとめてやっつけてやるとか、壁の数はいくつもある。

そして、こんな理由を挙げてるようじゃ、とてものことに売りとばす決断はできない。

敗戦ドイツの化学文献をアメリカがマイクロフィルムにおさめて持ち帰ったPBレポートは、戦後放出されてずいぶん役にたった。おれもひとつマイクロフィルムかコンピュータに打ちこんだうえで売りとばすのはどうだろうかと考えたりもするが、これも手間と装置を手に入れるのが大変で、いまのところ実現できそうもない。

もうひとつ整理法を考えている。この方は、いくらかずつ実行されつつある。本を読んだときは、多少手間がかかっても、この個所はのこしておいたほうがいいとおもったところは、コピーしてノートに貼りつけたりしている。これが済んだ本は、理窟からいえばいつ廃棄処分にしてもいいわけだ。そして積んである駄本の半分を越えたら、廃棄を実行にうつそうかなどと呑気にかまえている。これには裏があって、やがてこれらのノートをもとに綜合的な著作をものしたいなどと夢想する。この整理法は誰にでもできるし、またやる人もいそうな気がする。

もうひとつはハイ・テク技術が本の世界にまで及んで、すべての本がマイクロフィルム、ビデオ、コンピュータにとって代られるのを待つことだ。

ただそのときは、物書きが成立するのかどうか、また経済的に職業として成り立つものかどうか、まったくわからない。

ようするにはっきりいえば、物書きの結果である本を売りとばすのではなく、物書き自身の方を廃棄処分にして売りとばす整理法だということになる。いまのところこれくらいしか「私」の本の整理法はおもいうかばない。

＊1『心的現象論序説』＝吉本隆明、一九八一年刊。
＊2『国歌大観』＝短歌の索引書。正編は渡辺文雄・松下大三郎共編、一九〇一～〇三年刊。続編は松下大三郎編、一九二五～二六年刊。
＊3四六判＝書籍の大きさの一つ。一二七ミリ×一八八ミリ。一般的な単行本の大きさ。

【対談】
吉本隆明・中沢新一

消滅にむかう世界のなかで、「現在」を読みとくための読書論

中沢 ひとくちに本といっても、いまいろいろヴァラエティーに富んできているし、若い人たちの本の読み方もとても自由な感じに変わってきましたが、その変化のベースにあるものはなんなのか。いまの読書論は、そこからはじめるしかないと思うんです。つまり文学の発生以前から人が書いてきたもののすべてをどう読むかが「読書論」のテーマになるわけですね。

吉本 ええ。

中沢 いままで人類がそういう意味で「書いてきた」ものを、ぼくたちは、この情報社会の中でほとんど同じ平面上で知ることができる。例えば二千年前の思想家が書いたものと村上春樹の小説とを同じ平面で読んで、お互いのテキストが違うレヴェルのものを扱っていると同時に、ある同じものを語っていることを発見できるわけです。そういうことが、ぼくたちの時代では可能

＊中沢新一＝文化人類学者。中央大学教授。『チベットのモーツァルト』『野ウサギの走り』など、現代思想界に大きな衝撃を与えた著作、多数。

になっている。
　したがって、読書という行為はかつてとは全然違う地平に向かいつつあるんだということを、吉本さんは以前『読書の快楽』（角川文庫）に収められている文章の中でお書きになっていますね。むろん、このことは『ハイ・イメージ論』や『マス・イメージ論』でも、より深く展開されていらっしゃるわけです。
吉本　いまの若者たちの旺盛《おうせい》な関心は、ぼくらの同じ年代のときとは格段に違っていますね。それから、明治時代の近代文学を学校で無理やり読まされたりしてその感想を聞いたりすると、かなり的確なことも言うんです。で、ぼくなんか、自分の書くものがいまのそうした若者たちにどのくらい適応できているかを考えると、これはすこぶる怪しい。
中沢　そうかなあ……（笑）。
吉本　問題意識としては、うんとできてるつもりなんだけれど、書くものも読むことも、どうもまだうまく適応ができていないと実感します。
中沢　ぼくらの周りの世代や、もっと若い子たち、とくに女の子たちは、昔の文学少女に比べたら、ずっと本を読んでないですよね。でも、面白いことに、

＊『読書の快楽』＝ぼくらはカルチャー探偵団編、一九八五年刊。
＊『ハイ・イメージ論』＝吉本隆明。一、一九八九年刊。二、一九九〇年刊。三、一九九四年刊。
＊『マス・イメージ論』＝同、一九八四年刊。

その子たちに小説を書かせてみると、小説の恰好というかそういうものがスッと出てくるんですね。

ぼくらは、「構造主義時代」の先走りみたいな世代なんですが、あの頃、小説の構造のようなことが、かなり大きなテーマになりました。そこで出てきた問題というのは、だいたい十九世紀に完成の域に入った物語小説を、ひとつの構造として意識化する作業だったような気がするんです。

吉本　はい。

中沢　むろんはじめはインテリたちがそういう意識化の作業をすすめてきたんですが、それが、どんどん進行してきて、近代につくられた物語や哲学の構造までしだいに見えてきちゃった。そして「物語」というものの意識化がすすんでいった結果、小説なるものがどんな条件で創られてくることばの構造なのかを、ある程度、この情報社会の中で知らず知らずのうちに摑んじゃったということがあると思うんです。

これは小説の問題だけではなくて、事件に対する対応の仕方もそうだと思います。六、七年前、例えば糸井（重里）さんなんかが登場してきたとき、世の中の事件を即座にパロディーにできる能力を若者たちは磨いた。そこでは事件を情報化し、物語にして消費するプロセスそのものが、パロディーの対象になっていたような気がするんです。

それが、あまりにも過多な情報の中で、濾過《ろか》作用しているうちに、構造だけが残って透けて見えるようになってきたのではないでしょうか。どんな大事件が起きても、それを、新聞やテレビが情報として流すとき、どういう形態や物語にするかが見えてきちゃった。で、それに対応するやり方としては、同じことをするのではあまり気がきかないからパロディーにするという意識化が、とても醒めた意識とともに起こってきてしまった。

それは、一方では不幸な意識を抱えることにもなりまして、その不幸な意識を、ぼくなんか十代の終り頃からずっと抱え続けてしまったわけです。で、その抜け道をどういう方向に探るか、みんなそのことを考えてきたと思うんです。その中には吉本さんのおっしゃる、時代の変化の速度にどうやって渡り合ったり対処するかの問題も出てきますし、またもう一つは、その構造をどのように歪めたり変形したりしていくかということですね。だから、読書量が少なくても、ある構造を摑めてしまえるのは、情報社会の影響がとても大きいからだと思えるんですが……。

吉本 そうですねえ……難かしいね（笑）。

中沢 そのことが決定的に見えちゃったのが、一九六〇年代の終りから七〇年代ぐらいで、物語としての左翼も含めて、近代のいろんな構造が顕《あらわ》になったと思うんです。しかも陳腐な形でね。それを見続けてきた当時の中・高校生たちにとっては、ある物語に参画することが、ぼくらより上の人たちのようには生まじめな調子ではできなくなっちゃった。表現のメディアもどんどん拡大していますしね。その中では、ぼくは少女マンガの世界は面白いと、いまだに思い続けているんです。おおげさなことをいえば、平安時代から続く日本文学の伝統を引き継いでいるメディアは、現代文学ではなくて、少女マンガと呼ばれるたくさんの作家たちの中にあるような気がするんです。

吉本 そうですね。

中沢 少女マンガのあのキメの細かい表現ですね。少年マンガの方は、とっても単純な物語に走っていったところがありますが。

　小説は、平安時代から、構造に対してはいつも距離を置いたり、それを遠くから眺めたりすることを一つのポジションにしてきましたが、その表現の位相はどうも少女マンガの中にいまだに生きているように感じるんです。

吉本 いまから二十年ぐらい前に、平野（謙）さんが「純文学と大衆小説」みたいな分け方で、そのときどきの文学現象を論じたり類別したりしてきたわけですが、現在はそんなジャンル分けはできなくなっていて、ひょっとすると中沢さんの言われた少女マンガの中に、かつて純文学が演じた高度な天才性が見事に表現されたようなものがあり、いまの文学自体の中には、あまりなくなって、逆に、文学自体が少女マンガから影響を受けているような感じが出てきているような気もします。

中沢 いまの若い人の小説には、確かにそうした影響がみられますね。

●少女マンガと女流作家の世界

吉本 古典と現代のものを同列に読むのはごく当たり前のことなんですが、例えば今度の東大での人事問題をめぐるゴタゴタでも、中沢さんの『虹の理論』は学問ではないというような言われ方をするわけですね。週刊誌で読んだんですが（笑）。

そう言った人は、何を「学問」と想定しているのか分からないけれど、通

＊『虹の理論』＝中沢新一、一九八七年刊。

俗的に言えば、本論文はこれこれのことを論ずるもので、から始まって、最後に結論として、こういうことが分かった、というふうにならないと、「学問」ではないと思うのかもしれない。でも、そんな体裁は取らなくても、学問は学問なんですよ。この問題は、いまから二十年くらい前に文学の世界では、もう決着がついているんです。

中沢　ぼくも、とてもアナクロな現象だと思います。

吉本　そうですね。とても遅れていますね。

中沢　例えばいまの若い女流の作家たちを見て……、あっ、〝女流〟って言葉を使ったりすると、また富岡（多恵子）さんにしかり倒されるかもしれないけれど（笑）、女性の作家を見ていますと、ぼくが個人的に好きでおつき合いして知っている少女マンガの作家たちは、やはり、女性の作家たちとはちょっと違いがあるような気がするんです。

若い女性の作家たちを見ていると、うまく表現はできないんですが、物語の「グレート・マザー」に向かっていこうとするところを感じるし、文学という共同体の伝統の母体をささえる、新しい才能の供給源になっているような気もするんです。これに対して少女マンガの作家たちには、「伝統」をさ

＊富岡多恵子＝作家、詩人。詩集『詩集返禮』、小説『冥途の家族』『立切れ』『植物祭』『波うつ土地』など多数。

＊グレート・マザー＝大母。心理学者ユングがとりあげた概念。生産力、豊かさ、包容力とともに、凶暴性、破壊力を兼ね備える。

さえているような「グレート・マザー」になりきれないタイプの人たちが、多いような気がしてならない。普通の社会生活の中ではどちらかというと内向的だったり、過度に敏感だったりして、パーティーでは壁の花のようなタイプの人が、壁にもたれながらじっとこちらを見つめているような感じで……。文学と少女マンガに現われている「女性性」の違いみたいなものは、ひょっとすると「業界の伝統」の違いと関わっているのかもしれませんが。

そこでさっきの「女流」ですが（笑）、「女流」という言い方は、とても複雑な言い方で、例えば読物雑誌が女流作家特集とかって使う意味ではなく、女の表現者が抱えこむことになる「グレート・マザー性」から統合失調症に至るまでの、大きな精神のスパンを孕んだものなんです。それらの特徴を丸抱えにしようとすると、ほかにあんまりいい言葉がないなあと感じるんですよ。

吉本 そうですね。ぼくも、差別の意味はないし、貶《おとし》める意味もないんですけどね（笑）。もっと持ち上げる意味で言えば、文学の世界でも、優秀な作品は、若い女性と、うんとお年寄りの女性の作家の中にありますね。

中沢 ええ、そうですね。

＊山岸涼子＝漫画家。一九六九年『レフトアンドライト』でデビュー。一九八三年『日出処の天子（ひいずるところのてんし）』で第七回講談社漫画賞を受賞。「ヤマトタケル」など。

吉本 これが少女マンガの世界になると、ちょっと悲劇的で、天才的な作家が一冊の少女マンガを残して、さて、どうしたんだろう、という才能がありますね。一方では、もちろん、山岸涼子や竹宮恵子みたいな……。

中沢 巨匠がいる（笑）。

吉本 そう。巨匠はすごいんですね。思わず「おっと」と思うような作品を描いていますからね。大島弓子の一九八五年の作品で、「ダリアの帯」というのにはすごく感銘しました。それから少女マンガの世界は、共同体のあり方が書く方と受け手が混ざり合っているところがありますね。文学の世界は、新しい感性で若い人がパッと野放図にやっちゃえば、ある意味で通っちゃうようなところがある気がするんです。

でも、いずれにせよ、どう考えても「女流」の方が作家としては優秀な人が多くて、新人だと十人のうち七人まで女流が優秀だということになりますし、老大家でも同年代の男性と女性の作家を比べたら、格段に女性作家の方がいいですね。

中沢 そうですね。

吉本 その中間の三十代とか四十代くらいの作家になると、ややわからないと

＊竹宮恵子＝漫画家。一九六八年、雑誌「マーガレット」の新人賞佳作に入選、「りんごの罪」でデビュー。一九七六年、『風と木の詩』がベストセラーとなる。ほかに、『地球（テラ）へ…』『私を月まで連れてって！』など。

ころがありますが、その年代を除けば女流の時代ですね。これは単に少女マンガや文学ばかりではなく、あらゆるジャンルでも言えることではないでしょうか。そういう意味では、平安朝中期以降の時代とちょっと似ていますね。

中沢 そうなんです。不思議ですね。それから天才的な現われ方や消えていき方が、女性と男性とでは違うんですよね。

吉本 そうですね。

中沢 何かが煌《きら》めいていて水泡のようにサッと消えていくという仕方は、女性の天才によく現われるんですが、男性の場合は、本当に力のある表現者が消えていくときは、加速度で消えていくんです。ぼくがそのことを一番感じたのは、山上たつひこというマンガ家で、ぼくらの学生時代、彼は一番影響力を持っていたわけですが、彼は最後はスピードアップを重ねた上、灰になっていったんです。そして、その灰になり方の先輩は、赤塚不二夫だったような気がするんです。「天才バカボン」の最後の時期といったら、それはものすごいもので、もうほとんどダダイズムに突入していった。

力を持った表現者がどんどんスピードアップして消えていく。それを免れている代表的な人は、谷岡ヤスジでしょう。彼は、表現をほとんど自動マシ

＊大島弓子＝漫画家。一九六八年、短大在学中に「ポーラの涙」でデビュー。一九七八年から開始された『綿の国星』は、漫画界に大きな衝撃を与え、少女漫画を大人の男性が読み、論じるといった風潮のきっかけとなった。翌年、同作品は講談社漫画賞受賞。「ダリアの帯」は、一九八五年発表。

ーンにしちゃいましたから、それによって加速性にある時点からストップをかけたんですね。別の意味で、東海林さだおは、なんというか農耕日本的な「カトちゃんケンちゃん的世界」、「カトちゃんケンちゃん的ギャグ」の安定性に近づくことによって、その加速度を逃れている。男性の場合は、これは吉本さんのお書きになっている速度の問題とも関わってくるんですが、ことにギャグの世界では、才能はいつも速度の中で燃え尽きてゆく。ところが女性は、この社会の表面に現われるか現われないかの状態で消えていくという、才能の出現と消滅の仕方に違いがありますね。

吉本　文学の世界は、意識されてはいないけれど、一種の共同体的な目に見えないものの中に入ってしまえば、ある程度、何となくそこで漂流することができるだけの厚みのようなものが持てる気がするんです。しかし、少女マンガの世界は、そういうふうに漂流するだけの厚みがないから、どうしてもきついと思いますね。

中沢　安定したものがないんですね。

吉本　ないんです。パッと光ってパッと消えてしまうか、流れの外に行ってしまうか、そうでなければ押しも押されもせぬ巨匠として存続してしまうか。

＊山上たつひこ（一九四七〜）＝小説家、漫画家。一九六五年「秘密指令０」でデビュー。一九七〇年、「週刊少年マガジン」に連載した『光る風』で一躍注目され、一九七二年のギャグ漫画『喜劇新思想大系』、一九七四年の『がきデカ』は爆発的な人気を呼んだ。現在、作家として活躍。

中沢 それは、言葉と絵の違いもあるんでしょうね。

吉本 その違いでしょうかね。そうかもしれないですね。そういう意味では、天才的なマンガ家の遇され方は、悲劇的な気がしますね。

中沢 マンガの世界は、あれだけ業界が大きくなっているにもかかわらず、共同体の伝統はほとんど形成されない。いつまでもボヘミアンの状態で……、それが逆に表現の現代性を形成しているという……。現代というものの表現のエッジみたいなところに辿り着こうとすると、男性の場合、どうしても速度の問題が出てくると思うんです。加速度化していくということですけれど……。

吉本 そうですね。

●古典も、いまのものも、同じように読む

中沢 女性の場合のエッジというのは、表現不可能性と言いますか、表現以前の状態から表現の世界へ向かう境界領域をどう横断し得るかという、その能力にかかっていると思うんです。そこのエッジにどう接近していくか。一つ

＊赤塚不二夫（一九三五〜）＝漫画家。一九五九年『ナマちゃん』がヒット。一九六二年には『おそ松くん』が爆発的な人気となり、以後『ひみつのアッコちゃん』『天才バカボン』『もーれつア太郎』など、大ヒット作を連発。「シェー」「ニャロメ」などの流行語も生み出した。

は、速度におけるエッジ、もう一つは表現可能性のエッジ。この両方のエッジにどう近づいていくか。それが逆に、表現の現代性の一つの形だとぼくは思うんです。

だから、業界はできても共同体は形成されず、伝統もできない。そのため悲劇性をまとい続ける。しかし、これはボヘミアンに特有の悲劇ですからね（笑）。

吉本 そうでしょうね。その点はテレビを見ながら、ぼくがいつも感じることなんです。優れたタレントはほとんど毎日とか毎週、ある時間に出てくるわけですね。そして彼らはいつでも速度の速いところにいてその場で聴かれたり見られたりしてしまえば、後に残骸が残るという世界ではない。

それは、ある意味では心身共にめちゃくちゃなきつさだろうなって思うんです。彼らと比較して、それじゃあ自分たち物書きは、何を頼みにしているんだと考えると、どこかで残骸というか、何か残るんだぜっていうことを頼みにしているようなところがある。

中沢 それはありますね。

吉本 でも本当言うと、そんなことは頼みにすべきものではないんじゃないか、

＊谷岡ヤスジ（一九四二～一九九九）＝漫画家。一九五九年、高校在学中に「中国小学生新聞」に四コママンガ「やっちゃん」を寄稿し、デビュー作となる。代表作『ヤスジのメッタメタガキ道講座』を中心に、「鼻血ブー」「アサーッ！」などのギャグの大ブームをつくる。

という疑いが絶えずあるんです。

中沢 ええ。

吉本 そこに、ぼく自身の抱えた切実な問題があるような気がするんです。一種の覚悟性のなさですね。誰でもいいんですが、ビートたけしやタモリが毎日とか毎週のようにテレビやラジオに出ていますが、彼らは常に出たとこ勝負なんですね。後には、残骸すら残らない。そういう世界と比較すると、残骸を頼みにしたようなわれわれのやっていることは、もしかすると駄目なんじゃないかって、いつも考えているんですよ。

中沢 そのことは、ぼくもいつも感じます。

吉本 残骸もなにも頼みにできないところでやっている人たちは、悲劇だと言えば悲劇ですよね。あれこそが現在の一番本格的な悲劇であって、あとは大なり小なり、一種の残留効果みたいなものがその悲劇を覆って曖昧にしているところがあり、それで済んじゃってるという感じがするんです。

中沢 文字を使って物を書くときの居心地の悪さは、本当は誰しも考えなければいけないことなんじゃないか、そのことは、ぼくもすごく感じます。昔から、物を書く人の理想は、物を書きながら、最終的にはそれを消滅させせてし

＊東海林さだお（一九三七〜）＝漫画家、エッセイスト。一九六七年、「週刊漫画ＴＩＭＥＳ」に連載した「新漫画文学全集」で注目され、その後『ショージ君』『タンマ君』『リーチ君』などを発表。エッセイ集に、『ショージ君の男の分別学』『笑いのモツ煮こみ』など。

かった。

まうこと。優れた作家たちはそのことを夢想したと思うんですが、誰一人、実現し得ない。意味の生成については語りますが、その生成されたものを文字に定着し、今後はいかに消滅させるかについては、本格的に取り組み得なかった。

例えばドゥルーズ＝ガタリにしても、彼らは現代の表現の悲劇性の問題を考えていると思うんです。彼らは、さまざまな表現を駆使して、ボヘミアンと言ってみたり、リゾームと言ってみたり、戦争の機械と言ってみたりしています。そこで問題になっている表現は、表現世界のエッジみたいなところで、すさまじく自己を消滅にさらしていく表現方法が、この世界の表現の根底にあることを、彼らはさまざまに表現しつくしてみようとしている。でも彼らは、その中から別のマシーンを創りだそうとするわけです。消滅に向かう運動のぎりぎりのエッジで、別のタイプの「主体性」みたいなものを創りだそうとする。でも現実には、そういうタイプの表現を創りだすのって、とっても難しい。

エーテルだけしか残らない言葉のユートピアみたいなものができるのかどうか。これは例えば、ぼくなんかが関わっている表現のジャンルでは無理か

＊ドゥルーズ＝ガタリ＝ジル・ドゥルーズ（一九二五〜一九九五）、フェリックス・ガタリ（一九三〇〜一九九二）＝フランスの現代思想家。構造主義以降の、ポストモダニズムの旗手として知られる。『リゾーム〜序』『アンチ・オイディプス』『千のプラトー』など、共著多数。「リゾーム」「戦争機械」「脱領土化」など、重要なキーワードを創出。

なという気もします。ロラン・バルトがリミットかもしれません。

吉本 いや、たぶん一番速度が速い表現世界に、その手本はあると思うんですよ。それは見たものがすぐに自分にはね返ってくるみたいな形であるんだと思う。

ただ、本が保存されて読まれる形と、出現したときに読まれる形と、もしかすると古典の領域に入っていくものであるかもしれないという形と、どこで類別をつけるかが、全く分からなくなっちゃっている。たぶん、どんな表現をしている人も、また本を読む人も、分からなくなっていると思う。取りあえず言えることは、古典は大事にとか、古典は古いとかという読み方ではなくて、いま出現したものも、古い時代のものも、とにかく同じように読もうじゃないかまでは、何となく言えそうな気がするんです。

中沢 そうですね。いまの読者に一番影響を及ぼしているのは、技術の問題じゃないかと思うんです。人類史の中で、図書館を燃やそうと考えた人たちは、大きく分けて二種類あると思うんです。一つは、宗教家。彼らは「本を読むな」と言う人たちですね。「真実のリアリティは書物の中にはない。それは言葉の中には保存され得ない、もっと微細で速度の速いものがリアリティな

＊ロラン・バルト（一九一五～一九八〇）＝フランスの評論家、記号学者。文芸批評・社会批評に画期的な地平をもたらした。『零度のエクリチュール』『モードの体系』など。

んだ」という宗教的神秘家たちですね。もう一つは、文字通り戦争です。

吉本　そうですね。

中沢　戦争は、成吉思汗《ジンギスカン》を見ても分かるように、大変なスピードで移動していきながら、次々と都市を破壊し、問答無用で図書館を燃やしていったわけですね。

それから、現代技術の問題も戦争と大きな関わりがあると思うんです。つまり、いつの時代でも、技術の最も純粋な形態は、戦争の道具として表われているわけです。例えばフランスの建築家のポール・ヴィリリオは、「現代文明は戦争の機械の意味として捉えなければいけない」と言っているわけですが、そこで出てくるのは、速さの問題です。

ぼくがなぜこんなことを言い出すかというと、吉本さんの「世界視線」という考え方と関連があるからなんです。ぼくは「世界視線」を初めて意識したのは、宗教家と戦争の技術者だったような気がするんです。つまり、戦争に勝つためには軍隊は常に自分とは別の目が必要だったわけですね。例えば平原で二つの軍隊が衝突した場合、その戦いの成否を決めるのは、高い山に立って、全体の形勢を眺め、その情報を手旗信号なり狼煙《のろし》なりで平原の味方

＊ポール・ヴィリリオ（一九三二〜）＝フランスの都市思想家、パリ建築大学学長。『速度と政治』など。

に伝達する。そのシステムがいかに敏速でうまくできるかが、その平原での戦いを制したと思うんです。戦争の歴史を見てみますと、その目をいかに多様に、数多く駆使するかがポイントになっている。軍隊全体はある速度で運動していると同じに、複数の視点からその運動を見ていることが必要だったわけです。

いま、現代技術の最先端である宇宙開発技術や戦闘機の技術にしても、実際にそれを使いこなす人間が、いかに数多くの視点で自分の位置を測定し得る機器・視点を持ち得るかにかかっているわけです。そしてそのことが、文明全体に大きな影響を与えていると思うんです。

もう一つは宗教が同じ構造を持っていたような気がするんです。

吉本 なるほど。

中沢 昔の宗教家たちは、神秘家がことに多いそうですが、自分を〝戦士〟と表現しているんですね。それは、本質を摑んだ言い方だと思うんです。ある時点では戦争と宗教は、世界に対して同じようなポジションをとってきたわけですから。

そこでぼくは吉本さんにお訊きしたいんですが、この速度の時代の中で渡り合う戦略はあるのか、つまり速度を凌駕する速度を身につけたらいいのか、それとも裂け目（クリック）のようなところで、永遠の地点と申しますか、そういう場所を発見した方がいいのか、この二つの問題が同時に出てくるような気がするんです。

いま、ヨーロッパのことを考えますと、ヨーロッパの表現は、クリックからかすかに噴出してくる光のようなものとして、カソリックの伝統に注目し始めているような気がするんです。これは、永遠の問題とも深く関わっていて、速度を持って変化していく世界に対して、カソリックの持つ永遠性について、アヴァンギャルドな作家と言われる人たちであればあるほど、そのことを意識し始めているわけです。

例えば、昔のイグナティウス・デ・ロヨラのイエズス会なんかも、軍隊組織をつくりましたね。で、宗教と戦争が、人間の日常の振舞いに大きく影響を与えたということを、ロヨラは本質的に摑んでいたような気がするんです。だから、あれだけ地球上を席捲できたと思うんです。したがって、戦争機械、あるいは現代文明をつくっている技術の本質と、その中で裂け目のように噴出してくる永遠の問題が、どうもリンクして表われてくるんじゃないかとい

＊イグナティウス・デ・ロヨラ（一四九一〜一五五六）＝スペイン生まれの、イエズス会創立者。パリで人文主義に出会い、ザビエルらとイエズス会を結成。宗教改革期、カトリック復興に大いに寄与した。主著に『霊操』。

うことを、彼らは直感的に知っているんじゃないかとぼくは思うんです。

吉本　なるほど。

中沢　問題は、ぼくらが生きている世界の問題なんです。これは吉本さんが「アジア的なるもの」という考え方の中で問題にされている、世界文明としての資本主義＝キリスト教が、地球上の技術とメディアを通して大きく、ほぼ完璧に被い尽くしたと同時に、ぼくたちが永遠の場所を速度との戦いの中ではなく、アジアの中で見出そうとするとき、キリスト教のない日本で、一体、どうするのか。

その場合、ぼくたちはそれをすぐ安易に辺境に求めてしまう。でもこれは、あまりものを考えないやり方だと思うんです。

吉本　そうですね。

●情報のスピードによって自己破壊されないために

中沢　ぼくは、吉本さんの「アジア的なるもの」や親鸞についての問題をめぐってのお仕事を見ていても、親鸞は吉本さんが消滅の問題を扱った現代的な研究だと思うんですが、それをどこに発見していったらいいのか……。まあ、これはこれからもずっと考え続けなきゃいけないことだと思うんですが、この問題を尖鋭化させたキリスト教とは違うところから出発して、ぼくたちは、どこかへ行くことができるのか。「世界視線」のさらに先にある問題として、今日は吉本さんにお訊きしたかったんです。

吉本　ぼくは、その問題をいつも境界のところで回避するというか、棚上げしてきているような気がするんです。つまり、その境界のところまでは何とか、不明瞭なるものは明瞭にしよう、「アジア的なるもの」で言えば、アジアのかつて何千年も続いた郷村・農村は、まあ西欧から見れば停滞なんでしょうが、永遠の課題をきちんと持っていたという言われ方はすこぶる危なくなっている、そこまでは、ぎりぎり言わなければいけない。技術の速度はもっと速くなってしまい、それに耐えきれるだけの永遠性はもはや持てない、という感じはあるんですが、あなたのいま言われた問題については、終始一貫回避してきたな、と思います。

中沢　それは、やはり回避しないといけないことなんだからでしょうか。

吉本　いや、どう言ったらいいんでしょうね……。やっぱり自分が危ない。自分がその速度で壊れちゃう。それで自分が壊れないための、防衛反応なんじゃないでしょうか。しかしそれは、アジアの何千年か続いた停滞を、逆に防衛規制の中へ取り込んで、それを楯にしてという感じになってしまうので、避けなくちゃいけない。でも、そうしなければ壊れてしまう。

そこで自分は何をしているかと言うと、境界のところだけはすっきりさせようじゃないか、と考えているような気がするんです。中沢さんの言われた、どこかに裂け目があって、そこから永遠の煌めきのようなものが出てくる、それは何なんだということについては、終始避けていて、その境界の手前で、手前で、というふうにやっています。

中沢 ぼくは、自分で不安なので訊いているんですよ（笑）。このまま行っちゃったらヤバイな、という気持もときどきありましてね。

吉本 はい、はい。

中沢 ほんとに崩壊現象を起こしかねない。ぼくらには、たまたまドラッグもないので、肉体的にも、そこまで追い込まれないでやっているわけですが、もしドラッグがあったら、昔のビートニクスじゃないですけど、ドラッグをやらざるを得ないなっていうところがあるんですね。

＊ランボー（アルチュール、一八五四〜一八九一）＝フランス象徴派の詩人。詩人ヴェルレーヌとともに放浪し、十六歳で書いた「酔いどれ船」以後、『地獄の季節』『イリュミナシオン』など、近代詩の大きな転回点となる画期的な作品を記した。

＊マラルメ（ステファーヌ、一八四二〜一八九八）＝ヴェルレーヌ、ランボーとともに、

吉本　はい。

中沢　ヨーロッパの防衛規制は、ひとつはそこへ行っても大丈夫なんだという、カソリックだと思うんです。なぜ大丈夫かというと、それはマリア信仰じゃないかっていう気が、ちょっとするんですよ（笑）。

吉本　ああ、そうですか。

中沢　これは女性性の問題とも関係があるんですが、マリアがいる場所だから、ランボーも行っていいし、マラルメも突入してもいいし、ジョイスも先へ行ってもいいし、ロートレアモンだって平気だよって感じるんですよ。

吉本　なるほど。

中沢　ところが、ぼくたち日本人の場合は、速度でいけば、これはさっきのマンガ家たちの話ではないけれど、灰になって燃え尽きるところまで行っちゃうだろうし、永遠を探っていくと、今度はアジア的というところで、天皇制や日本的自然感性の問題にぶつかるわけですね。それは一気に速度を減速させるものですし、マリアの包容力とはまったく違うところで、ぼくたちを吸引していくような規制が働き出すのではということを、肌で感じるんですよ。

そうすると、ぼくが日本人として日本語を使って表現している条件を忘れ

フランス象徴派を代表する詩人。『骰子一擲（さいいってき）』『イジチュールまたはエルベノンの狂気』など。

＊ジョイス（ジェームズ、一八八二〜一九四一）＝アイルランド生まれの作家。内的独白を用い、個人の意識の流れを描く。『ダブリン市民』『若い芸術家の肖像』。『ユリシーズ』は、二十世紀ヨーロッパ小説屈

ないでいるとしたら、その先に何かちょっと違う包容力、吸引力が作動し始めるわけですね。で、「危ないぞ」と警戒信号を出して、身をひるがえしてしまう。そうでなければ、三島由紀夫ではないけれど、ああいう状態の中へ入っていって、なおかつ主体性を形成しようとすると、あのような神話を形成せざるを得なくなると思うんです。

吉本 はい。

中沢 あのような日本的ファシズムや日本浪曼派の問題も含めて、そういう道を回避しつつ、なおかつ、あとさき考えないでやっちゃうには、どうしたらいいのか。そこでアジアの問題がもう一度出てきちゃうんです。

吉本 そうですね。そのことはぼくも、ここ数年、肌で感じているところがあって、それはかつて自分が肌で感じたことと、とてもよく似ているんです。いま、左翼だと思っている人たちは、すでに右翼になっているのね。

中沢 完全にそうですね。

吉本 それに気がついていないんですよ。本当にそうなんです。前もそうだったんです。十代の終りか二十代の頃に感じていたのと、ちょうど同じ皮膚感覚なんですね。以前、左翼だった人たちが、いつの間にかどんどん右翼にな

指の作品といわれる長編小説。

*ロートレアモン（本名イジドール・デュカス、一八四六〜一八七〇）＝フランスの詩人。黙示録的な長編散文詩『マルドロールの歌』は、シュールレアリスム運動の原点とされる。

っていく速度のすごさを感じます。

中沢 でも、使う言葉だけは左翼なんですよね（笑）。

吉本 つまり、情報のスピード、技術のスピードによって自己破壊されないために、どうするかを考えると、これは単に自分だけの問題ではない。そこで、自己破壊もされないし、さりとて防衛規制までも行かずに、ただ、その辺の境界の中で、自分の危険を避けながら、境界の範囲内だけはすっきりしようじゃないかとは考えるんですが、しかしそれから後はどうなるのか、自分でも全く分からないんですよ（笑）。

中沢 でも、吉本さんの最近のお仕事のお陰で、そのエッジのところの地形だけは、だいぶはっきり分かってきました。

吉本 ぼく自身、そこだけは分かるようにしておかなければ、自分の身が持たないと思っているんです。でも、自分の身の持たせ方は、永遠とは言わないまでも永遠に繋がっていく問題だ、というところまで行けるような範囲では全然なくて、一時しのぎという感じは免れないですね。

●名著の条件

中沢　ぼくは、何年か前に吉本さんにお会いしたとき、自分がやっていることは間違いなんじゃないかと思った時期があるんです。それは、あの時点ではぼく自身全く不十分な状態で、直感的でしかなかったにしても、エッジに近いところの地形を書くだけではなくて、向こう側まで横断することができるんではないかと考えたんです。

その考えを持って吉本さんにお会いしたとき、吉本さんの反応は、「それは、やはり危ないんではないか」というか、疑問をたくさんお持ちになったと思うんです。その後、吉本さん自身、『ハイ・イメージ論』や『マス・イメージ論』のなかで、エッジの近くの地形図を測量し始めたとき、ぼく自身がやろうとしていた仕事が、境界線上で止めておくべきなのか、またそれは可能なのか不可能なのか、その先へ行くことは間違いなのか、いまも抱き続けている問題なんです。

吉本　いや、たぶんそれは、自分のことでもあるような気がするんですよ。うまく論理化することはできないんですが、皮膚感覚で、なんか危ないぞ、と実感で分かるような気がしているんです。しかし、自分の身をどこかで持たせなきゃいけない。かつて身を持たせた持たせ方には、生理的に拒否するところがあるので、それはしないだろうし、それでは速度に対して自己破壊してしまうことを、どう回避できるかについては全く分からないんです。

中沢 民主主義もそうだと思うんですが、ある意味ではファシズムも、十九世紀の末頃に顕になった速度と力をどう処理するかについて、けっこう真剣に渡り合っていたように思うんです。

吉本 そうですね。

中沢 ファシズムだけではなくて、マルクスの思想も同じだと思うんですよ。フロイトもそうですね。彼の無意識と夢のプロセスについての研究も、速度の問題から発生していると思う。つまり、無意識が浮上してきたのは、フロイトの発見であると同時に、十九世紀末の西ヨーロッパが、それを社会の前面に浮上させたんですね。ニーチェも、速度と力の問題に取り組んだわけですよね。

一方では、大衆社会の問題としてそれが出てきたときに、芸術家も、やはりこの問題に取り組んだわけですが、それも社会システムの思想の問題として、ファシストたちが取り組んだ問題と同質だったような気がするんです。

＊フロイト（ジーグムント、一八五六～一九三九）＝オーストリアの心理学者。精神分析の手法を確立し、以降の精神医学、現代思想に決定的な影響を与える。主著に『夢判断』『精神分析入門』。

＊ニーチェ（フリードリッヒ、一八四四～一九〇〇）＝ドイツの哲学者。マルクスやフロイトと並び、現代思想の源泉となる。実存主義の先駆者

それに対して、そのファシズムがつくり上げたシステムを単純に否定する形で日本の戦後が出てきたとき、その速度の問題を隠蔽し始めたわけですね。つまり、十九世紀末から起こってきた近代の本質的な問題を、隠蔽してしまった。

それが一種の左翼思想のバックボーンの一つになってしまったところで、ぼくなんかは、そういう左翼的というか、民主主義的というか、そういうものに生理的嫌悪を感じ始めたんです。ひょっとすると、ぼくはファシストかもしれない、と思うようなところがあるんです（笑）。そこのところでぼくは、吉本さんの左翼批判なり、民主主義批判のお仕事とか、ファシズムの思想の再検討の問題を理解してきたんです。

いまは、十九世紀末に顕になった以上にこの問題が大きく全面化し、かつ層が厚くなっていると思うんです。十九世紀だったら、人間の生活のそんなに深い厚みにまで、この問題は影響を及ぼさなかったわけですが、いまや西ヨーロッパの田舎でさえ、この問題を回避することは不可能になりつつある。

それと、もう一つは、第一次世界大戦が飛躍的に変えた兵器の発達ですね。あの戦争が、近・現代技術を大きく変えたし、ヴェトナム戦争を契機にして

ともいわれ、ハイデッガーなどにも大きな影響を与えた。時代とともに、つねに再評価される宿命にある。著書は、『ツァラトゥストラはかく語りき』『善悪の彼岸』『道徳系譜学』など。

ハイテクノロジー化も一気に進み、それはコードレスのアイロンから自動炊飯器に至る、家電製品のなかにまで及んでいる。そこで、こうした別のメディアや情報という形で顕になりつつある力とスピードの問題と、どう渡り合うかということなんですが、結局のところこの問題に対しては、反動左翼思想が被っているわけですね（笑）。それを破壊して、なおかつ非常に危険なところまで出て行かなくちゃいけないだろうし、それが一番大きな問題にも関わってくるんですね。

そこで、この先、踏み止まるべきかどうかを、ぼくは、吉本さんのさまざまな仕事から読み取ろうとしているんですが、ぼく自身も全然、回答が分からないんです。ときどき不安になるし……。

吉本　ぼくは、本については自分の都合上で読むことが多いんですが、まあときどきは、本当の愉しみで読んだりしている。本って、とにかくカサバルでしょう。自分の寝起きしている住まいと、本との格闘のようになってしまう。だから一年に一回ぐらい、売り飛ばしちゃうんですよ。それで、そのときにどんな本が残るかというと、ひとつは、売っても安い本、これが一番残るんですね。それから速度ですね。速度に対して向こう側に、まだ、もしかすると耐えられるかもしれんぞという可能性が考えられる本が、一応残されるわけです。で、よくよく観察していると、時間や速度に対して残りそうだと思える本と、安い本とが、だんだん一致してくるのね。

中沢 ああ、それは本質的かもしれないですね（笑）。

吉本 そうなの（笑）。古典とか準古典に属する本と、高く買ってくれない本とがだんだん一致してくるの。本来なら二つの極に分かれなきゃいけない感じの本がね。

中沢 名著の条件が、その辺にありますね（笑）。

吉本 そんな本によって、自分の寝起きする場所が圧迫されつつあるというのが、ぼくのフィジカルな現状であり、それはまた自分のメタフィジカルな問題の、象徴的な表われでもある。

中沢 それは象徴的ですね。ぼくなんかも、引用するのは「世界の名著」とか、そんなものしかなくなってきちゃいましてね（笑）。ライプニッツやスピノザなんか、みんなそうですね。世界の名著的な本が残っちゃうんですね。

吉本 本の運命と思想の運命は、どこから破壊されていくのか。技術のスピードによってか、住宅状況によってか、それとも内面から精神的に壊されてい

＊ライプニッツ（ゴットフリート・ヴィルヘルム、一六四六～一七一六）＝ドイツの数学者、哲学者、神学者。微積分学の形成者。主著に『形而上学叙説』『単子論』『弁神論』。

＊スピノザ（バルック・ド、一六三二～一六七七）＝オランダの哲学者、数学者。デカルトの方法をさらに徹底させ、純幾何学形式によって体系を組み上げた。著

くのか、それはちょっと分からないけれど、いずれにせよ、書物の運命と物の運命というのは、パラレルになってきていて、おっかなくなってきているなという実感はありますね。

中沢　一番困るのは、「日本歴史の研究」みたいな学術書なんですね。ぼくの趣味から言うと、大体あの手の本の装幀が嫌いなんですよ。表紙の箱が茶色で、タイトルは黒い活字、しかもポイントの大きさの配慮もなく、ただ書名と著者名を伝えればいいっていう感じですよね。でも、それがなきゃ困ることもあるんですが、その手の本が本箱の前面に出ていたりすると、なんだか気が滅入ってくるんですね。だからぼくはそういう本の前には安い本、新しい本、きれいな本を並べて、アカデミックな本は一切見えないように配慮をしているんですよ（笑）。

書に『エチカ』『知性改善論』など。

第2章　どう読んできたか　〝読書体験論〟

本を読まなかった

子どものときどんな本を読んだか。

精いっぱい想い起こしても、ほとんど何も浮かんでこない。小学校の休み時間にこそこそかくし合うようにしてまわし読みされた立川文庫[*1]の『猿飛佐助《さるとびさすけ》』や『霧隠才蔵《きりがくれさいぞう》』や『真田十勇士《さなだじゅうゆうし》』。父親が仕事に出掛けた留守に内証《ないしょ》に読んでは、夕方までにそしらぬ顔をして元に戻しておいた雑誌[*2]「キング」や「富士」や「講談倶楽部《くらぶ》」。

もう少し大きくなった頃の記憶と結びついている友人から借りた小判の雑誌「譚海《たんかい》」や、塾の先生の書庫から借り出して読んだ古い雑誌[*3]「新青年」。『大東の鉄人』とか『敵中横断三百里』とか『亜細亜《あじあ》の曙《あけぼの》』とかいう書名が記憶にちらちらするが、それがどの時期かあまり記憶が結びつかない。

これらはいわば、本を読まなかった少年に出廻った悪書の記憶の隅をつついたものだ。

本を読むということは、子ども心に禁忌のように感じられていた。読書は暗いこそこそした行為であった。現実にはあり得ない空想のなかで興奮しながら、つぎつぎにとりとめのない白日夢に心をゆだねることであった。

わたしの記憶のなかでは、いつも父親や教師にかくれて、まるで良からぬことに熱中するような後ろめたい罪悪感が、本を読む姿勢と結びついている。事実本を読んでいるところを父親に見つけられると、つまらない本を読むなと叱られたことしか記憶にないのである。少なくとも本を読むことを親から励まされたり、良い本だから読めとあてがわれたりしたことは皆目なかった。

もちろん教科書や参考書を家で読んだことは、かなり大きくなるまでなかった。宿題のあるときだけ畳のうえに腹ばいになって仕方なしに読んだ。鞄を玄関さきに放り出すと、もう夕方までは戻ってこないのが日常のことであった。

本を読むことは悪いことをすることとよく似ていた。あの罪悪感、あのとりとめのない白日夢の世界、通俗的な正義の観念のもつ虚偽への陶酔。これらは少年の日に本らしい本を読まず、悪書にうつつを抜かしたことからこびりついてしまった固定観念である。これは生涯消すことができないような気がする。

その代わりに情景の記憶が、良い書物のようにしばしばじぶんを救済した。上がり框《がまち》のところでうつらうつらしながら、向かいの川の上の鳩のとび交う群をみていた幼時記憶。やや大きくなって、埋立地の原っぱの草いきれのむんむんする強い日差の下で、つっ伏しながら友だちの探す声をじっと聴いていた日課のような遊びのひとこま。姉や姉の友だちとやったオハジキの取りっこ。兄もじぶんもあまり器用でなくて、ふたりともベエゴマに負けてオケラになって家に帰ってきたときの、運命に負ける予感のような寂しさと兄への親密感。

もともとはその場かぎりのこれらの情景のなかに、じぶんや兄姉や親たちや友人が登場して、書物のなかの感銘深い場面のように、じぶんを情意の烱《けぶ》る体験から救済してくれたと思う。これからもまた。

＊1立川文庫＝明治時代末期から大正、昭和初期あたりまで、一世を風靡した講談本。少年の読み物シリーズとして、代表的だった。『猿飛佐助』『真田十勇士』などがラインアップされた。

＊2雑誌「キング」＝一九二五〜一九五七年に刊行された、現・講談社（大日本雄辯會講談社）の国民雑誌。

＊3雑誌「新青年」＝一九二〇〜一九五〇年に刊行された、推理小説を中心に編まれた雑誌。江戸川乱歩、海野十三、横溝正史などの、その時代を代表する名作を掲載。のちのミステリー界に多大な影響を与える。

読書とは、書物からの知識を得ることより、一種の精神病理だ

わが生涯の愛読書

小学校をでるとすぐ、化学の学校にはいった。有機化学とか無機化学とか分析化学とかの教師はみなといっていいほど、じぶんの書いた専門書をもっていて、それをもとに授業するほど、とび抜けた実力をもっていた。教師たちの何人かとは、ふたたび高等工業とか工業大学とか、行く先々の学校の教授として、出会うことになった。

いまかんがえるとドイツ流の化学の職業学校の雰囲気を、中等教育の場でつたえるわが国で唯一の学校だったとおもう。ドイツ流というのは実験的で、職人的な手仕事の空気をみなぎらせていた。分析実験などでは、小学校をでてすぐの年齢から叩きこまれるので、天才的に実験のうまい生徒がいた。工業大学でも怠惰なわたしは、この化学の学校のときの下級生が研究室に勤めていて、分析実験を教えてもらったりした。

ところでこの特異な学校は、逆におよそ目的のないこと、実験でたしかめられないことを考えること、ひろくさまざまなことを感じることでは、ひどく冷淡な雰囲気がみなぎっていた。

役に立たないことは軽んじられ、眼にみえないことに情念をつかうのは苦手としていた。

教科書、参考書のほかの書物を読むことが、読書のはじまりだとすると、そんな雰囲気はゼロに近かった（ただ、不思議なことにすぐれた音感の持主は輩出した）。

わたしの読書開眼は、化学の学校とはかかわりのない私塾の教師からえたものだ。塾の勉強部屋の押入れのなかは、棚になっていて、たくさんの文学書が雑然とつめこまれていた。ある時期からその押入れを自在に漁って本を借りだすことが、ひとりでに許されるようになった。

そして、いったんとりつかれると無制約に思考や感情や感覚をひきこんでしまう読書の世界への開眼は、性やそれにまつわるエロス的な世界への開眼と似ていたし、また同時だった。知識や技術や読み書きの言葉を修練することは、制限された、しかも厳格に煉瓦を積むような味気ない予習や復習をともなう。

女性への関心や願望と、ほとんど同時にやってきた読書への開眼は、底知れない感じで、どう処理し、どう均衡をとっていいか、まったくわからなかった。そのために向上心にあふれた工業専門の学校への受験生の貌《かお》を近親や家族にみせながら、じつはもう無限のまえに手を振るような、また無限のまえに手をこまねいて考えこむようなもう一人のじぶんを、じぶんのなかに抱えこんでいた。

それをできるなら誰にも知られず、ひとつの季節を通りすぎたかった。その苦痛はたとえようもなかった。そのうえ戦争はしだいにひろがって、太平洋戦争に突入してゆき、生涯の希望はどこかでたぶん死によって絶ちきられるにちがいないとおもえた。

読書というのは他人にかくれて、苦痛をともないながら味わう快楽に似ている。そんな感じ方を植えつけられたのは、こんな環境の問題があるからだとおもう。それと一緒に、書物のなかに限定があるものは、どんなに読んでも読書というべきではないと考えるようになっていった。

どう意味づけてみても読書にはひとつの弱点がある。いい純愛小説、たとえばゲーテの『若きウェルテルの悩み』[*1]やバルザックの『谷間のゆり』のような作品を持ってきても、現に恋愛中の若い男女のこころを作品に向けさせる力はないということだ。つまり（純愛）小説は（純愛）行為の生々しさや、切実さにはとうてい叶わない。

読書開眼の時期は、いま数えると昭和十四年（一九三九）ころからはじまった。十五、六歳くらいだった。これと対応するように、読書が開花した時期をいってみれば昭和三十六年（一九六一）ころだとおもう。

何を目安にするかといえば、収入は生活ぎりぎりなのに余暇は一日おきにやってきたので、ぜひ読まれるべき一〇〇冊の本などにはとうていリスト・アップできないし、そんなことをしたらきりがないような読み本を、その頃さかんにあった貸本屋から借りだし、読みふけって愉しんだ時期だ。

推理小説から時代小説まで、少年期の立川文庫からはじまり、父親の読む「キング」や「講談倶楽部」の盗み読みを経て、いわば裏芸として連綿とつづいていた読み物の本を、はじめて表芸のように読んだ。読書というのはひとにかくれてするものだという禁忌のようなものが、はじめて解禁されたのがこの開花の時期を象徴している。

読み本の共通した特徴は、強力で通俗的な善と悪のパターンが反復されていることだ。それと一緒に通俗的な善と悪の概念が屈折したり、複雑骨折してあらわれることだ。

このふたつの特徴は通俗化の標識であるとともに、稀には、一級品の文学作品のなかにしかあらわれないような、文学とはもとをただせばこういうものだったという原初性の標識でもあるといってよい。これが読み物の本が絶えることなく読みつがれていくおもな理由だといえる。

この読書開花の時期は愉しかった。書物を読んで役立てようという気もなく、何かの目的のために読むということでもない読書ができる時期が、学校時代をはるかに終わったあとでやってくるとは思いもかけない体験だった。

この時期、いままで表芸とおもえた本の読書は、数はふえても読書らしい読書という意味では減っていった。何かを調べるためにとか参考にするため本を読むということがおおくなり、何となく裏芸のほうにまわったような気がした。読書ということについて、いまでもいちばん関心をもつのは、書物から与えられる知識などよりも、読書の精神病理ともいうべきもののような気がする。

【わが生涯の愛読書・リスト】

●東洋・日本関係

ガーンディー／エルベール編・蒲穆訳『**ガーンディー聖書**』（岩波文庫）
三枝充悳『**法華経現代語訳**』（上・中・下）（レグルス文庫）
新渡戸稲造／矢内原忠雄訳『**武士道**』（岩波文庫）
大橋俊雄校注『**一遍上人語録**』[*2]（岩波文庫）
田辺繁子訳『**マヌの法典**』[*3]（岩波文庫）
久保田淳・山口明穂校注『**明恵上人集**』[*4]（とくに「夢記」）（岩波文庫）

正宗敦夫編纂・校訂『**法然上人集**』[*5]（日本古典全集刊行会）
貴志正造訳『**神道集**』（東洋文庫）
中山みき[*6]／村上重良校注『**みかぐらうた おふでさき**』（東洋文庫）
武田祐吉訳注／新訂『**古事記**』（角川文庫）
桜井満訳注／現代語訳対照『**万葉集**』（上・中・下）（旺文社文庫）
佐伯梅友校注『**古今和歌集**』（岩波文庫）
久松潜一・山崎敏夫・後藤重郎校注『**新古今和歌集**』（岩波書店）
藤本一恵全訳注『**後拾遺和歌集**』[*7]（一〜四）（講談社学術文庫）
川口久雄全訳注『**和漢朗詠集**』[*8]（講談社学術文庫）
世阿弥／川瀬一馬校注・現代語訳『**花伝書**』[*9]（講談社文庫）
麻生磯次訳注『**奥の細道**』（旺文社文庫）
酒井シヅ現代語訳『**解体新書**』[*10]（講談社学術文庫）
森鷗外『**舞姫・うたかたの記**』（岩波文庫）
森鷗外『**青年**』（岩波文庫）
夏目漱石『**それから**』（角川文庫）
夏目漱石『**こゝろ**』（角川文庫）

夏目漱石『**道草**』（角川文庫）
永井荷風『**珊瑚集**』[*11]（新潮文庫）
高村光太郎『**智恵子抄**』（新潮文庫）
萩原朔太郎『**月に吠える**』（新潮文庫）
宮沢賢治『**銀河鉄道の夜**』（岩波文庫）
太宰治『**お伽草紙**』（新潮文庫）
太宰治『**富嶽百景・走れメロス**』（岩波文庫）
与謝野晶子訳『**源氏物語**』（上・中・下）（角川文庫）

●欧米関係（1）

アリストテレス／出隆訳『**形而上学**』（上・下）（岩波文庫）
プラトン／久保勉訳／新改訂版『**ソクラテスの弁明・クリトン**』（岩波文庫）
デカルト／落合太郎訳『**方法序説**』（岩波文庫）
スピノザ／畠中尚志訳『**エチカ**』[*12]（上・下）（岩波文庫）
ライプニッツ／河野与一訳『**単子論**』[*13]（岩波文庫）
ルソー／今野一雄訳『**エミール**』（上・中・下）（岩波文庫）

ルソー／桑原武夫訳『**告白**』（上・中・下）（岩波文庫）
ルソー／本田喜代治・平岡昇訳『**人間不平等起原論**』（岩波文庫）
ルソー／桑原武夫他訳『**社会契約論**』（岩波文庫）
ルソー／河野健二訳『**政治経済論**』[*14]（岩波文庫）
ディドロ／本田・平岡訳『**ラモーの甥**』[*15]（岩波文庫）
カント／篠田英雄訳『**判断力批判**』[*16]（上・下）（岩波文庫）
ヘーゲル／松村一人訳『**小論理学**』（上・下）（岩波文庫）
ヘーゲル／武市健人訳『**哲学入門**』（岩波文庫）
ヘーゲル／樫山欽四郎訳『**精神現象学**』[*17]（「世界の大思想」第12巻・河出書房新社）
マルクス／城塚登・田中吉六訳『**経済学・哲学草稿**』[*18]（岩波文庫）
マルクス／向坂逸郎訳『**資本論**』（一）（岩波文庫）
キルケゴール／桝田啓三郎訳『**反復**』[*19]（岩波文庫）
ニーチェ／木場深定訳『**道徳の系譜**』[*20]（岩波文庫）
ニーチェ／木場深定訳『**善悪の彼岸**』（岩波文庫）
ホッブズ／水田洋訳『**リヴァイアサン**』[*21]（四冊）（岩波文庫）
レーニン／松村一人訳『**哲学ノート**』[*22]（上・下）（岩波文庫）

レーニン／宇高基輔訳『**国家と革命**』（岩波文庫）
フレイザー／永橋卓介訳『**金枝篇**』[*23]（五冊）（岩波文庫）
フッセル／池上鎌三訳『**純粋現象学及現象学的哲学考案**』[*24]（岩波文庫）
ハイデガー／桑木務訳『**存在と時間**』[*25]（上・中・下）（岩波文庫）
ベルクソン／林達夫訳『**笑い**』[*26]（岩波文庫）
ベルクソン／服部紀訳『**時間と自由**』（岩波文庫）
ベルナノス／渡辺一民訳『**田舎司祭の日記**』[*27]（著作集2・春秋社）
リルケ／高安国世訳『**ロダン**』（岩波文庫）
ダーウィン／八杉龍一訳『**種の起原**』[*28]（岩波文庫）
モルガン／青山道夫訳『**古代社会**』[*29]（上・下）（岩波文庫）
フロイド／古沢平作訳『**続精神分析入門**』（選集3・日本教文社版）
ソシュール／小林英夫訳『**一般言語学講義**』[*30]（岩波書店）
シュムペーター／中山伊知郎・東畑精一訳『**資本主義・社会主義・民主主義**』（上・中・下）（東洋経済新報社）
デュルケム／井伊玄太郎訳『**社会分業論**』[*31]（講談社学術文庫）
トマス・モア／平井正穂訳『**ユートピア**』（岩波文庫）

ロック／鵜飼信成訳『**市民政府論**』[32]（岩波文庫）
ヒューム／小松茂夫訳『**市民の国について**』[33]（上・下）（岩波文庫）

●欧米関係（2）

ホーソン／佐藤清訳『**緋文字**』[34]（岩波文庫）
ポオ／中野好夫訳『**モルグ街の殺人事件・盗まれた手紙**』（岩波文庫）
エミリ・ブロンテ／阿部知二訳『**嵐が丘**』（岩波文庫）
コナン・ドイル／菊池武一訳『**シャーロック・ホームズの冒険**』（岩波文庫）
シェイクスピア／斎藤勇訳『**リア王**』（岩波文庫）
ブルフィンチ／野上弥生子訳『**ギリシア・ローマ神話**』（上・下）（岩波文庫）
ルナアル／岸田國士訳『**にんじん**』（岩波文庫）
ルナアル／岸田國士訳『**ぶどう畑のぶどう作り**』（岩波文庫）
アナトール・フランス／大塚幸男訳『**エピクロスの園**』（岩波文庫）
アンドレ・ジイド／川口篤訳『**田園交響楽**』（岩波文庫）
アンドレ・ジイド／川口篤訳『**狭き門**』（岩波文庫）
アンドレ・ジイド／川口篤訳『**背徳者**』（岩波文庫）

イプセン／竹山道雄訳『**人形の家**』[*35]（岩波文庫）
モーパッサン／杉捷夫訳『**女の一生**』（岩波文庫）
モンテーニュ／原二郎訳『**エセー**』[*36]（六冊）（岩波文庫）
ラ・ロシュフコオ／内藤濯訳『**箴言と考察**』[*37]（岩波文庫）
スタンダール／桑原武夫・生島遼一訳『**赤と黒**』（上・下）（岩波文庫）
バルザック／宮崎嶺雄訳『**谷間のゆり**』（上・下）（岩波文庫）
フローベール／伊吹武彦訳『**ボヴァリー夫人**』[*38]（上・下）（岩波文庫）
エッカーマン／山下肇訳『**ゲーテとの対話**』（上・中・下）（岩波文庫）
シュトルム／関泰祐訳『**みずうみ**』[*39]（岩波文庫）
リルケ／望月市恵訳『**マルテの手記**』[*40]（岩波文庫）
カフカ／山下肇訳『**変身**』（岩波文庫）
ドストエーフスキイ／中村白葉訳『**罪と罰**』（三冊）（岩波文庫）
ドストエーフスキイ／米川正夫訳『**カラマーゾフの兄弟**』（四冊）（岩波文庫）
トルストイ／中村白葉訳『**復活**』（上・下）（岩波文庫）
ゲーテ／竹山道雄訳『**若きウェルテルの悩み**』（岩波文庫）
ホフマンスタール／檜山哲彦訳『**チャンドス卿の手紙**』[*41]（岩波文庫）

サン＝シモン／大塚幸男訳『ジュネーブ人の手紙』[*42]（日本評論社）
サン＝シモン／高木暢哉訳『**産業者の政治的教理問答**』（日本評論社）

＊1『若きウェルテルの悩み』＝ドイツ・ロマン派の大作家ゲーテ（ヴォルフガング・フォン、一七四九〜一八三二）の書簡体恋愛小説。一七七四年刊。主人公ウェルテルが友人の婚約者ロッテに恋をし、最後は自殺する。恋愛小説の代名詞ともなった。
＊2一遍上人（一二三九〜一二八九）＝時宗を開いた鎌倉時代の僧侶。念仏踊りの創始でも有名。
＊3『マヌの法典』＝紀元前後のインドの法典。
＊4明恵上人（みょうえ、一一七三〜一二三二）＝鎌倉前期、華厳宗の僧侶。自分が見た『夢記』などを記す。
＊5法然上人（一一三三〜一二一二）＝鎌倉時代に浄土宗を開く。
＊6中山みき（一七九八〜一八八七）＝天理教開祖。
＊7『後拾遺和歌集』＝一〇八六年、藤原通俊選の勅撰和歌集。八代集の一。
＊8『和漢朗詠集』＝一〇一二年ごろ成立。白楽天などの漢詩と、人麻呂などの和歌を配す。藤原公任選。
＊9『花伝書』＝『風姿花伝』（世阿弥の能楽論）の通称。
＊10『解体新書』＝杉田玄白ほかがオランダ語から訳した本邦初の解剖書。一七七四年刊。
＊11『珊瑚集』＝訳詩、評論集。一九一三年刊。
＊12『エチカ』＝スピノザの主著、倫理学。一六七七年刊。
＊13『単子論』＝ライプニッツの主著、モナド論。一八四〇年刊。

＊14『政治経済論』＝ルソーの著作、一七五五年、『百科全書』に執筆。
＊15『ラモーの甥』＝『百科全書』を編集したフランスの哲学者・文学者ディドロ（一七一三〜一七八四）の小説。一七六二年刊。
＊16『判断力批判』＝『純粋理性批判』『実践理性批判』に続く、カントの三大批判の一つ。一七九〇年刊。
＊17『精神現象学』＝ヘーゲルの主著。一八〇七年刊。
＊18『経済学・哲学草稿』＝マルクス初期の経済・哲学思想の草稿を編纂。一八四四年執筆。
＊19『反復』＝キルケゴール中期の作。三つの教化的講話。一八四三年刊。
＊20『道徳の系譜』＝既成の道徳・倫理を批判したニーチェの著作の一つ。一八八七年刊。
＊21『リヴァイアサン』＝自然主義・唯物論を標榜したイギリスの哲学者ホッブズ（トーマス、一五八八〜一六七九）の主著、一六五一年刊。
＊22『哲学ノート』＝レーニンの、ヘーゲルについての思索などを記したノート。一九二九年刊。
＊23『金枝篇』＝イギリスの人類学者フレーザー（ジェームス・ジョージ、一八五四〜一九四一）の主著。一八九〇年刊。
＊24『純粋現象学及現象学的哲学考案』＝ドイツの哲学者で、現象学を創始したフッセル（＝エドムント・フッサール、一八五九〜一九三八）の、『論理学研究』などと並ぶ主著の一つ。
＊25『存在と時間』＝ハイデガーの主著。既成の形而上学を批判。一九二七年刊。
＊26『笑い』＝フランスの哲学者ベルクソン（アンリ、一八五九〜一九四一）の、『創造的進化』などと並ぶ主著の一つ。一九〇〇年刊。
＊27『田舎司祭の日記』＝フランスのカトリック系作家ベルナノス（ジョルジュ、一八八八〜一九

四八）の、信仰生活を描いた主著。一九三六年刊。
＊28『種の起源』＝ダーウィンの主著、進化論。一八五九年刊。
＊29『古代社会』＝アメリカの社会学者モルガン（レウィス・ヘンリー、一八一八〜一八八一）の主著。一八七七年刊。
＊30『一般言語学講義』＝近代言語学の祖といわれる、スイスの言語学者ソシュール（フェルディナン・ド、一八五七〜一九一三）の講義録。構造主義の出発点ともなる。一九一六年刊。
＊31『社会分業論』＝フランスの社会学者デュルケム（エミール、一八五八〜一九一七）の主著。
＊32『市民政府論』＝イギリスの政治思想家ロック（ジョン、一六三二〜一七〇四）の主著。一六九〇年刊。
＊33『市民の国について』＝イギリスの哲学者ヒューム（デビッド、一七一一〜一七七六）の、『人性論』などと並ぶ主著。一七五八年刊。
＊34『緋文字』＝アメリカのピューリタニズム作家ホーソン（ナサニエル、一八〇四〜一八六四）の主著。一八五〇年刊。
＊35『人形の家』＝ノルウェーの劇作家で、近代演劇の創始者イプセン（ヘンリク、一八二八〜一九〇六）の主著。一八七九年刊。
＊36『エセー』＝フランスの思想家・モラリスト、モンテーニュ（ミシェル・アイケム・ド、一五三三〜一五九二）の主著、随想録。全六巻、一五八〇〜一五八八年刊。
＊37『箴言と考察』＝フランスの思想家・モラリスト、ラ・ロシュフコオ（＝フランソワ・VI・ド・ラ、一六一三〜一六八〇）の主著。
＊38『ボヴァリー夫人』＝フランスの作家で近代小説の創始者といわれるフローベール（ギュスタ

ーヴ、一八二一～一八八〇）の、『感情教育』などと並ぶ主著。一八五七年刊。
＊39『みずうみ』＝ドイツの作家・詩人シュトルム（テオドール、一八一七～一八八八）の、『三色すみれ』などと並ぶ主著。一八四九年刊。
＊40『マルテの手記』＝ドイツの詩人・作家リルケ（ライナー・マリア、一八七五～一九二六）の小説。一九一四年刊。
＊41『チャンドス卿の手紙』＝オーストリアの詩人・劇作家ホフマンスタール（フーゴー・フォン、一八七四～一九二九）の小説。一九〇二年発表。
＊42『ジュネーブ人の手紙』＝フランスの空想的社会主義者サン＝シモン（クロード・アンリ・ド、一七六〇～一八二五）の著作。一八〇三年刊。

思い出の本

思い出の本といえば、真昼のようなあかるい記憶からも、夜の暗闇みたいなくらい記憶の底からも、いくつか浮びあがってくる。でも学校の教科書や参考書いがいの本らしい本をはじめてもとめにいって、はじめて買って帰った本をまずあげるべきだと思った。それは漱石[*1]の『硝子戸の中』だ。

ことのはじめは休み時間の教室で、仲のよい同級生と軽口の悪たれの言いあいをやっていたときだ。旧制の工業学校の三年か四年ごろだ。その同級生が、おまえは赤シャツだとからかいはじめた。ところがこちらは何をからかわれたのか、まったくわからない。何だその赤シャツというのは、とたずねると漱石の『坊っちゃん』にでてくるのさ、という。およそ小説など読みそうもないクラスメイトだったので驚いた。

好奇心にすこしの口惜しさも手伝って、早速その週のおわりころ神田へ出かけていった。偶然のように入った本屋の文庫本の棚で漱石の『坊っちゃん』をさがしたが、その本はなくてかわりに『硝子戸の中』があったのだ。

★印が一つの薄い本で早速買ってきて読んだ。さり気なく書かれた短い随筆をあつめただけなのに、読みすすんでゆくにつれてかさなってくる印象はおもく、そして暗く、一冊を読みおわった感銘はふかかった。それは「暗い立派さ」というべきものだった。書かれていた内容はやがて忘れてしまっても、この「暗い立派さ」のイメージは残った。

漱石とは何か？　それは「暗い立派さ」だ。この感銘はそのあと『坊っちゃん』をさがしてきて読み、『三四郎』を読みというように、漱石の作品をたどってゆく原動力になった。暗さだけでもだめだったろうし、立派さだけでもだめだったろう。何ともいえない魅力はこのふたつが合わさって成り立っていたのだ。

『硝子戸の中』で「暗い立派さ」という印象をあたえられたのはどんな個所だったのだろうか。後年、意識して読むとすぐにわかる気がした。あるとき眠っている枕元に女中さんが顔をよせて、あなたがお祖父さん、お祖母さんとよんでいるひとは、ほんとはお父さん、お母さんですよとささやいてくれる場面がそうだ。漱石の子どもごころは動揺を感じたに相違ないが、そうは書かずにこの女中さんの告げ口に感謝したように書かれている。これが「暗い立派さ」だ。

また角力《すもう》好きの漱石は、力士が四つに組んだまま土俵の上でじっと動かないでいるときがあるが、けっして休息しているのではない。やがて汗がふたりの力士の身体から吹き出してくるのがわかる。静かなように見えても渾身の力でわたりあっているのだ。人間の生活の生涯もこういうものではないか。はたからみると波立たない静かな一生のようにみえても、じつは渾身の力を出して生きているのだという感想をのべた個所がある。こういう漱石の感受性が「暗い立派さ」だといえる。

『硝子戸の中』からはじまった文学書の世界は、わたしのなかでとどまることなく拡がっていった。とうとう勉強に行っていた塾の先生の押入れの書棚から、勝手に本を借りだして、乱読するようになり、文学にも「暗い立派さ」だけではなく、こころを限りなく不安にする世界も、こころの病気の世界も、日向的な真っすぐな世界もあることがわかってきた。

十代のなかば前後のころで、ひとりでにやってきた性の目覚めのような上げ潮の生理感覚と、本の世界が惹きこんでゆく無限のこころのふかさの感情と、まだまだ学校へゆくために覚えなくてはならない知識の味気ない義務感の世界とが混りあって、おもわず苦しいと叫びだしそうな時期を通過していた。

どこへ抜けていくかもわからないところを、ただやみくもに歩いてゆくばかりだった。『硝子戸の中』の「暗い立派さ」のイメージはきっと信号灯のように、わたしの無意識の行手を照らしてくれていたにちがいない。

国語の教科書

激しい夏がおわって、秋が立ちはじめる気配が、ビルとビルの間の空の高さや街筋の透明度で、身近になってくると、きっと記憶にのぼってくる歌がある。

何ゆゑに遠く来つると悔ゆる日の　出できもやせん秋に入りなば　（尾上柴舟《おのえさいしゅう》）

これは旧制中学校（わたしのばあい工業学校）の教科書の、空欄みたいなところに載っていたものだ。国文学者としての柴舟[*2]のことも、歌人としての柴舟のことも、書家としての柴舟のことも、何も知らなかった。いまも殆ど知らないといってよい。だが十七、八歳のとき教科書にあったこの歌は、照れくさいが、現在でも毎年のように思いだし、その情感はいまもわたし個人にとっては新鮮なものだ。

この歌には、音韻と韻律と季節の情感のリアリティが、稀な幸運さで結びついていて、記憶の持続をたすけているとおもう。そして深読みすれば「何ゆゑに遠く来つる」というのが、柴舟の脚絆《きやはん》、草鞋《わらじ》ばき姿の旅ばかりでなく、形而上的な旅の経験さえ暗喩している。

そううけとることもできる。高校くらいの年齢と国語力でも、その辺のところは読めていた。

　柴舟からの恩恵は、それ以上拡がらなかった。だがおなじように、いまでも口の端に二、三行くらいとびとびになら浮かんでくる藤村[*3]の「千曲川旅情の歌」などは、詩へ深入りしてゆくきっかけになった。「昨日またかくてありけり　今日もまたかくてありなむ　この命なにを齷齪《あくせく》　明日をのみ思ひわづらふ」などは暗誦句のひとつだ。「小諸なる古城のほとり」の詩では「しろがねの衾《ふすま》の岡辺《おかべ》」という詩句の「衾」の意味がよくわからず、また表現として奇異に感じられた。

　後年になってかんがえてみると「しろがねの衾」という雪に覆われた岡のあたりの光景の表現は、藤村らしさが滲みでたもので、藤村がああでもない、こうでもないと苦心したところだとおもった。そして結局は「しろがねの衾」のような、苦心しながらも、表面だけ円くおさめて辻つまをあわせてしまうような、藤村詩の特徴がよくあらわれている。

　教科書にのったこの藤村の詩から、刺戟《しげき》は拡がっていった。そして自分でも七五調の詩をつくって手習いをはじめるまで深入りしていった。

　七五調の詩は、韻律がよく滑走して気分がいいのだが、いつも事態とそれを感受したところを、円く表面的におさめてしまう気がして、自分の手習いの詩は、だんだんに自由な言葉で、いいたいことをいうスタイルに移っていった。

だが教科書の藤村詩は、しだいに明治の新体詩を漁って読む方向に、わたしを誘導していった。もうひとつ国語の教科書にあった文芸作品から、意外に遠くまでひっぱっていかれたものがある。それは芥川龍之介[*4]の短編「沼地」だった。中身は、つぎのようなものだ。「私」がある展覧会場で、沼地の芦もポプラも無花果《いちじく》も、何もかも濁った重苦しい黄色で描いた油絵をみて、その絵からいい難い衝撃をうける。じっと立停って作品を凝視していると、顔見知りの嫌な美術記者に肩を叩かれ、この絵はいつもこの展覧会に出品したがっていながら、それが出来ないうちに死んでしまった無名の画家の作品で、遺族の頼みで、やっと隅においてもらったものだと語る。「私」は、この美術記者が、「私」の鑑賞力の見当違いを、ほんとはからかいたいのだと感ずる。だが「私」はこの「沼地」という題の油絵に、鋭く自然を掴もうとした、いたましい芸術家の姿を感じ、その記者に「傑作です」と昂然としていいかえす。

十七、八歳のころ教科書で読んだこの「沼地」という作品も、ながくわたしの記憶にのこった。暗誦するというわけにいかず、記憶には最後の「傑作です」という「私」の言葉と、その場面のニュアンスをとどめただけだった。でもこの最後の「傑作です」という言葉のところにきて、なぜか涙ぐむような感じをうけとった当時の自分の感情の状態も、同時にながく記憶にとどまった。

その後、わたしは何回か芥川の作品を、いわば意図的に読む機会があった。この「沼地」という短編は同時期の「蜜柑《みかん》」とともに、いまでも好きな作品だ。しかし意図的に読むと「沼地」は、芸術家気質（と芥川が信じているもの）のイメージを強調するために、「芸術家」という概念にも、「美術記者」の姿にも、「私」の対立感にも、やや通俗的な誇張のメーク・アップが施されていて、その分だけ作品を駄目にしている。「蜜柑」でもおなじだ。それとともに、あらゆる軽薄さや自嘲や皮肉や、ダンディな装いの仮面のしたに、芥川が生真面目にもっていた「芸術」や「芸術家」の姿にたいする、古典的な思い入れがとてもよく出ている作品だといえる。

わたしたちはこの作品で、事実にちかい素材を、事実みたいに描写したフィクションに当面している。晩年の芥川はこの誇張されたメーク・アップを解体して、裸体を露わにした作品に転じるとともに、「玄鶴山房」[*5]のような本格的なフィクションを描いた。

ところで、わたしはここで何をいいたいのだろうと、かんがえてみる。なつかしくないことはない国語教科書の記憶を反芻しているのか。あるいは自分は国語教科書からこんな恩恵を受けたから、すくなくとも国語教科書の内容はかくあるべきだといいたいのか。

そんな旧懐の情念や、教科書への思い入れが、まったく無いといったら嘘のような気がするが、どうもわたしのなかにはもっと醒《さ》めた気持の動きがあるようだ。

わたしはたまたま十七、八歳の多感な時期に、国語教科書をそんな風に読み、そんな風に関心をうごかし、ある意味ではそこから深入りして、詩や批評文を書くようになった。だが国語教科書などにあまり関心をしめさず、文学などに深入りもせず、まったく別の工業技術の世界にはいっていった生徒が、クラスのほとんどすべてであった。

わたしの国語教科書への思い入れや、恩恵の記憶などに、何ら普遍性がないことは、わたし自身がいちばんよく心得ている。こんな醒めたいい方ができるのは、この文章の主題が依頼されたもので、その主題にできるだけそいながら、依頼のせめを果たそうとするモチーフが濃厚だからだともいえる。

だが、とかんがえをすこし集中させてみる。するとこの文章にもかすかだが、モチーフらしいものが潜在している気がしてくる。なにかといえば、「別れ路」をわたしが語りたがっていることだ。

すくなくともわたしの旧制中学（工業学校）時代には、国語の教科書は、古典詩歌、物語と近代（大正期までの）詩歌、小説とから温和な抄録をつくって、それを内容としていた。これは語句の解釈や、漢字の書きとり用に読み、練習することもできたが、情感や意味をひらくための素材として鑑賞し、そこから感覚や情念の野をひろげて、教科書以外の本の世界を漁ってゆく手だてにすることもできた。現在でもたぶんおなじことで、その方法ははるかに高度になっているかもしれない。

ただ国語の教科書を、教科書として読むことと、教科書の外の世界にもすぐにむすびついている文学作品の抄録として読むことのあいだには、かすかな「別れ路」があるとおもえる。

言葉にもかたちにもなかなかこの「別れ路」はいいあらわせない。だがこの「別れ路」の道祖神に供えられた供物に盛ってある「有益な毒」みたいなものを、誰が飢えて盗み食いして去っていったのか、誰が食べずに通りすぎていったのか、あるいは「別れ路」があることとさえ気づかずに、あかるく教科書を征服して、愉快に歩いていったのか、またおよそ国語の教科書などまともに開いたことがなくても、何不自由なく自在に話し言葉をあやつって、実生活を開拓する道をいったのか、そのときのクラスの餓鬼《がき》どもの風貌のひとつひとつと照らしあわせて、たどってみられたらどんなに興味深いか、そんな空想をしてみたくなる。そしてこの空想のなかには、国語教科書の宿命もまた含まれている気がする。

百人一首の遊び

十六、七歳のころまで新佃島《しんつくだじま》に住んでいた。

元佃島は江戸時代からの旧い三角州の町だが、新佃島は月島とならんで明治以後に埋め立てられた新開の町だ。でも一つの橋と二つの渡船でしか本所《ほんじょ》・深川《ふかがわ》や築地明石町《つきじあかしちょう》とつながっていなかったので、元佃島の旧い雰囲気と深川辰巳《ふかがわたつみ》の下町の雰囲気の入りまじった独特の気分がつくられていた。これに名づければ風情や情緒などないが、貧しく賑やかな下町気分[*6]ということになる。

知識や教養などと縁がない職人さんや職工さんがつくっている町の気分なのだが、それでも正月の三カ日くらいは隣りの女の子たちと往ったり来たりで、百人一首[*7]のとりっこをして遊んだことをおぼえている。読み手はわが家の父親だったり、隣りの小母さんだったりした。

こんなことを記憶しているのはなぜかといえば、いつもあくせくゆとりなく働いている父親がくつろいでいる姿が珍らしかったり、いつも忙しそうに焼きいもをひっくりかえして、ゴマをふっている隣りの小母さんの、いつにない小ざっぱりした様子が印象ぶかかったからだ。

もうすこし微妙なニュアンスをたどると、ふだんはがさつに何ちゃんと呼びあっている男みたいな女の子たちとの、百人一首のとりっこの雰囲気から、めったに感じたことのない微かな異性の匂いをくみとって、こころが華やいでいたからだとおもう。こころの動きのどこかが溶けたような感じが、この百人一首の遊びには伴っていて、記憶のおくにかなり大事にしまいこまれている。

じぶんの好きな札には二種あった。

あしびきの山鳥の尾のしだり尾のながながし夜をひとりかも寝む
天つ風雲の通ひ路吹きとぢよをとめの姿しばしとどめむ
みかの原わきて流るるいづみ川いつ見きとてか恋しかるらむ

こういった、じぶんも覚えやすく、とりやすいが他人もおなじようにとりやすいといった札がひとつだ。もうひとつは、じぶんだけがひそかに、そして何となく好きだという札だ。

よくよくいまかんがえると、覚えやすいとか、とりやすいとかいっても、ほとんど音韻からきていることがわかる。意味がよくわかっているわけではなかった。

たとえば「あしびきの山鳥の尾のしだり尾の」というのが「ながながし」を誘いだすための序詞の機能でつかわれていることもわからなかったし、「ひとりかも寝む」の「ひとり」の意味も、ほんとはよくわかっていたわけではない。また、「かも寝む」というのも、読み手の節まわしから鴨《かも》が寝ているという滑稽なイメージを連想して、勝手に面白がったりしていた。また「天つ風雲の通《かよ》ひ路《じ》」というのは、坊主の絵が描かれた札のイメージとこみになって覚えていて、坊主のくせにいやに女のことを気にするじゃないか、などといつもおもったりしていた。

だが音韻の連鎖がいいと、ひとりでに覚えやすくなり、それは意味のやさしさとは結びつかないのに、何となく理解できているように錯覚されてくる。よくよく意味を問われたら、いまでもわからない歌がおおいから、その当時、十四、五か十六、七歳でわかっているはずはなかった。

だがとりはじめると、こういう覚えやすい札はきわどいとりあいになったり、お手つきになったりする。わたしたちはどこからみても情緒に乏しい下町の悪がきと、男としかもえないお転婆《てんば》なのだが、後年正月のテレビに映される百人一首遊びの名人たちの、ピンハネごっことしかいいようのない殺伐《さつばつ》な早どりの手つきにくらべれば、はるかに情緒にみちていた。また舟大工さんあがりのわが父親や、ちまたの焼きいもやの小母さんである隣家の母親が、なぜ百人一首をわが子たちと一緒にとろうという発想をもっていたのか、だれから伝えられたのか、まったく知らなかった。

だが、生活にせっつかれてあくせくしている普段の姿のあいだに、こんな姿をまじえていなかったら、親たちの生活はもっともっとさびしく、みすぼらしい生涯だったにちがいない。こんな正月の絵姿があるためにどれだけ安堵感《あんどかん》と豊かさを子どもたちにのこしたか、はかり知れない気がする。

こんなことを書きはじめたのは、じぶんたちの子ども時代には、まだ遊びに情緒らしきものがのこっていてよかったなどというつもりからではない。親たちや両隣りの子ども仲間の頭を畳のうえにのしかけた恰好を思いだして、懐かしがる気持がまったくないといえば嘘になるが、子ども時代のよい振りばかりを過去への距《へだ》たりとしてのこしたいわけではないのだ。

音韻の連鎖はたどれるが意味はそれほどわかってはいない、という歌の状態がたしかにあり、またそれで一向に疑いをもたなかった時期が、意外に重大なのではないかという思いをすこしほぐしてみたかった。

これは歌の作者の側からいえば、ほんとは音韻の連鎖をうまくたどっているだけなのに、意味あることを表出していると思いこむことができた詩歌の時代が、たしかにあったことを語っている。古今、拾遺、新古今和歌集など、八代集[*8]の時代はそうしてはじまったにちがいない。だから意味ばかりたどろうとすると、一筋縄ではいかないものが、百人一首などにひそんでいる。

わたしたちが兄や姉や近隣の子どもたちとやっていた百人一首の遊びは、音韻の連鎖で好き嫌いをきめ、覚えやすいと覚えにくいをきめていた。それからとくべつに好きな歌は他人にはとられたくないので、しかるべき内緒の場所をきめて、とりやすいようにおき、頭のなかでは何べんも何べんも予行演習をくりかえして、その札が読まれるのを構えてまっていた。あれはひとりでに作者たちの時代に帰ってゆく、最上の方法だったようにおもえる。

わたしのひそかに好きでかくすようにおきながら、ひとにとられないようみえない囲いに入れていた歌は、つぎのものだ。

有馬山猪名《いな》の笹原風吹けばいでそよ人を忘れやはする（大弐三位[*9]）

作者は紫式部の娘とされる。なぜ好きだったかといわれれば、風が吹くということと、そよそよと吹くということが、音韻の連鎖をつくって、音から誘発されるイメージがここよいからだとおもう。それに忘却ということが姿や形としては、もうわからなくなっているのに、音の記憶だけはのこっている状態を連想させるからとつけくわえてもいい。ひとはひとをそんなふうに忘れるのではないか。

＊1漱石（＝夏目漱石、一八六七～一九一六）＝英文学者、小説家。一九〇〇年英国に留学。帰国後の一九〇七年、朝日新聞社に入社。一九〇五年『吾輩は猫である』、次いで『倫敦塔』を出して文壇の地位を確立。主著に『坊っちゃん』『草枕』『虞美人草』『三四郎』『それから』『門』『彼岸過迄』『行人』『こころ』『道草』『明暗』など。『硝子戸の中』は、一九一五年一月から二月にかけて、朝日新聞に連載。同年四月、岩波書店より出版。

＊2尾上柴舟（一八七六～一九五七）＝歌人、書家、国文学者。自然主義の影響を受けた新様式を確立。歌集『永日』など。

＊3藤村（＝島崎藤村、一八七二～一九四三）＝小説『破戒』によって作家の地位を確立。自然主義文学の先駆。詩集『若菜集』などでロマン主義的詩風を示す。「千曲川旅情の歌」は詩集『落梅集』に収録。

＊4芥川龍之介（一八九二～一九二七）＝小説家。夏目漱石の門下。第三次、第四次「新思潮」を刊行。『鼻』『芋粥』で注目された。ほかに『羅生門』『地獄変』『河童』『歯車』などの傑作を残す。「沼地」「蜜柑」ともに、一九一九年（「新潮」五月）発表。「蜜柑」はスケッチ風の小品。

＊5「玄鶴山房」＝芥川龍之介。一九二七年、「中央公論」に発表。「この世の地獄」を描いたと

される本格的リアリズムの作品。
＊6下町＝東京では、台東区、千代田区、中央区から隅田川以東にわたる地域をさす。
＊7百人一首＝百人の歌人の和歌一首ずつを選んだもの。鎌倉時代前期の歌人、藤原定家撰とされる小倉百人一首がもっとも広く普及、後にこれを模倣したものが多い。
＊8八代集＝『古今集』以下、平安前期から鎌倉初期までに編まれた八つの勅撰和歌集。『古今集』『後撰集』『拾遺集』『後拾遺集』『金葉集』『詞花集』『千載集』『新古今集』。
＊9大弐三位（だいにのさんみ、一〇〇〇ごろ〜一〇八二ごろ）＝平安中期の歌人。名は賢子、母は紫式部。後冷泉天皇の乳母で従三位。家集『大弐三位集』がある。

書くことで自意識の拡がりを充たした日々

作家になるまで

わたしも、ひとなみのとしごろに思春期にはいった。そのころのあるときから、じぶんの喋る言葉は、どうも相手に巧く伝わっていないのではないかという不安な思いがつのった。それにつれ喋る言葉への不信が増すばかりになった。喋り言葉はどんなに巧くやっても、思いのたけをあらわせないのではないかと疑いはじめたのだ。

実際にそんな場面がしきりにあったのに違いない。自意識がつくったじぶんの影となまのじぶんの声や言葉のない会話が、病的に肥大してきて、喋り言葉に盛りこむことができなくなったとおもえた。思春期特有のこの病いは大なり小なり一過的に患うもので、自然に治癒して忘れられてしまう。

だが、この自意識の病いが、かなり重たく根ぶかい個人は、自己治癒や自己慰安のために、とうとう喋るより言葉を書くことで自意識が作る空間の拡がりを充たそうと試みる。なぜ書くかの根拠が最初にやってくるのはここだ。自意識が拡げてゆく空間は声も音もないから、書くことの音声のなさが、この空間を充たすのにとてもふさわしいと思えてくる。

思春期がこんな状態をつくりあげはじめると、同類を本能的な嗅覚のようなもので嗅ぎわける。そのあげく、書物のなかからさえ、やはり同類を嗅ぎわけるようになるといっていい。

ここまできたとき、お互いに嗅ぎわけた同類どうし談合をして、学校の教室に備えつけられたガリ版や事務室から借りてきた蠟紙と鉄筆で、それぞれ書いた原稿をガリ版で刷り、とじ合わせて雑誌を作った。

じぶんが書いたものをガリ版で刷ったうえで眺めるのは、なまのじぶんとは疎遠な第二のじぶんを眺めるようで愉しいものだったが、それより放課後の人っ気のない教室で、喋る言葉のもっと奥ふかくが、ここでは通じているのだという雰囲気でガリ刷りの紙をとじ、束ねて、日が落ちるころまで居のこっている愉しさは、たとえようがなかった。思春期の特色は、まったく未知な他人の女性とのあいだにわかりあえるという雰囲気が、すこしずつひらかれてゆくエロス的な上げ潮の感覚にあるのだろうが、もうひとつあえていえば、暗黙のうちにメタフィジカルな同類のあいだに生みだされる了解の快楽ともいうべきものにあるような気がする。

経験的にいえば、この最初のガリ刷り[*1]のワラ半紙をとじて作った雑誌作りの味が忘れられずに、何か生涯の節目ごとにこの種の雑誌を同類たちと作った。昭和十七年（一九四二年）から昭和十九年（一九四四年）ごろまで、山形県米沢市の官立の高等工業学校にいたが、そこでも最後の一年くらいは、それまでに親和力をもち、より知りつくした同類たちと、ガリ刷りの雑誌を出した。

内容は、はじめとおなじように、詩であったり雑文であったりした。また雑誌作りの味覚も材質もほとんど変わりがなかった。欲望もまたおなじだったが、こんどは上げ潮の感覚とはすこし違っていた。生にたいする寂寥感のようなものといえばよかったとおもう。生にまつわる原型的なものは出つくしたし、もうすぐ戦争死という感じ方があったので、死もまた鮮明なイメージとして登場した。

昭和二十年（一九四五年）から昭和二十二年（一九四七年）ごろまで東京の工業大学にもどっていたが、ここでもやはりほんのひと握りの同類たちとおなじようなガリ刷りの雑誌を作っていた。こんどは流石《さすが》に工科の学生のうち文芸を趣味としてもつもの、という同類の定義ができた。この趣味とは茶の湯、生け花といった余裕の意味はまったくなくて、むしろ副業というのに近い自意識の決めた輪郭をもっていた。

学校を卒《お》えてからあとも、知人たちとおなじことをした。同類の範囲は、身近の親和圏から拡がっていったが、副業の意識は変りなかった。

わが国の近代文学史のうち、最大の偉大な副業の文学者は森鷗外[*2]だといっていい。鷗外の晩年の史伝小説は、副業の臨界で書かれた制約とのたたかいという見方から評価できるものだ。わたしはじぶんの書いたものを、卑小な副業の文学と呼びたいところだが、そうではない。副業としての境界と制約を維持できずに、すべてをひとまとめに融解してしまった。わたしは、さまざまな角度から卑小だという評価ができるだろうが、そのなかでいちばんはじめの卑小は、副業としての境界と制約を融解してしまったことに由来しているとおもっている。

＊1ガリ刷り＝謄写版の俗称。鉄筆で蠟引きの原紙を切り、印刷する。孔版印刷の一つ。

＊2森鷗外（一八六二〜一九二二）＝作家、劇作家、評論家、軍医。陸軍軍医のかたわら、多彩な文学活動を展開。西欧文学の紹介、翻訳、創作、批評を行ない、晩年は歴史小説、史伝に進んだ。明治文壇の重鎮。主著に『於母影』『舞姫』『雁』『阿部一族』など。

詩について
インタビュー

――吉本さんは昭和六年、東京下町の佃島小学校に入学されたわけですが、小学校時代はどんな子供だったのでしょうか。

かなりなガキ大将であると同時に、一方では大変内向的な子供だったみたいですね。

――小学校の頃はどんな本をお読みになっていましたか。

立川文庫の中の『真田十勇士』や『猿飛佐助』みたいな本を友だちと廻し読みしたり、あとはおやじが読んでいた「キング」とか「講談倶楽部」といった雑誌を、親がいない時に盗み読みをしていた程度で、いわゆる教養的というか高級な本は、その時分にはまだまったく読んでいなかったですね。

――たしか小学校の四年の頃から今氏乙治《いまうじおとはる》という人がやっていた学習塾に通われるよう

になり、その今氏氏との出会いが、のちの詩人吉本隆明の誕生に大きな影響を及ぼしてくるわけですね。

今氏さんは早稲田の英文を出た人なんですが、数学や物理など、高等学校ぐらいまでのほぼ全課程を教える能力をもってました。またスポーツマンで水泳や野球もやりました。日夏耿之介《ひなつこうのすけ》[*1]に傾倒して詩も書いた人で、一緒に同人雑誌をやっていた尾崎一雄[*2]の『あの日この日』にもちょっと名前が出てきます。とにかく、きちっとした教育観をもった文学壮年だったんです。

ですから、普通なら塾というのは、本人がどこか学校に入ってしまえばもう行かなくなってしまう所なんですが、ぼくの場合は、いまの高校二年頃までよく遊びに行っては、本を読ませてもらったり、自分の書いた詩を見てもらったりしてたんです。ぼくがいわゆる文学好きの人間になっていったのも、ちょうどこの頃からですね。

――詩を書きはじめられた動機みたいなものは何だったのでしょうか。

それはまあ結局、女の子ということじゃないんでしょうか。特定の女の子とどうのということではなくて、*3室生犀星《むろうさいせい》いうところの性に目覚める頃といいますか、異性に対する情緒みたいなものに喚起されたことと、詩を書くこととが同じだった気がします。

——年譜を拝見すると、その頃、学校の文芸部の同人雑誌に「孔丘と老聃」（十七歳）、それと東京工大の時に「異神」（二十二歳）と、短篇小説を二篇発表されていますが、小説家になるお気持はまったくなかったのでしょうか。

詩は時折書いていましたが、小説家になろうという気持はなかったですね。詩の場合も書きたい欲求があったから書いてはいました。が、特別に詩人になろうなんて考えてなかったんです。しかし同時代の、例えば太宰治、小林秀雄、高村光太郎、横光利一、保田与重郎といった好きな作家たちの仕事は、熱心に追跡して読んでいましたから、少なくとも読む方では、典型的な文学青年といいましょうか、病は相当嵩じてきてました。

——十七歳ぐらいの頃から数えるとすでに三十年以上、現役の詩人として書き続けてこられた吉本さんにとって詩とは一体何だとお考えですか。

ぼくにとっては自己慰安、自己慰藉《いしゃ》に深入りしていったということが、たぶん最も大きいことだと思います。批評や思想を書くことではどうしても掬《すく》い取れない、というか捉《とら》えられない混沌としたもの、これを解放する手段としては詩しかないのではないか、そういう感じでしたね。

だからぼくの詩は、例えば吉増剛造《よしますごうぞう》*4のような人はその典型ですが、吉増さんのように詩というものにすべての問題を集中させるやり方の詩とは、少し違うわけです。そういう意味では、詩を書く人間として、ぼくはあまり独立性がないんじゃないかと思います。独立性を持たせるためには、もっと違うことをしなければいけないんでしょうが、ぼくはそれをしていませんね、ぼくは自己解放に一番の力点を置いていますから。その違うことというのは、批評や詩を書くことで解放しているところがあるので、詩の領域を伸ばさないですんでる部分があります。

――話がちょっと横道にそれますが、昭和三十一年頃ですか、『新日本文学』で映画の合評をおやりになっていますね。この時期にはよく映画をご覧になったんですか。

ええ、日本映画だけですが、一週間に二回くらいは必ず観ていました。その時期の日本映画でしたら映画評論家の評価とは違っても、たぶんこっちの方がよく観ているんじゃないか、というぐらい自信はありましたね。

——その頃ご覧になった映画のなかで、最も印象深かった監督とか作品というと、どんなものが挙がってきますか。

ぼくが観ていた頃は、黒澤明[*5]と木下恵介[*6]の二人が飛び抜けて力のあった監督だったわけです。ぼく自身は、スピード感と娯楽性の絶妙さで、他には何もない人なんですが、時代劇の安達伸生《あだちのぶお》、もう亡くなりましたが、この監督が好きでした。あの当時の批評家で彼を評価した人は、たぶんいないと思います。もちろん、『新日文』の合評でもこんなチャンバラ映画はまったく話題にのぼらなかったですね。

ぼくの考えでは、黒澤明は途中からスロー・テンポの妙なリアリズムに凝りだし、また一種のテーマ主義に陥ってしまってダメになった。彼の作品のなかでぼくが一番いいと思うのは、『虎の尾を踏む男達』です。エノケンの最高の演技を引き出していてね。黒澤という人は、あとは一路ダメになっていった人だと思いますね。

抒情性と感傷過多、つまり泣かせどころを知っているだけといえばそうですが、なかなか緻密な映画をつくる木下恵介も、ぼくはわりと好きな監督でした。最近はテレビ・ドラマなども作っていますが、この人は今に至るまで、それほど悪くなっていないんじゃないでしょうか。彼の作品では一般的にもそうだと思いますが、敗戦前の『花咲く港』が最高作だと思います。愛染かつら的なイメージしかなかった上原謙から、喜劇性を引き出した映画でね。

俳優では、彼も最近ではダメですが、『獣の宿』でみせた鶴田浩二の演技は、忘れられませんね。今年（一九七八年）の映画では、子供と一緒に観た『さらば宇宙戦艦ヤマト』が面白かったですね。あの映画は、いわば軍人のもっている最も良質な部分、つまり自己犠牲みたいなものがテーマになっているわけですが、ああいったものは嘘なんだということを、戦争をまったく知らない現代の子供に説得するのは、もはや不可能に近い時代になってますね。

――洋画はご覧にならないんですか。

ほとんど観ません。どうも洋画というのは、生活的な感覚の延長線上で理解することが出来ないんですね。まったく違う生活感覚がもの珍らしくて面白いという見方もあるんでしょうが、ぼくはそういう点でも入っていけないんですよ。

――話がまた変わりますが、吉本さんが谷川雁[*7]、村上一郎[*8]の二人を誘って昭和三十六年にはじめられた雑誌「試行」は、どういういきさつで出されたのでしょうか。

　ぼくの思い込みでは、一九六〇年の安保闘争で、走り過ぎたのかどうか知りませんが、ぼくを除く谷川雁と村上一郎の二人があぶれた人間にみえたんですよ。だから、あぶれた奴と一緒に雑誌を出そうと思ったんです。彼ら二人は、あぶれたとは思っていなかったかもしれないし、逆にぼくがあぶれた人間にみえたかもしれませんがね。

　プライヴェートには、この二人は全然知らなかったんですが、とにかくそういうことではじめたんです。それで二人のあぶれがおさまった（といういい方は変ですが）時に、二人と別れてぼく一人でやるようになったんです。

――最後に「日本の現代詩史論をどうかくか」について少し聞かせていただきます。ぼくを含む熱心な吉本ファンにとっては、第一章と第二章はともかく〈若い世代と戦争を体験した世代との脈絡を戦後詩の思想の観点から結びつけ、「言葉」の面から浮かび上がらせよう〉と意図され、吉本さん自身も最も苦心されたという第三章「修辞的な現在」には、いささか不満があるのです。

その不満の一つは、どう考えても吉本さんがそんなに高く評価されているとは思えない、あるいはもっと単純にいえば好きだとは思えないような詩人たちの詩を「一つの原則的な方法意識」でまとめる手段のために、やむをえず無理をして引用しながら論をすすめられているところなんです。つまり、嫌いなものは嫌い、好きなものは好きだというものいつもの吉本節がきかれず、そのために論そのものもいささか歯切れが悪いものになっているのではないか、という印象をもったのですが。

第一章は「あとがき」にも書いたように、ぼく自身が不満で『全著作集』にも未収録だったものなんですが、これは歯切れがいい悪いということでいえば、一番いいかもしれません。しかしぼく自身は、詩を論ずる場合に一番肝心な表現、言葉の問題が無視されているという点が不満なんです。

少なくとも詩の評価というのは極端な例でいうと、この行（あるいは言葉）の次にどうしてこの行（言葉）がきたのかということを論じ、分析することが出来なければ、詩の評価は成り立たないだろうと、ぼくは思っているわけですから。

ところがこの第一章では、詩そのものより、それを書いた詩人や生活の方に力点が置かれていますからね。そんなわけで第三章の「修辞的な現在」では、思想論と現在の詩の評価とを、とにかく言語というものを介して、融合させる視点はあるのか、というモチーフで書いたんです。思想論と詩の表現とを、言葉を媒介にして一致させる試みですね。

それはある視点からのみ可能なんですが、その視点がちょっとでも狂えば、たぶんそれは詩を手段にした一種の思想論になってしまう。そうなると思想論をモチーフとして、詩をぶったぎってきりさくだけになっていきます。また違う方向に視点が少しずれてしまうと、それは典型的な詩を幾つか並べて、いわばそれを解説するような、そういうものになってしまうと思うんです。

そのいずれでもない一つの視点がみつけられれば、この論は成り立つと思ったんです。やりだしてみるとなかなか大変で、そこのところでぼくは一番苦心しました。だから結局のところ、その苦心したちょうどその度合いが、たぶん歯切れが悪いと指摘される度合いと一致するところなんじゃないでしょうか。

好き嫌いということでぶったぎらなかったのは、別にまんべんなく愛嬌をふりまいたわけではなく、詩の表現の分析と、いまぼくが考えている思想論とを、どこかで融合させたいという気持からそうなったのです。

ぼく自身は、それはある程度成功したと思っているんですがね。つまりこの本は思想論としても、また詩論としても読めるように出来ている筈なんですよ。

＊1日夏耿之介（一八九〇〜一九七一）＝詩人、評論家、英文学者。漢語を駆使した神秘主義的な象徴詩を確立。詩集『転身の頌』『黒衣聖母』など。オスカー・ワイルドの詩「サロメ」などの名訳でも知られる。
＊2尾崎一雄（一八九九〜一九八三）＝作家。『暢気眼鏡』『虫のいろいろ』など。
＊3室生犀星（一八八九〜一九六二）＝詩人、作家。北原白秋、萩原朔太郎らと交わり、抒情詩人として知られた。のちに小説に転じ、『幼年時代』『あにいもうと』『杏っ子』などを残す。
＊4吉増剛造（一九三九〜）＝一九六四年、第一詩集『出発』を刊行。一九七〇年、『黄金詩篇』で第一回高見順賞を受賞。
＊5黒澤明（一九一〇〜一九九八）＝映画監督。一九四三年、「姿三四郎」で監督デビュー。最後の作品「まあだだよ」に至るまで、三十一作品を発表。海外でも高い評価を得、世界の映画史に残る実績をあげた。代表作は「酔いどれ天使」「野良犬」「羅生門」「生きる」「七人の侍」「赤ひげ」「影武者」「乱」など。
＊6木下恵介（一九一二〜一九九八）＝映画監督。代表作に「二十四の瞳」「楢山節考」など。
＊7谷川雁（たにがわがん、一九二三〜一九九五）＝詩人、評論家。『大地の商人』『工作者宣言』『原点が存在する』『影の越境をめぐって』など。
＊8村上一郎（一九二〇〜一九七五）＝作家、評論家。『北一輝論』『非命の維新者』など。

現代詩文庫 推薦の言葉

近代詩の歩み

少年から抜けでて青年期のほうへ走りだしたころ、藤村の『若菜集』を暗誦するようによみはじめた。それからなぜか生田《いくた》春月《しゅんげつ》の詩が好きになった。口真似するように七五調の詩をじぶんでも書きはじめた。白日夢のような世界が、日常のある時間帯のなかに、いつもあった。青黒い顔色をしているとおもっていた。なぜか七五調の詩がもどかしくて、じぶんの白日夢の世界の核心のところに触れられないとおもいはじめたとき、ある先生がこれをよんでごらんと、『現代詩集』をだしてきてくれた。その詩集の世界は驚きであった。こういう身近な詩の書きかたがありうるのか。いまも、誰かがどこかでそういうふうに心のなかに近代詩の歩みを通したり堰《せき》とめたりしているのかもしれない。

東京の本100冊
インタビュー

――吉本さんは月島のお生まれですが、愛着のある東京というと、いつ頃のどのあたりになりますか。

　十五、六までいた新佃島、月島界隈ですね。僕は大正十三年生まれで、太平洋戦争の直前まで住んでいました。葛飾に引っ越してすぐ、米沢の高専に行ったんです。

――当時、自分は東京人だといった意識はありましたか。

　いや、別になかったんですよ。外で仲間と遊んでいるときは東京弁だから、そういう気もするんだけど、家では九州弁だし、東京人と言われると、僕は中途半端な感じになっちゃうんです。
　だけど米沢に行ったら、もう歴然と東京人ですよね。あっという間に心身共に浮いちゃうわけです。まず、心理的な面では時間のテンポがまるで違うんです。佃島あたりのテンポでも、米沢では早すぎてしょうがない。慣れてしまったら、向こうのテンポになるんですけどね。

体力もお話にならないんです。例えば、日曜日に山のなかの温泉にでも行こうじゃないかとなるでしょう。僕は東京にいたときは、足が達者だと思っていたんだけど、違うんですね。こっちは自転車こぐのにへとへとになっているのに、鍛えているせいかわからないけど、地元の子はまったく平気なんですよ。

――米沢で都会人の軟弱さを知ったわけですね（笑）。そのときは東京を外から見たという感じがありましたか。

ありましたね。東京という場所が対象化されるし、東京から来た人間も対象化される。とにかく、東京の人間はよく言えば機敏、悪く言えばずるっこいと思われている。要するに、女ったらしみたいに見えるんですね。僕はいくら努力してもそうはならないもんだから、「東京の野郎は」なんて言われると、何となく対抗意識が働くんです。

あるとき、「将来どんな人になりたいか」という話をしたことがあります。僕は「壮年の男が、街路樹の植わっている道を、ポケットに両手を入れながらうつむき加減で歩いている。そんな感じがいいな」と言ったのを覚えています。そのとき、自分のなかにありうべき、また懐かしい東京の風景をイメージしていた気がしますね。以前、東京駅と有楽町の間に都庁があったんですが、その前の通りがスズカケの並木道で、わりに好きな道だったんです。今なら、佃島のどぶ川でカニを採って遊んだことや、どぶの臭いなんかが懐かしいですけど、十八～十九の頃は、恰好つけてたんでしょうね。

●岡本かの子の目線

——作品リストを見ますと、文学作品が少ないように思いますが……。

文学作品の場合、[*1]織田作之助《おださくのすけ》の『夫婦善哉《めおとぜんざい》』など、関西を舞台にした作品、[*2]伊藤左千夫《いとうさちお》の『野菊の墓』、[*3]長塚節《ながつかたかし》の『土』のような農民文学的な小説以外は、ほとんど東京が舞台でしょう。近代小説は、たいてい東京小説といってもいい。ですから、最小限にしぼりこみました。

そのなかで、僕の好みも含めてどうしてもリストに入れたいと思ったのは、岡本かの子[*4]

の『女體開顕《にょたいかいけん》』ぐらいなものなんです。何がいいかっていうと、目線なんですよ。隅田川で船に乗ったときの経験から書いてるから、目線が下なんです。橋の上から見てるんじゃないというのが、とてもよくわかる描写をしていますね。一回二回船に乗った経験じゃないなと思わせるところがある。

僕は親父が船に乗っていたからよくわかるんだけど、隅田川を河口まで下ると、品川沖にお台場[*5]があるんですね。で、まっすぐ突っ切ってお台場まで行こうとすると、湾のなかなのに、途中に思いがけなく浅いところがあって、慣れないとそこで船がつかえちゃったりするんですよ。だから、船が通るのに適した水路、澪《みお》があるんだけど、岡本かの子は、澪がどういうふうに通っていて、浦安のほうへ行っているかということをよく知ってて、上総澪という名前で呼んでるんですね。ちょっとやそっと知ってるってことじゃないなという感じがしましたね。これは、隅田川の一種の地理小説といってもいい。

●東京論はなぜむずかしい?

――随筆風のものはいくつかがあがってますね。

懐かしき江戸・東京・下町を描いたものですね。回顧的なものとしては、永井荷風[*6]の『日和下駄《ひよりげた》』が典型的で、田山花袋[*7]の『東京の三十年』も関東の地方から出てきた青年時代に始まって、東京の暮らしのありさまを随筆風に描いています。このように回顧的なものと、東京を楽しむことを主体にしたり、またもっと真剣に下町の情緒や人情を探るといった探訪的なものがあるでしょうね。

僕も七〇年代の初めごろ、自分が住んでいた近くの谷中地区でフィールドワークしたことがあります。だけどその頃から、東京が変貌してきたんですね。古典的な家だったのに玄関だけが洋風になっちゃったり、窓がずいぶん開放的になったりね。何だか面白くないなあと思うんですが、住んでいる人にしてみれば、不便なのを我慢して江戸情緒を残しているわけにはいかないでしょう（笑）。だから、自分の好みでもって、情緒的に東京について書いてもしょうがないと思うようになったんです。文学に対する文芸批評と同じように、東京に対する批評、東京論が書ければいいと思うんですよ。

――それが吉本さんの『像としての都市』や『ハイ・イメージ論』になるわけですね。東京を批評する本って少ないと思うんですが、やっぱりうまく論じられないんでしょうか。

例えば、文学作品を介して作家の人間性まで掘り下げていくのが作家論だとすれば、東京の外観、つまりビルが建っていて、盛り場はここにあってというようなことを介して、東京という都市の性格、東京に住んでいる人の性格まで掘り下げるのが東京論ということになると思います。しかしその場合、下町と山の手は違うとか、住んでいる人の風俗・習慣が違うとか、いろいろな要素が入ってきちゃうんですよ。

他にも、昼と夜では人口分布がまったく違ったり、盛り場でも新宿と池袋、浅草、上野、六本木は違うなど、東京はきわめて多重的なんですね。だから、作品と作家さえあれば要素が揃ってしまう文芸批評より、ずっと難しい。作品を建物と解することも、盛り場と解することもできる。さらに、住んでいる人や住まなくなってしまった人も含めて論じるわけだから、文芸批評でいえば、非常に重層的な作品論をやった上で、東京の性格を言わないと作家論にならないんです。陣内秀信[*8]さんの『東京の空間人類学』は、比較的うまくいっている例じゃないか。評論的な要素も探訪的な要素も、複眼で含まれていますからね。

——リストの⑯〜⑩⓪が吉本さんの東京論には欠かせない五冊ということですが。

そうです。東京の本を百冊選べと言われて、二十冊ぐらいはすぐに思いうかぶ。でも百となると、だんだん他の人と変わりばえしなくなってくるんです（笑）。ただ最後の五冊に限っては、僕が東京を語る上で絶対にはずせないもの、そして僕以外には選ばないだろうと思って入れたものなんです。

――地図では『ランドサット・マップ東京とその周辺』をあげていらっしゃいますね。

ランドサットの衛星から撮った東京付近の地図なんですが、人口密集地であるか、原っぱであるか、色で区別されているだけです。人間もビルもすっとんじゃう。これはいっさいの情緒といいますか、好みといいますか、つまり党派性を無化した科学の視点だということですね。東京を見るひとつの極端な方法で、面白いなあと思います。

●江戸から超都市・東京へ

――東京の最初の節目は明治維新ですが、[*9]大沼枕山《おおぬまちんざん》や[*10]高村光雲は、その頃の東京を見た人ですね。

大沼枕山は、江戸末期から明治初年にかけての文人で、侍、つまり幕臣だったから、明治維新に対してものすごく反感を持っていた人です。江戸が薩長の田舎者の天下になってしまったと嘆き、面白くない、住みにくくなったという心情を描写している漢詩集が『東京詞』なんです。三十篇ぐらいの短い詩で、江戸からそのまま東京に住んでいた人がどんな感じ方をしたのかがよくわかります。東京の最初の変わり目に立ち会って、不満を言っている。その後の江戸懐古、江戸趣味の源流みたいな感じですね。

それに対して高村光雲は、職人の側から明治の東京をよく見てるんです。明治の初めは江戸時代の名残があって、職人はある年齢、十一〜十二歳になると、どこか職人の家に奉公に出かけ、十年ぐらい辛抱を重ねて、主人から暖簾《のれん》を分けてもらう、となるわけですよね。実際に暖簾を分けてもらって独立する前には、一年間無給で礼奉公しなくてはならない。こういう手順をふまない子どもは不良だと。まともな職人には到底なれないと思われていたことが、『光雲懐古談』を読むとよくわかります。

これは、僕らの明治以降のイメージとはずいぶん違うんです。どこへ就職するかは手前勝手で、奉公に行くなんて特殊なことだと思っていた。

光雲は高村光太郎のお父さんで、優秀な人でしたから、美術学校の彫塑科の先生になりました。だけど先生といっても、職人の大将が背広を着て先生の振りをしたという感じなんですよ。

――森鷗外の論文については……。

これは、きわめて論点がハッキリしているんです。市区改正のときに、主流だった考え方は、東京も近代的な都市になってきたから西欧なみにならなければいけない。それにはバラック小屋を壊して、貧乏人に立ち退きを命じろということだったんですね。ところが、鷗外はお医者さんだから、そういうものじゃない、都市の問題は衛生の問題だというんです。衛生の問題を主として考えるかぎり、貧しい人たちを郊外に移して、真ん中だけをきれいにしたってダメなんだと言っていますね。

――鷗外によれば、都市には近心型（求心型）と遠心型があるそうですね。

はい。東京という都市は、最初は求心型に作られたんだと思います。つまり、中央に官庁街を作り、その少し外側に近代産業の本社ができ、その外側に住居、またその外に製造工場が誘致される、という設計がなされた。ところが途中で、武家屋敷的なものが発達した山の手と、下町の、埋め立て地に発達した町人の街の境界点に、一種の遠心的なといいますか、分散型の盛り場、新宿、池袋、上野、浅草などができちゃった。鷗外は、遠心型の都市のほうがいいと言ってるんですけどね。

関東大震災と第二次大戦の時に、都市設計者に見識があれば、もっと違う理想的な都市を作ったかもしれないんですが、結局は求心型と遠心型の折衷的な都市になってしまったように、僕には思えるんです。さらに下町の江戸的な情緒は、第二次大戦で根こそぎもっていかれたから、これが東京の変遷では、相当重要な要素だと思いますね。

――東京の変遷から見て、オリンピックの頃はどうでしょうか。

農村と対立する意味での都市という段階から、現在の東京は都市の都市といいましょうか、いわば超都市になっています。オリンピックは、東京が都市から超都市へ変わる転換点の始まりだといえるでしょうね。

佃島の渡し船はなくなり、有楽町から銀座のあたりの運河もなくなってしまった。小林[*11]

信彦さん流にいえば、「町殺し」ですね。小林さんは「こんな薄っぺらなものができちゃって」と憤慨していますけど、確かに住民の意図を無視して、遮二無二《しゃにむに》恰好だけつけた感じはあると思います。僕は都市がそうなるのは必然だと考えてるから、憤慨する気はないんですが。

オリンピックのあと、石油ショックの前後に、東京は決定的に超都市へと変貌しました。七〇年代の初め頃、初めて天然水がビンに詰められ、売られたんです。それまでの経済学では、使用価値はあっても交換価値はない、つまりタダだった水が売られるようになった。これは、資本主義が一段高次化したと考えていいのではないかと、僕は思ったんです。

超高層ビルが建ち始めたのもその頃です。地面の面積に対して、過剰な人員、あるいは業種を詰め込もうというのが、超高層ビルの存在理由でしょう。情報産業や流通業などの第三次産業が増えてきた兆候ともいえる。

――第三次産業というのは、超都市に不可欠な指標になるわけですか。

そうです。佐貫利雄[*12]さんの『成長する都市　衰退する都市』という本は、こうした都市の変貌を解明するのに、とても役立つ本ですよ。佐貫さんは、例えば人口二十万ぐらいの地方都市のなかにも、やや発達している都市と、衰退している都市があるといっています。その理由について、人口における第一次産業、つまり農業人口の割合が関係していると確定しているんです。人口二十万〜三十万の地方都市における農業人口のパーセンテージがいくら以下なら、成長しつつある都市だというんですね。一種の「経済工学」とでもいうべき本なんですが、優秀な人だと思いましたね。

結局、人間の欲望を満たす、あるいは解放する方向にしか、文明は進んでいかない。都市はその象徴的な場所なんですよ。

今は、地方農家の長男でも、学問や教養を身につけるためや、就職しやすいといった理由で、都会に来たがるでしょう。なかには、娯楽施設があって楽しいからという理由の人もいるでしょう。

つまり、遊ぶ場合でも勉強でも就職でも、非常に便利で刺激があるということです。人間の欲望は、多様にはなっても基本的に変わるはずはないわけですね。「貧乏するのが欲望だ」には絶対にならない。

――〝清貧〟なんて、ない？

そう。〝清貧〟の本を出した人はもうかったけど（笑）、清貧は、ダメ。文明が高度になった、日本やアメリカやヨーロッパが超資本主義の段階に突入したことの意味が、わかっていないんです。

「欲望は抑えたほうがいい」なんていうのは、悟りきった坊さんみたいに本当に我慢できる人か、もしくは嘘つきですよ（笑）。

【東京の本100・リスト】

①**『江戸から東京へ』**[*13]全9巻、矢田挿雲（中公文庫）
②**『道草』**夏目漱石（新潮文庫・岩波文庫・他）
③**『東京日記』**[*14]内田百閒（岩波文庫）
④**『女體開顕』**岡本かの子（岡本かの子全集第8巻・ちくま文庫）
⑤**『東京八景』**太宰治（『走れメロス』所収・新潮文庫）
⑥**『私の東京地図』**[*15]佐多稲子（講談社文芸文庫）
⑦**『帝都物語』**（全12巻）、荒俣宏（角川文庫）

⑧『**大川の水**』芥川龍之介（芥川龍之介全集第1巻所収・岩波書店）
⑨『**武蔵野**』[*16] 国木田独歩（岩波文庫）
⑩『**日和下駄**』永井荷風（『荷風随筆集（上）』所収・岩波文庫）
⑪『**東京の三十年**』田山花袋（岩波文庫）
⑫『**東京震災記**』（復刻版）田山花袋（博文館新社）
⑬『**柳橋新誌**』[*17] 成島柳北（新日本古典文学大系第100巻所収・岩波書店）
⑭『**旧聞日本橋**』[*18] 長谷川時雨（岩波文庫）
⑮『**明治の東京**』[*19] 馬場孤蝶（現代教養文庫）
⑯『**明治大正史・世相篇**』柳田國男（講談社学術文庫）
⑰『**明治東京逸聞史**』[*20] 1・2、森銑三（東洋文庫）
⑱『**一国の首都**』[*21] 幸田露伴（岩波文庫）
⑲『**東京風俗帖**』木村荘八（青蛙房）
⑳『**明治の東京**』[*22] 鏑木清方（岩波文庫）
㉑『**ランプの下にて　明治劇談**』[*23] 岡本綺堂（岩波文庫）
㉒『**思想としての東京**』磯田光一（講談社文芸文庫）
㉓『**日本の下層社会**』[*24] 横山源之助（岩波文庫）

㉔『**江戸切絵図散歩**』池波正太郎（新潮文庫）
㉕『**東京の昔**』[*25] 吉田健一（中公文庫）
㉖『**私のなかの東京**』[*26] 野口冨士男（中公文庫）
㉗『**私説東京繁昌記**』（新版）小林信彦（筑摩書房）
㉘『**私説東京放浪記**』小林信彦（筑摩書房）
㉙『**都市の誘惑**』佐々木幹郎（ティビーエス・ブリタニカ）
㉚『**東京風人日記**』諏訪優（廣済堂出版）
㉛『**東京の原風景**』川添登（ちくま学芸文庫）
㉜『**抱きしめる、東京**』森まゆみ（講談社）
㉝『**東京の下町**』吉村昭、絵・永田力（文春文庫）
㉞『**昭和歳時記**』吉村昭、絵・永田力（文藝春秋）
㉟『**昭和東京私史**』安田武（中公文庫）
㊱『**東京風船日記**』中野翠（新潮文庫）
㊲『**路上観察学入門**』赤瀬川原平・藤森照信・南伸坊・編（ちくま文庫）
㊳『**東京23区物語**』泉麻人（新潮文庫）
㊴『**なんとなく、クリスタル**』田中康夫（河出文庫）

㊵『東京 下町山の手』[*27] エドワード・サイデンステッカー（ちくま学芸文庫）

㊶『江戸東京年表』吉原健一郎・大浜徹也・編（小学館）

㊷『東京都の百年』石塚裕道・成田龍一（山川出版社）

㊸『江戸ことば・東京ことば辞典』松村明（講談社学術文庫）

㊹『東京地名考』上・下、朝日新聞社会部・編（朝日文庫）

㊺『なつかしき東京』石黒敬章・編（講談社カルチャーブックス）

㊻『「東京物語」辞典』現代言語セミナー・編（平凡社）

㊼『文学で探検する隅田川の世界』かのう書房・編（かのう書房）

㊽『隅田川』スタジオ・ページワン・編（読売新聞社）

㊾『ぼくの東京案内』[*28] 植草甚一（晶文社）

㊿『いま・むかし東京逍遥』小沢信男（晶文社）

(51)『東京映画名所図鑑』冨田均（平凡社）

(52)『私を愛した東京』冨田均（筑摩書房）

(53)『江戸の坂 東京の坂』横関英一（中公文庫）

(54)『日本の民俗13・東京』宮本馨太郎（第一法規出版・絶版）

(55)『東京の祭』小池龍三・久保靖夫（木耳社・絶版）

56 **『合本東京落語地図』**佐藤光房（朝日文庫）
57 **『昭和の東京』**石川光陽（朝日文庫）
58 **『東京ブチブチ日記』**東海林さだお（文藝春秋）
59 **『東京漂流』**藤原新也（新潮文庫）
60 **『東京問屋街ガイドブック』**内田一広・渡辺哲・編著（経営実務出版）
61 **『都市のコスモロジー』**オギュスタン・ベルク（講談社現代新書）
62 **『感性都市への予感』**ＮＫＫ都市総合研究所・編（ぎょうせい）
63 **『重要データ10年後の東京』**尾原重男（青春出版社）
64 **『水の東京』**陣内秀信・編（岩波書店）
65 **『テクノフロント１９９０』**大成建設テクノフロント研究会・編（井上書院）
66 **『武蔵野の集落』**矢嶋仁吉（古今書院・絶版）
67 **『建築探偵術入門』**東京建築探偵団（文春文庫）
68 **『東京災害史』**畑市次郎（都政通信社・絶版）
69 **『都市構造と都市計画』**東京都立大学都市研究会・編（東京大学出版会・絶版）
70 **『東京都都市計画概要』**東京都首都整備局（絶版）
71 **『東京都（特別区）家屋実態調査書』**東京都主税局（絶版）

㉗『**都市とウォーターフロント**』都市環境研究会（都市文化社）
㉘『**都市の経済力**』佐貫利雄（時事通信社）
㉙『**柔らかい都市の柔らかい空間**』箱崎総一（時事通信社）
㉚『**明治の東京計画**』藤森照信（岩波同時代ライブラリー）
㉛『**地方別調査研究＝東京都**』日本民俗学大系第11巻、井之口章次・能田多代子（平凡社）
㉜『**東京都の歴史**』児玉幸多・杉山博（山川出版社）
㉝『**東京の空間人類学**』陣内秀信（ちくま学芸文庫）
㉞『**東京の美学**』[*29] 芦原義信（岩波新書）
㉟『**都市廻廊**』長谷川堯（中公文庫・絶版）
㊱『**東京の「地霊」**』鈴木博之（文藝春秋）
㊲『**東京ゴミ袋**』瀬戸山玄（文藝春秋）
㊳『**明治の東京生活**』小林重喜（角川選書）
㊴『**モダン都市東京**』海野弘（中公文庫）
㊵『**東京の都市計画**』越沢明（岩波新書）
㊶『**東京物語**』荒木経惟（平凡社）

⑻『**地図で見る東京の変遷**』（日本地図センター）
⑻『**江戸東京大地図**』平凡社地図出版・編（平凡社）
⑻『**昭和二十年東京地図**』西井一夫（筑摩書房）
⑼『**Uガイド・東京**』塙広明（昭文社）
⑼『**Jガイド・東京**』Jガイド編集部（山と溪谷社）
⑼『**JTBの旅ノート・東京**』JTB出版事業局編集一部・編（日本交通公社出版事業部）
⑼『**江戸東京地名事典**』菊地秀夫（雪華社）
⑼『**都市空間のなかの文学**』[*30]前田愛（ちくま学芸文庫）
⑼『**像としての都市**』吉本隆明（弓立社）
⑼『**東京詞**』大沼枕山（江戸詩人選集第10巻『成島柳北・大沼枕山』所収・岩波書店）
⑼『**光雲懐古談**』高村光雲（萬里閣書房・絶版）
⑼『**市区改正ハ果シテ衛生上ノ問題ニ非サルカ**』森林太郎（鷗外全集第28巻所収・岩波書店）
⑼『**成長する都市 衰退する都市**』佐貫利雄（時事通信社）
⑽『**ランドサット・マップ東京とその周辺**』（東京印書館）

＊1織田作之助（一九一三～一九四七）＝作家。大阪の庶民の風俗を描いた『夫婦善哉』で認められる。ほかに『土曜夫人』『西鶴新論』など。
＊2伊藤左千夫（一八六四～一九一三）＝歌人。一九〇〇年、正岡子規の門に入り、子規没後、「馬酔木（あしび）」「アララギ」などを発刊。『野菊の墓』は、一九〇六年に発表した最初の小説。純粋な少年少女の悲恋を描いた。
＊3長塚節（一八七九～一九一五）＝歌人、作家。正岡子規に和歌を学ぶ。小説『土』（一九一二年刊）により、農民文学を確立。
＊4岡本かの子（一八八九～一九三九）＝歌人、作家。漫画家・岡本一平の妻。歌集のほか、小説『鶴は病みき』『老妓抄』『生々流転』など。『女體開顕』は、没後、一平によって発表された。
＊5お台場＝江戸幕府が東京湾品川沖に構築した砲台跡。この地域の総称。
＊6永井荷風（ながいかふう、一八七九～一九五九）＝作家。耽美派の代表。現代を嫌悪し、江戸戯作の世界に隠れ、花柳界などの下町風俗を描いた。『あめりか物語』『すみだ川』『腕くらべ』『濹東綺譚』など。日記『断腸亭日乗』でも有名。『日和下駄』は、一九一四年から「三田文学」に連載された随筆。
＊7田山花袋（たやまかたい、一八七一～一九三〇）＝作家。代表作『蒲団』を発表して、自然主義文学に一時期を画した。ほかに『田舎教師』『時は過ぎゆく』など。『東京の三十年』は、一九一七年刊の文壇回想記。
＊8陣内秀信（一九四七～）＝法政大学教授。『都市のルネサンス』『東京・エスニック伝説』など。
＊9大沼枕山（一八一八～一八九一）＝幕末、明治期の漢詩人。
＊10高村光雲（一八五二～一九三四）＝彫刻家。光太郎の父。仏師高村東雲に師事し、養子となる。

＊11小林信彦（一九三二〜）＝作家。『紳士同盟』『超人探偵』『オヨヨ大統領シリーズ』『唐獅子シリーズ』などのヒット作多数。
＊12佐貫利雄（一九二七〜）＝工学博士・経済学博士。帝京大学経済学部教授、早稲田大学工学部講師などを歴任。『日本経済・新論』など。
＊13『江戸から東京へ』＝俳人・歴史作家、矢田挿雲（一八八二〜一九六一）の読み物。
＊14『東京日記』＝漱石に師事した作家・随筆家、内田百閒（一八八九〜一九七一）の日記。
＊15『私の東京地図』＝作家、佐多稲子（一九〇四〜一九九八）の随筆。
＊16『武蔵野』＝自然主義の作家・詩人、国木田独歩（一八七一〜一九〇八）の小説。
＊17『柳橋新誌』（りゅうきょうしんし）＝江戸〜明治の新聞記者・作家で、「朝野新聞」社長となった成島柳北（一八三七〜一八八四）の、漢文随筆集（一八七四年刊）。
＊18『旧聞日本橋』＝女流劇作家で、雑誌「女人芸術」を創刊した長谷川時雨（はせがわしぐれ、一八七九〜一九四一）の随筆。
＊19『明治の東京』＝樋口一葉を支えたことで知られる英文学者・作家、馬場孤蝶（ばばこちょう、一八六九〜一九四〇）の随筆。
＊20『明治東京逸聞史』＝歴史考証などでも知られる近世学芸史研究家・随筆家、森銑三（もりせんぞう、一八九五〜一九八五）の随筆集（一九六九年刊）。
＊21『一国の首都』＝小説『五重塔』などで有名な作家、幸田露伴（一八六七〜一九四七）の評論（一八九九年発表）。
＊22『明治の東京』＝明治、大正の風俗を描いた日本画家の大家、鏑木清方（かぶらぎきよかた、一八七八〜一九七二）の随筆集（一九八九年刊）。

＊23『ランプの下にて　明治劇談』＝『半七捕物帳』で有名な作家、岡本綺堂（一八七二～一九三九）の随筆。
＊24『日本の下層社会』＝明治の社会評論家・新聞記者、横山源之助（一八七一～一九一五）の評論（一八九九年刊）。
＊25『東京の昔』＝小説『瓦礫の中』や評論『ヨオロッパの世紀末』などで知られる作家・随筆家・英文学者、吉田健一（一九一二～一九七七）の随筆（一九七四年刊）。
＊26『私のなかの東京』＝東京生まれの作家、野口冨士男（一九一一～一九九三）の随筆。
＊27『東京　下町山の手』＝『雪国』の英訳などで知られるアメリカの日本文学研究家、サイデンステッカー（エドワード・ジョージ、一九二一～）の随筆。
＊28『ぼくの東京案内』＝評論家・翻訳家・エッセイストなど、多彩な活躍をした植草甚一（一九〇八～一九七九）の随筆（一九七七年刊）。
＊29『東京の美学』＝建築家で、駒沢オリンピック体育館管制塔などを造った芦原義信（一九一八～二〇〇三）の評論（一九九四年刊）。
＊30『都市空間のなかの文学』＝日本文学研究家、前田愛（一九三一～一九八七）の評論。

ある履歴

「ユリイカ」八月号に、田村隆一[*1]が「若い荒地」という詩的回想をかいている。そこで、深川門前仲町の今氏乙治さんの私塾に通っていた小学校六年生のわたしが、府立三商の生徒であった北村太郎[*2]、堀越秀夫、島田清などの詩人と遭遇するところがでてくる。

そのときの記憶は、やがてわたしが府立化学工業学校へ入学してからも、今氏私塾にいた島田清しか残っていないが、後に幼稚な詩をかきはじめたころ、今氏さんの私塾に集まって研究会をやっていた北村太郎や島田清などのグループは、はっきりと覚えている。書物をよむことを覚えさせてくれたのは、その今氏さんというかくれた優れた教育家のおかげであった。

そこで、書棚にある改造社版の「現代日本文学全集」をかたっぱしからよみ、今氏さん所蔵の翻訳小説をあさり、ときにはファーブルの『昆虫記』のような優れた書物に遭遇したわたしは、ひとかどの文学少年となり、おまえこのごろ軟弱になったと、父親をなげかせた。

このころの書物で記憶にあざやかにのこっているのは、『昆虫記』と、今氏さんから借りた英訳本ドイツ現代詩集のうち第一次大戦戦後派のヤンガー・グループの詩人クルト・[*3]ハイニッケの詩である。

今氏私塾で、学校の軍隊式教育とうらはらな自由な環境につかり、生涯の黄金時代をすごしたのは、二・二六事件前後から太平洋戦争直前までである。

昭和十六年に私塾をやめ、翌十七年に米沢高等工業学校へ入学のため米沢へ去った。そこでの最大の書物からの影響は、宮沢賢治、高村光太郎、「四季派」の詩人などの感情生活にたいする構えであり、保田与重郎、小林秀雄などの思想的な構えであり、横光利一や太宰治の小説の世界であった。

この辺りがその頃のわたしの思想源であり、西田幾多郎[*4]や京都学派、高坂正顕[*5]、鈴木成[*6]高、椎俊雄などの著書をよみ、そこからマイネッケとかランケとかディルタイとかの名を覚えはしたが、今おもいだしてみても空っぽで、記憶にあざやかにのこっているのは、『宮沢賢治名作選』(松田甚次郎編)、高村光太郎『道程』、保田与重郎[*7]『日本の橋』、小林秀[*8]雄『ドストエフスキイの生活』、横光利一『旅愁』、太宰治『富嶽百景』くらいなものである。

しかしこれらをすべてあげても、動員生活の労働や、寮生活の友情の葛藤や、戦争の運命に追いつめられて刻まれてゆく生存感から会得《えとく》したものには及ばなかった。

敗戦によって読書の履歴がどうかわったかは、思想がどう変わったかと対応する。まず、こんなものは、皆うそっぱちだとおもうと、棚にならんだ書物を見るのも胸くそが悪くなり、蔵書をリュックにつめたり、風呂敷にくるんだりして神田へもっていって売り払った。かわりに、『国訳大蔵経』[*9]と岩波文庫の古典をできるだけ集めてかえり、確か店先に束ねてあったドストエフスキイの全集をついでに手に入れて、以後しばらくは、それを読んでくらした。

にわか転換の平和も民主主義も、文学者も、みな胸くそが悪いばかりだったので、古典は唯一の場所であった。さいわい、保田与重郎や小林秀雄から古典にたいする態度のようなものを感得していたので、けっして退屈はしなかったのである。

戦争の自己批判のようなものが徐々に形をもってきたのは、こういう時期をへたあとであった。精神が平静さにしだいに立ちかえったことと、無類に目茶苦茶な世相のなかで、人間どんなことをしたってだれから文句をつけられる筋合はないのだという原理を体得したこととが基底をなしていたかとおもう。まるで、おずおず首を出すかたつむりのように、しだいに枠はめ倫理から体をだして、栄養失調と金の欠乏にもかかわらず、闇市をうろうろし、カストリを飲んであるいた。

読書における戦争の自己批判は、まず、おれの視野はせまくおれが宇宙だとおもっていた世界のほかに、宇宙はいくつもあることを知らずにずり落ちていたというところに集中された。おれのこころに何の関わりがあるのかとおもって見むきもしなかった社会経済学書や哲学書を乱読したのはこれからである。

日本古典でいささかきたえられていたので解説書などよまずにジイド、リストの『経済学説史』などでアウトラインをつかむと、いきなりスミス『国富論』、マルサス[*10]『経済学原理』、リカアドオ[*11]『経済学及課税之原理』といった具合にとりついて、わかってもわからなくても、お次は『資本論』ということになった。

さて、古典経済学最後の巨匠マルクスよ。あなたの『資本論』における完膚なきまでの別格性と、ごうごうたる体系の完璧性をしばらくおけば、サン＝シモン[*12]やシスモンディやロウドベルトゥス、ヤゲッツオやバ[*13]クーニンのような群小社会主義者の著書からしんしんたる興味を感じたといっておく。

これらの社会経済学や思想書の影響と、心情のニヒリズムと混迷から遭遇した『新約聖書』の影響とがないまぜられて、戦後十数年のわたしの生活と行動とを思想的に支配することになる。さて、次は何か？

＊1田村隆一（一九二三〜一九九八）＝詩人、評論家、翻訳家。戦後、鮎川信夫らと「荒地」を創

刊。『言葉のない世界』『奴隷の歓び』など。
＊2北村太郎（一九二二～一九九二）＝詩人、翻訳家。『詩人の森』『路上の影』など。
＊3クルト・ハイニッケ（一八九一～一九八五）＝ドイツの作家、詩人。
＊4西田幾多郎（一八七〇～一九四五）＝哲学者。ドイツ観念論や、ギリシャ哲学、スコラ哲学をも取り込み、西田哲学と呼ばれる独創的な体系を築いた。初期の著作『善の研究』は、知識層に大きな影響を与え、のちに哲学者・田辺元らとともに「京都学派」をうち立てた。
＊5高坂正顕（こうさかまさあき、一九〇〇～一九六九）＝京都学派の哲学者。
＊6鈴木成高（すずきしげたか、一九〇七～一九八八）＝京都学派の歴史学者。
＊7保田与重郎（一九一〇～一九八一）＝評論家。一九三五年「日本浪曼派」を創刊し、左翼退潮期の論壇・文壇に大きな影響を及ぼす。著書に『日本の橋』『近代の終焉』『現代畸人伝』など。
＊8小林秀雄（一九〇二～一九八三）＝文芸評論家。現代の批評界に圧倒的な影響を与えた存在。著書に『様々なる意匠』『無常といふ事』『モオツアルト』『本居宣長』など。
＊9『国訳大蔵経』＝日本で著述され、編纂された、仏教の経典の集成。
＊10マルサス（トーマス・ロバート、一七六六～一八三四）＝イギリスの経済学者、人口論者。過剰人口が貧困をもたらすとした『人口論』を匿名で公刊、衝撃を与える。『経済学原理』は一八二〇年刊。
＊11リカアドオ（＝デビッド、一七七二～一八二三）＝経済学者。『経済学及課税之原理』（一八一七年刊）で、理論経済学者としての地位を確立。
＊12サン＝シモン（クロード・アンリ・ド、一七六〇～一八二五）＝フランスの社会思想家。特権階級を排し、産業家が指導する産業社会体制を理想とした空想的社会主義者の代表。著書に『ヨ

ーロッパ社会の再組織について』など。

＊13バクーニン（ミハイル・アレクサンドロヴィチ、一八一四〜一八七六）＝ロシアの革命思想家。一八四八年、パリ暴動に参加。ベルンにて客死。著書に『神と国家』など。

インタビュー

批評と学問
西欧近代化をどうとらえるか

――「現代思想」では現在、「学問のすすめ・人間諸科学の現在」のテーマの下に、哲学、政治学、社会学、歴史学、科学史、美術史、文化人類学、言語学、精神分析などの分野の専門の方々に、それらの諸学問の現状と展開をめぐっていろいろお話を伺うという企画を進めております。

吉本さんはこれらの領域の全体に少なからぬ御関心をお持ちですし、また、それらに直接間接に関わる仕事を現在すすめておられます。そこで、そういう観点からどのような御感想をお持ちか、いろいろお話を伺いたいと考えたわけです。

まず第一にお伺いしたいことは、「日本とヨーロッパ」あるいは「日本と外国」という問題です。先に挙げました学問の全ては、言うまでもなく近代ヨーロッパに成立したものであり、それをほぼそのまま輸入するかたちで日本の現在の学問は成立しています。もちろん現在も輸入し続けているといってよいと思います。学問における日本と外国という問題は、ですから、たいへん大きい問題であると思います。このことについてはどのようにお考えでしょうか。

吉本 僕は学問という領域の外にありましたから、いってみれば、非学問の場所から学問をみることになると思うのです。

非学問の場所というのは、いろいろな意味あいがあるでしょうが、いくつか挙げますと、ひとつは総合性というものをいつも頭においている場所だという気がします。僕らが非学問と考えている場所の特色は、いつも総合性ということが潜在的な課題としてあるということです。

もうひとつは現実的なことで、いつでも大衆的な現象、現実の文化現象にたえず接触して、そこから脅かされたり、波を受けたりしている場所だと思います。つまり、現在性というものの現象的な波を絶えずかぶっている場所です。そういう場所からの意見だというのを前提に置いてくれないと、僕などが学問について何かいうのはちゃんちゃらおかしいということになります。自分でもそう思うくらいですから、他人から見たらなおさらそうだと思うの

＊ラフカディオ・ハーン（＝小泉八雲／こいずみやくも、一八五〇〜一九〇四）＝文学者、ギリシャ生まれのイギリス人。一八九〇年来日、旧松江藩士の娘・小泉セツと結婚。『心』『怪談』『霊の日本』など、日本に関する英文の印象記、随筆などを発表。

です。その上で、ヨーロッパと日本とか、広く外国と日本ということがどう考えられるかを喋ることにします。

典型を挙げるといちばん判りやすいので、そうします。ヨーロッパ的なものとして近代の日本にもっとも深入りしたのは、誰でも眼につくように、ラフカディオ・ハーンです。深入りには限度はないのですが、限界に近いまで深入りしたのです。ハーンの眼を通してヨーロッパは日本を理解しました。たとえば、ホフマンスタールなんか、典型的にそうなんですね。ホフマンスタールの日本観もそうですが、ハーンはどこで日本をみたか、なぜ日本に深入りしたかをみてみます。

ハーンの著書に『仏の畑の落穂』というのがあります。その中に「人形の墓」というのがあります。その作品は、ある放浪の娘をある家の主人が家に招じ入れて、どういう身上で放浪しているのかを聞く話です。

娘の父親は、ごく普通の職人さんで母親も働き好きの普通のおかみさんでした。父親が丈夫だったあいだは兄弟みんな貧しいながら幸福だったのだけれど、父親が病気で死んでしまったあと、落胆のあまり母親もすぐに父親の後を追うように死んでしまいます。

＊ホフマンスタール（フーゴー・フォン、一八七四〜一九二九）＝オーストリアの詩人、作家、劇作家。詩集のほか、戯曲、歌劇「ばらの騎士」の台本なども著す。小説に『影のない女』『アンドレアス』など。

＊『仏の畑の落穂』＝『仏の畠の落穂』（一九二六年、「小泉八雲全集第五巻」、第一書房）

そうすると、日本の古い習俗、柳田國男的にいえば民俗ですが、その習俗では、一家のうちで二人が一年のあいだに死んだら、きっともう一人死ぬというい伝えがあります。それを防ぐには人形を土に埋めて人形の墓を作ってやる、そうすると三人目の人は死なないというのです。

ところがそのいい伝えに服さないでいると、母親の四十九日に、いままで元気だった兄が急に死んだというのです。兄が死ぬ時にその死の床でおふくろさんが呼んでる、おふくろさんがお前も来いといっているというようなうわ言を言います。

それに対して、お祖母さんが死んだ母親の霊に向かって、お前は何ということをするのだ、生きていた時にはみんなでお前を大事にして敬ったのに、いま一家の大事な働き手であるお前の子供をじぶんのところに引き寄せようとしている、そんなことはないじゃないかと恨みごとをいうわけですね。けれども兄は死の床で母親が呼んでる、といいながら霊に呼ばれるように死んでしまうのです。

そういう身上話をするわけですね。そして娘はやがてその家から去ろうとします。それで戸口の方へ行こうとしたとき、ハーンがその言い伝えのこと

＊柳田國男（一八七五～一九六二）＝民俗学者。雑誌「民間伝承」を刊行。『遠野物語』『海上の道』など、近代民俗学の「古典」を数多く著す。

をも含めてもっとそのことをその家の主人から聞こうと思って、その娘が座ったところに座り直そうとします。

するとその娘は、その家の主人に向かって言葉を外には出さないが眼で何ごとか知らせます。主人がハーンに言うには、別のいい伝えによると、不幸な人が座った場所にまだぬくもりが去らないうちに座ると、座った人の不幸が全部移ってしまう、だからそこにあの人を座らせないでくれと娘がいっているのだと語ります。

ハーンはいいのだといって娘の座っていた場所に座りました。主人は出ていこうとする娘にこの人、つまりハーンですね、この人はお前の不幸を全部じぶんで引き受けてやろうと思っているんだよと告げてやります。そして娘は立ち去っていきました。「人形の墓」という作品はそういう話なのです。

この作品を近代のヨーロッパがもっとも日本に深入りした典型として考えますと、日本の何に魅せられたかすぐに分かります。

日本の中の西欧でも、日本的近代でもないのです。日本にもっとも深入りしたヨーロッパ的なものを魅惑したのは、われわれから言えば迷信的習俗のなかの厚い情緒です。迷妄《めいもう》と思える習俗の中に貫かれている感性です。これはハーンの個性でもありえますから、一概に言えないとしても典型はそうだというふうに理解されます。

そうすると、われわれが学問あるいは非学問の領域でヨーロッパと日本、あるいは外国と日本を比較したとき、われわれにとってハーンは内なるヨーロッパを象徴しています。つまりハーンの眼のつけ方、視線の伏目の中に、僕らは内なるヨーロッパの徹底的な典型をみるしか仕方がないわけです。

われわれが見る内なる西洋の極限はそれなのです。これは比較文化論の域を越える問題です。ハーンの入り込み方、何に関心を持ち、何に入り込んだかというその入り込み方は、われわれが描く内なるヨーロッパのもっとも深い意図なんです。

もう一つ、われわれにとって外部なるヨーロッパの典型を考えるとします。僕にはすぐに思い浮かぶのは折口信夫です。折口信夫の学問の仕方、方法論の中にやはり、われわれによって描きうるヨーロッパというものの、もっとも深い典型があると思います。

折口信夫をよく読んでみます。初期の「日本文学の発生」がもっともよく象徴されていていいですから、古代研究の一連の論文を挙げてみます。

＊折口信夫（おりくちしのぶ、一八八七～一九五三）＝国文学者、民俗学者、作家、歌人（筆名、釈迢空）。民俗学に基づく国文学研究の方法を生み出す。小説『死者の書』、評論『古代研究』など。

折口信夫の発生論にもっとも影響を与えているのは、ニーチェです。ところが折口信夫はニーチェという名をひとことも言わないのです。肉にしてしまっているのです。しかしニーチェの影響をうけているのはよく分かります。「発生」という概念があるでしょう。「発生」とか「起源」とかいう概念を折口信夫がどこから獲得したかというと、ニーチェ以外にはないのです。それ以前の国学者や国文学者の中にそんなものはないのです。勿論それ以降の人の中で、折口信夫の影響を受けた僕らみたいなものにはあります。折口信夫という学者を考えて「発生」という概念、あるいは「起源」という概念を折口信夫に学ばせることができたヨーロッパというものを考えると、ニーチェとそれからマルクスなんです。

マルクスからは、ストレートに影響を受けてないと思います。マルクスにも「発生」という概念も、「起源」という概念もあるのですが、折口信夫に影響を与えているのはニーチェだと思います。御承知のように、折口信夫の学問の方法が日本の古典の無意識の深部にまで入っていく入り方の中に、ニーチェはひとつも顕在化していないのです。こうこうこういったというような形では、ニーチェは出てこないくらい、その影響の受け方は根底的なのです。つまり根底的であればあるほど外形が見えないわけです。

そういう意味で、もっとも深い外なるヨーロッパというのを考えれば、折口信夫にもっとも徹底的な姿がみられます。それが学問あるいは非学問における、外国と日本というものの、あるいは内なる西欧と、外なる西欧、そういうもののもっとも深い形だと僕は思います。

そうしますと、何が問題なのかということなのです。ラフカディオ・ハーンにおける日本を考えても、折口信夫における西欧を考えても、いずれもヨーロッパの現在と隔絶する以外にはないのです。言葉を絶する以外にないことになります。

現在、西欧に対して日本を理解してくれと言っても、徹底して言えば、ハーンのようにその人自体にヨーロッパを捨ててくれというのと同じことです。まして捨てさせる魅力もないのに誰も捨てやしないのですよ。なにも日本なんかに深入りするためにヨーロッパを捨てる欧米人なんかいやしないのです。みんないい加減なことで日本を知っているわけです。

そして、ハーンみたいになったとき何に関心を持つかというと、ヨーロッパに追いつき追いこせなんていう日本に、真のヨーロッパが関心を持つわけはないのです。逆に言いますと、西欧の諸科学をやるのだったらヨーロッパになってしまう以外にない、ヨーロッパの習俗みたいなものの根底まで構造が分かるところへゆくより仕様がないと思います。

そうしたら、諸科学は日本でなくなるわけです。国籍が日本でなくなるだけじゃなくて生活、感性も日本でなくなる。全部日本でなくなる、しかしヨーロッパでもなくなるという形にいくより仕様がないと思います。

いずれにせよ解決可能な意味あいでは、まだ学問における日本と外国という問題は喚起できないでしょう。ただ問題の所在だけは、明瞭に指すことができます。

●ヨーロッパ近代について

――先ほど申し上げた方々とのインタヴューを通じて浮かび上がってきた問題に、ヨーロッパ近代科学の基礎の動揺という問題があります。たとえば学問の基礎がその普遍性にあるとしますと、この普遍性そのものがかなりヨーロッパに特殊なものではないかという疑いがでてくる。あるいは、人間なら人間ということを言うけれども、それはただヨーロッパ近代の人間を普遍的であると考えて、無差別に拡張した結果出来上がった幻想に過ぎなかったのではないかというような疑いです。

このような疑いは、もちろん必ずしも現代にのみ固有のものではありませんが、しかし現在ではひろく一般化しているように思われます。人間とか自由とか内面とか、そういう言葉なり概念なりが疑問に付されてきている。しかも、逆説的に思えますのは、普遍性を信じ客観性を信じ絶対性を信じてどこまでも追求していったら、逆にそういう前提そのものが脅かされる事態にたちいたってしまったという面があると思うのです。そのような学問なり思想なりの現在の動きについてはどのようにお考えになられますか。

吉本 西欧が西欧の近代自体、近代を形成した諸々の科学や科学的概念の基盤自体を疑っているという兆候が、どこにどの程度の形であるかということについては、一向に不案内です。ただ、近代の人文科学や社会科学における人間という概念は、肉体もあり感覚もあり感情もありという具体的な人間というよりは、頭脳と認識の論理のふたつの結合が、人間という概念だと思うのです。

たとえばデカルトにみられる近代的な思惟のはじまりは、十七世紀の中葉ごろに兆しを見出すと考えれば、デカルトにおける人間の概念は、頭脳と論理の結びつきだということになります。デカルトを西欧近代の思考的原型とみなすのが現代のヨーロッパで、それに対して否定するしかないということで、そこでさまざまな問題が起こってくるのだと思います。

僕らがデカルトに先入見なしに感ずるのは何かといえば、要するに幼稚さということなんですよ。つまり、デカルトの『方法序説』でも『哲学原理』でもいいですが、先入見も背景的知識もなしに読んで感ずることは、幼稚だなあということです。

それからもう一つあります。幼稚であるにもかかわらず人間の歩幅が一幅七十センチとすれば、七十センチで思考の歩行をすることがきわめて厳密に守られているということです。七十センチを一ミリも違わないような論理の歩行の仕方を保っています。精神的な現象についても、肉体の解剖学的な構造についても、感覚的に飛躍すればいいところでも、厳密に七十センチ、一ミリも違わない歩幅を保ちながら論理を展開しています。その二つが、デカ

＊デカルト（ルネ、一五九六～一六五〇）＝フランスの哲学者、数学者。近世哲学の祖といわれる。解析幾何学の創始者。著書に『方法序説』『省察』『哲学原理』『情念論』など。

ルトに対する先入見なしの印象なのです。

これはなにを意味するかということです。近代の科学的思惟の原点のひとつがデカルトにあるとすれば、それが現在から幼稚にみえることは重要です。それは思惟というもの、つまりコギトということを、デカルトは自我の大きさと同じ規模にはじめてもたらしたのです。

つまり、自我の規模から思惟の普遍性、コギトの普遍性をはじめて提起したということです。だから現在からは幼稚にみえるのです。

逆にいうと思惟、コギトは進歩するものだという概念が、はじめてデカルトから始まったのです。近代諸科学の根底にあるのは、この概念ですね。人間の思惟も科学的な認識も進歩するものだという概念は、デカルトから始まったのです。デカルトが、コギトということを自我に収斂させたからです。

デカルト以前の人間の認識の在り方は、とくに古代では宇宙大の規模で根底的なのです。いってみれば古代のギリシアの思想も、古代の東洋の思想も、ほとんど人間の考えることは全部考えつくしたのです。人間の起源から宇宙の起源まで、人間が死んだらどうなるのかとか、そんなことは全部考えられているのです。

＊コギト（＝コギト・エルゴ・スム）＝デカルトが『方法序説』で述べた言葉。「われ思う、ゆえに、われあり」の意。

そうしますと、個人の歴史でいえば二、三歳までに人類は全部根本的なことは考えているわけです。人間の内面や、人間の起こりについて、宇宙の起こりから終末までみな考えたのです。古代の思想は、ヨーロッパでも東洋でもすべて考えつくしたわけです。

ではなぜ近代諸科学に意味があるかというと、それを自我と同じ規模からすべてのことを考えるという方法、自我以外のものを自我の場所から考えるというその考え方で、宇宙のことを考え直してみようとしたからです。それが近代諸科学の根底でしょう。

それは、デカルトやスピノザから始まっています。それが近代の意義です。自我の規模というものに思惟の規模を寄せあわせたということ、そこから考えたということが、近代諸科学のはじまりです。そして、そこから進歩という概念が生まれたのです。

それが、デカルトの思惟の仕方が現在では幼稚にみえるということの意義です。つまりわれわれの時代が下っているから進歩しているのだ。だから幼稚にみえるのだというだけのことです。けれども思惟そのものの問題だったら、人間個人で言えば二、三歳までにあたる古代において、全部のことは考えられてしまったのです。

　近代における人間という概念の中心にあるのは、この頭脳と論理のとり方なのです。それが現在危くなってきたということでしょう。頭脳と論理の結びつきを、諸科学における人間という概念で考えて、それで満たされるのかということです。

　かつて、十七世紀の後半から十九世紀にかけて満たされた歴史です。日本でも一時代前の科学者を考えれば、頭脳と論理の結びつきのところでは、ヨーロッパの近代諸科学と同じテーマを追求しながら、家へ帰れば人間という概念の肉体もあり、情緒もあり、浴衣がけに寛いでということで学問が成り立っていたのです。そのことが危くなってきたということではないのでしょうか。

　われわれが人間という概念が危いという場合の、根底にある感性はそれです。ヨーロッパでは、人間という概念自体が、変わりばえがしなくなったということじゃないでしょうか。人間とかヒューマニズムとかいう言葉で、万人がさまざまなニュアンスで想像できた内容が、非常に豊富でなくなって、誰が人間と呼んだものでも、カッコで括《くく》ると全部おなじ項で括れてしまう。

つまり、諸科学によって人間が作られるということになったわけです。

諸科学が作る人間は、「A」なら「A」で共通に括れてしまう、だから、人間と言ったって言わなくたって、「A」で括ってそれを約分しても、変わりばえがしなくなってしまう。肉体がある人間の概念も出てこないし、頭脳とか論理とか独特に結合した人間という概念も出てこない。

なぜそうなったのかは明瞭なことで、諸科学の成果が人間を作りはじめたから、人間を同じようにしか作れなくなったということではないでしょうか。ヨーロッパとかアメリカとかだったら、もっと切実に諸科学の成果が人間を作っているという危機感が旺盛なような気がするのです。日本の学者、あるいは学問、非学問が感じている危機感というのは、それの照り返しであるか、その概念のある程度共通な感覚的な受け入れであるか、あるいは家へ帰っても浴衣がけができなくなった学者というのは、頭脳と論理によって、学問の領域の中にあるときと外にあるときとを分けることができなくなったということですね。

だから、現在の科学の先進地域における人間概念の危機感というものとわれわれの場合とは、多少二重な意味あいで違っているような気がします。

——物を実体的に、原子論的に捉えていくという考え方は、人間を不可分割的な個人として考えてゆく考え方とつながると思いますが、その人間というものを捉えようとして、厳密に、それこそ七十センチの歩幅でどんどん接近していったら、いつのまにか雲散霧消してしまった、粒子的に考えてどこまでも接近していったら波のような関係性のようなものしか出て来なくなってしまった、比喩としてはそういう感じもしますが。

吉本 そうじゃないでしょうか。諸科学の対象が、人間を作ってしまうという概念を抜きにしたら考えられなくなってしまった。つまり、人間自体のほうもやはり今度は諸科学の対象から摂動《せつどう》を、パーターベイションを受けるというそのことを抜きにしたら成り立たなくなってしまった。

自然科学のほうで量子論が出てきて以降には、なおさら顕著になったわけでしょう。人間がその自我の規模で対象に関わっていけば、対象から必ず逆に摂動や攪乱《かくらん》をうけるということを考慮せずにはどうすることもできなくなった、ということがはっきりしてきました。だから、現在のヨーロッパの諸

*原子論＝物質が原子によって構成されるという説。十九世紀初め、原子、分子の概念が確立された。

*摂動（＝パーターベイション）＝力学の概念。運動が、副次的な力の影響で乱されること（太陽系の諸天体が、ほかの惑星の引力のために楕円軌道から外れる、など）。

学問とか諸思想をみると、モチーフないしは主題に較べて、極端に緻密度が大きすぎるという印象をもちます。

つまり緻密度が大きければ思想や哲学の規模も大きくなるという均衡の概念がありますが、僕らが現在のヨーロッパの思想、哲学に先入見なしに感ずる第一印象はそれです。こういう言い方は不遜な言い方ですが、しかし逆にじぶんがその領域に内在的に入ってゆく形で内側から理解する形をとりますと、この途方もない緻密度の大きさは到底われわれには不可能なことが分かります。

この不均衡の感じが、一種の危機感の投射のような気がします。現在のヨーロッパの思想家や哲学者でも、この危機の感じを自覚していないのは面白くないですね。

モチーフが小さくて先へ進めないという不均衡の感じをもっている思想家でなければ、問題にならないですね。そう僕は思います。

でも、これは非常に冷淡な言い方でして、その領域へ入っていったら、その緻密さにはちょっと絶望的な距離を感じますね。

●ヨーロッパの原理とアジアの原理

――吉本さんは『悲劇の解読』の「小林秀雄」の章のなかに、次のようにお書きになっています。小林秀雄の至った地点について、〈日本の学問、芸術がついにすわりよく落着いた果てにいつも陥るあの普遍的な迷妄の場所を感じる。そこは抽象・論理・原理を確立することのおそろしさに対する無知と軽蔑が眠っている墓地である〉。

ここには具体的にはヨーロッパという言葉はありませんが、文意を辿りますと、やはりヨーロッパと日本を対比させておられるように思われるわけです。しかも、ある意味ではヨーロッパの立場から日本を批判しているようにも読めるわけです。抽象・論理・原理を確立することというのは非常にヨーロッパ的に思われる。ところが、先程のお話に関連するわけですが、吉本さんは歩幅七十センチの緻密さについては必ずしも全面的に肯定されてはおられなかったように思われます。いかがでしょうか。

* 『悲劇の解読』＝吉本隆明、一九七九年刊。

吉本 その問題について現在どう考えられるか、基本的にはふたつあります。

逆に言うと、ふたつしかないのです。そしてそのふたつのことが混同されているると、僕は思います。

ひとつは、先ほどの問いに関するわけですが、日本と西欧というように考えた場合には、日本がヨーロッパ的な諸科学の論理に乗りきったときはじめて出てくる問題がひとつ考えられるわけです。

もうひとつは、世界には、日本のようにヨーロッパになりつつある地域だけじゃなくて、アジアになりつつある地域があるのです。たとえばアフリカであり中近東であるようなところ、そこでの問題はまた別なのです。そこでの問題は、いかにしてアジア的になるかということの問題だと思うのです。そのふたつは混同されてはならないものです。

ヨーロッパになりつつある地域の問題を、一番よく照らしだせる地点は何かというと、ヨーロッパの現在に乗り移ること、そうすると、ヨーロッパになりつつある地域における問題は基本的に照らし出しやすいわけです。ところが、アフリカとか中近東とか、そういう地域で現在どういう問題が起こっているのかと言えば、いかにしてアジアになるか、ということが問題だと思うのです。だからそこでは、アジア的な典型をもってくると、思想の問題、哲学の問題は非常に分かりやすい、ということがあります。少なくとも人文的な諸科学の問題にするかぎりは、このふたつの問題しかないのです。

もっとちがう、現在でも未開の地域があります。それは、文化人類学なんかが対象としている地域ですが、そこでの問題ももちろんあります。今の構造主義人類学がやっているように、野性的な思考、あるいは未開の思考というものの根本的な問題は何か、みたいな問題提起ももちろんありえますけれども、諸科学の主要な問題は、そのふたつしかないのです。

アジアになりつつあるところの問題に対しては、アジアというものを基準にしますと照らし出しやすいということ。それからヨーロッパになりつつある地域では、ヨーロッパに乗り移るとそこの問題は照らし出しやすい。このふたつは、もちろん同時代ですから錯綜してありますけれども、にもかかわらず、このふたつの課題を混同することはできないのです。

イラン、アフガニスタン、アフリカ、そういう地域の問題を照らし出すには、アジアを鏡にして照らし出すのがいいのですよ。例えば、現在のイランの革命があるでしょう。ホメイニを奉る革命を照らし出すには、何に乗り移ると分かりやすいかというと、アジアのひとつの鏡である日本とか、中国と

＊構造主義人類学＝フランスの人類学者レヴィ＝ストロースによって提唱された。おもにフランスで台頭。

＊イラン革命＝一九七九年、ホメイニ師の指導によってパーレビ王朝を打倒した革命。イスラム原理主義に基づく国づくりを始めたため、イスラム革命とも呼ばれる。

かを鏡にすると照らし出しやすいのです。

つまりこれは、日本でいえば超国家主義者が考えた、天皇を奉った祭政一致的な民族革命みたいなものを類推させたほうがいいのです。そうすると非常によく分かるところがあるのです。それを、ホメイニの革命を左翼革命と照らしあわせたら、間違ってしまうのです。構造が捉えられなくなってしまう。

だからあれを捉えるには、アジアにおける典型的な中国革命とか、日本における明治維新とか、明治維新以降でいえば超国家主義者たちが考えたそういう革命、それと照らしあわすと分かりやすいのです。

日本で流布されている考え方は、そうじゃないのです。現在の日本の左翼というのが馬鹿なのですけれども、左翼がホメイニの革命を無条件に肯定するとか、第三世界における革命を無条件に肯定するというのは、全くおかしいのです。それを肯定するなら、自分たちの過去の明治維新とか、それから第二次世界大戦以前の右翼革命的なものを、肯定しなければいけないはずなのです。それらの肯定すべき要素を肯定しなければ、ホメイニの革命は肯定できないのです。

ヨーロッパやアメリカの行き詰まりを照らし出すのに、第三世界を鏡にも

＊ホメイニ（アヤトラ、一九〇二～一九八九）＝イランのイスラム教シーア派の神学・法学の権威。一九六四年、パーレビ国王に追放されたが、一九七九年のイラン革命とともに帰国。イランの政治・宗教の最高指導者となる。

ってきても、アンチ・テーゼにはならないということが重要だと思うのです。日本は、アジアを抜けようとしてヨーロッパ的要素が多いですから、ヨーロッパを典型にもってくれば一番わかりやすい。それが小林秀雄を対象に、論理とか原理の問題が提起される場所です。

論理とか、原理とか、体系という概念がヨーロッパにおいて自己疑問にさらされているという問題は、おのずから別々にありますし、イランとか中近東、アフリカなど第三世界地域ではまた、いかにして日本になるかとか中国になるかとかという、別の問題があります。小林秀雄は、普遍的に否定されるのではないのです。

僕がいまの質問で根底的にこだわるのは、そういう共通基盤の在り方について、本来なら多種類の、あるいは基本的には二種類の基盤を考えなければいけないのに、ひとつに混同されるということです。

――そうしますと、たとえば日本の文芸批評家なり学者なりに、抽象や論理を軽蔑するような風潮があるとしますと、それはどういう方向を示しているのでしょうか。

吉本　ひとつは、学問であれ非学問であれ、じぶんの考え方が退行を演じて、まさにヨーロッパに移行しつつあるのに、アジアに帰ろうとしていることだと思います。

もうひとつは、じぶんがヨーロッパの現在に移行しているために、ヨーロッパの現在ではすでにもう原理とか体系とかに対する否認が起こっているのじゃないか、ということだと思います。

原理、論理体系を軽蔑するのは、そのどちらかだと思います。いずれの軽蔑の仕方も、諸科学の存在論としては納得しがたいと、僕自身は考えています。

●近代の超克について

――近代の超克ということについてはどのようにお考えですか。原理的には、近代の超克は、近代の成立と同時に発生した問題であると思います。自我と思惟を等身大にしたことが出発点であるとすると、その段階ですでに自

＊近代の超克＝一九四二年、「文学界」に収録された、同名の座談会で論じられたテーマ。日本の近代化にともなう思想的問題が、「文学界」同人、京都学派、日本浪曼派を代表する論客たちによって提示された。文献としては、『近代の超克』〈冨山房百科文庫二十三〉河上徹太郎・竹内好他著（一九七九年、冨山房刊）など。

意識の問題があるわけですから、時代の自意識はその時代を超えようとする方向に動くでしょう。としますと、近代とは端的に近代の超克をめざす時代であるともいえると思います。また、そういうヨーロッパの動きに対して日本の知識人も敏感に反応したわけで、具体的に日本のある時期に近代の超克というのがあったわけです。問題なのは、いずれも、現在のヨーロッパで起こっている人間の終焉であるとかいうような議論の方向と、何らかの意味で重なり合うように思えることです。そのようなことについて、どのようにお考えでしょうか。

吉本　僕らの現在の課題は二重にあって、ひとつには近代の超克というものが、近代諸科学の成果と展開をその展開の内部でどう超えるかという、ヨーロッパが当面している場所、そこへの移行の課題があります。現在までのところ、それに対しては受け身で、先頭でなくて二番目の馬であらざるを得ないということです。

けれども、二番目の馬であることには必然性があるという課題が、ひとつあるのではないでしょうか。先頭の馬がどう駆けるかということから、必然的に二番目の馬が影響を受けてしまうということでしょう。そういうことでは、現在ヨーロッパが当面しているかもしれない近代の超克の問題、人間がどう終焉したのか、終焉した人間がどこへいくのか、というような問題に対して、二番目の馬として敏感にそれを課題とせざるを得ない、という必然があると思うのです。

もうひとつ、二番目の馬はどうしても、必然的に三番目とか四番目とかの馬について、少なくとも三番目の馬について、一番目の馬に対すると同じように問題とせざるを得ない。それはどうしてかと言いますと、二番目の馬はいつ三番目の馬と入れ替わるかもしれない、という危険が絶えずあります。

近代の超克は戦争中も提起されたのですが、そのときにはこの概念は、はじめにヨーロッパの提起をうけたのですが、退行になって落着していったわけです。超えるというより、退行というかたちで収束されるということになってしまいました。

だから、近代の超克という概念に対しては、前の質問と同じことで、二重の課題を持たざるを得ないということだと思います。そこが、日本における諸科学の非常に困難な場所だと思います。

ヨーロッパは、ただ自分たちの課題を追求することが、問題のすべてを追求することです。一番目には一番目の危機感と困惑と悩みがあるのと同じように、二番目には二番目なりの二重の課題をいつでも背負う、という困難があるのではないでしょうか。

現在、第三世界とかアジアに対して、日本の先進的な次元の摑まえ方にはほとんど納得できるものはないですね。問題にならないと思います。そんなことを言わなくても分かっているはずなのに、どうしてこう退行するのだろうという意味あいで、納得できないのです。

同じように、ヨーロッパにおける人間主義の危機みたいなものに乗り移って、課題をそこに一元化している考え方は納得し難いです。そんなことは分かっているんだから、と思っていたことが、存外分かられていないという気がします。だから僕は、両方に対して疑問をもつわけです。

それから、両方が混同されることにも疑問をもちます。片方の超克を片方の超克でやられたらかなわない。近代の超克と退行的超克と、そのふたつが連合されたら、なおかなわないという感じです。諸科学というものの普遍性だけではなくて、普遍性というものの存在論が問われるという問題になって、そこに現在の一番大きな問題があります。普遍論の次元ではあまり意識しなくてもいいことなんですが、諸科学もまた、存在の問題が提起されざるを得なくなったのだと思います。

●キリスト教とマルクス主義

――ヨーロッパの近代ということに関連して、内面性についてのお考えをお伺いしたいと思います。このことについては、吉本さんはすでに『論註と喩』のなかで、次のように述べておられます。マルコ伝についてです。

〈わたしたちは、まるで予言に引き寄せられるようにマルコ伝の思想についての運命観に引き寄せられる。二千年近くまえの言葉は生々しい響きをもっている。欲しないし、縁もないし、事情も知らない言葉なのだがそこに吸引される。これは言葉の指す真理がマルコ伝にあるからか。それともそう思い込むようにわたしたちの思想の近代があったからか。ほんとうは単純にはきめられない。だが現実の秩序に抗って形成される思想の普遍性がここにあると思い込んできた。けれどどこの考えはそれほど強固な基盤をもたないのかも

＊『論註と喩』＝吉本隆明、一九七八年刊。

＊マルコ伝＝マルコ福音書。『新約聖書』の四つの福音書の一つ。

しれない。西欧世界もまたその歴史をマルコ的な世界に誘惑されてきたに過ぎないのではないか。もし起こったら陰惨だと感ずる思想の出来事は、じつに砂漠のような渇いた世界で起こりうるのではないだろうか。わたしたちはもしかするといままでよりももっと徹底的に、マルコ伝の思想的な世界を分離して手のひらにのせてしまうという課題を負っているのかもしれない〉

この一節は、これまでの文脈に則して考えますと、明らかに、ヨーロッパ的な思惟の起源を探り、かつそれを相対化せざるをえないところに、現在の吉本さんが立っておられるというように読めるわけです。ヨーロッパ的な自我の形成と、キリスト教的な内面世界の関わりについては、どのようにお考えでしょうか。

吉本 キリスト教が現在、習慣や風俗以上のものとしてどれだけの〈信〉の基盤がヨーロッパにあるか、具体的に少しも分かりません。だから、キリスト教という概念をどう受け取るかは、聖書をどう読むかに帰するところがあります。

キリスト教に具現された考え方、思想の一番の意義は、現実の社会あるいは現実の世界で抑圧されたり、押しつけられたりしても、人間は観念の世界に身を移していけば、そこでは無限に広がった可能性があることを示唆した点だと思います。だから逆に、もし観念の世界で大なるものであるためには、現実の世界では小なるものであり、また貧しいものであり、召し使いでなくては駄目だという言い方をしている個処です。現実の世界で弱者とか、抑圧されたものとか、そういうものであることが、観念の世界で大なるものであることの条件である。

また違う言い方をしますと、現実の世界と観念の世界というものは、まるで逆立するものなんだ。それを宗教的な概念に直せば、現実の世界で虐げられていても、あるいは弱者であっても、救いは無限大にあると、言ってるわけでしょう。

そういう思考のパターンは、キリスト教が、あるいは聖書が作った型だと思うのです。僕らがキリスト教を受け取る場合、その思考の型を受け取っているのです。信仰を受け取っているわけでもないし、はっきりしたキリスト教の伝統的な歴史を理解した上で、教義を受け取っているわけでもないのです。

ただ、思考の型として、現実で圧迫された時には観念の世界に入り込んでいけば、その現実的な圧迫を解消することができ、あるいは押しかえすことができるという思考の型は、キリスト教が創出したものだと思います。あるいは聖書から学ぶことができる、一番大きなことだと思うのです。

だから、観念の世界は無限大だという考え方が、いわば内面性という問題と関わってきて、その内面性という問題がわれわれの場合には、近代的な自己の確立というものと癒着した形で、日本に近代以降の学問とか、文学、芸術みたいなものを形成させてきた、大きな要因だったと思うのです。

僕らが受け取る内面性というものは、内面性の世界の存在だけじゃなくて、内面性というものを現実と逆立した形で考えることができる、ということです。これはキリスト教的な概念から受け取った、一番大きな問題じゃないかと理解しています。だけどこの問題は、ヨーロッパがキリスト教を現在どう受け取っているかということとは、関係ないかもしれないのです。

この問題が現在どういう誤差として出てくるか、典型的にいうと分かりやすいですから、例えばマルクス主義の問題をとります。西欧では、マルクス主義の実現の形に対するとてつもない絶望感、危機感、恐怖感が、現在に大きな課題としてあるかもしれません。その場合ヨーロッパは、マルクス主義の実現形態を、ヨーロッパの近代以降における思想の帰結自体の否定性というふうに、考えているように思えます。

ところが、僕らがマルクス主義の実現形態がことごとく気にくわない、ロシアも気にくわない、中国も、第三世界も気にくわないという場合には、ヨーロッパの受け取り方と違って、マルクスの思想がアジアないし第三世界で、実現された場合にどういうことになってくるかという問題として受け取っているわけです。

そこの誤差は、やはりいま言われたキリスト教的思考の型を、われわれがヨーロッパ的な思惟の典型として受け取った場合に起こる誤差として、一番よく出ているような気がするのです。

ロシアのマルクス主義が実現したところがどんなふうになっているのか、中国における実現形態がなぜ駄目なのか、あるいはアフリカにおける形態がどうして駄目なのか、イランにおける形態がどうして駄目なのか、それはマルクスの思想が固有性と衝突し、どういうふうに固有性に吸収され、同化されるかの問題として理解されます。

だがヨーロッパは、おそらくもっと普遍的な問題として考えていると思います。マルクス主義を西欧近代思想の大きな成果のひとつと考えて、ヨーロッパの近代思想自体の帰結が駄目なんじゃないかと、根底的に疑っていると思います。だから近代ヨーロッパ思想及びその変種、変態、その運命がきわまったというのが、いってみればヨーロッパにおける危機感の根底にある問題ではないでしょうか。しかし僕らは、ヨーロッパにおける近代的な思想の帰結の成果がアジアという具体性に具現された場合、いかに途方もないものになるか、という問題として受け取っています。

――その場合、神学、科学、マルクス主義というものが、まったく違うもののように見えるけれども、しかし似たようなものではないかという発想もあると思うのです。総体としては、実現したことは新しい神学みたいなものではないか。科学もマルクス主義も阿片みたいなものではないか。結局は集団麻酔薬を作ってきたのではないか、という意識があると思うのです。『論註と喩』で〈これは言葉の指す真理がマルコ伝にあるからか。それともそう思い込むようにわたしたちの思想の近代があったからか〉と述べておられるのは、べつに日本の近代ということではなくて、まさにヨーロッパの、そしていまや世界のほとんどが共有している近代のことであると認めるわけです。マルクス主義は、これは駄目ではないかというのは、つまり、そういう西欧の論理の帰結としてあるからだ、そういう含意も、この文脈には感じられるわけです。

吉本　それで結構だと思います。感性的にいえば、非常に簡単なのですよ。個々の肉体をもった、感情をもった、様々な風俗、習慣をもったヨーロッパの思想家や哲学者は、どういうことに躓《つまず》いたかということです。

それは、はっきり言って単純なのです。「おまえの眼の前に貧しく虐げられた人々がいるとき、おまえはそれに対してどう振舞うか」という迫力ある問いに躓いた、これだけのことです。

理念および諸科学としては巨大なものを築いてきた、そういう思想の担い手たちが、マルクス主義は虐げられている階級が、ここに不満と怒りとをもって現に存在していることを指しているのだから、それに対しておまえはどうなんだと問われたときに、やはり抗しがたいシンパシーでその神話に動かされたということです。サルトルがそうであり、メルロ=ポンティがそうであり、フーコーがそうであり、そのことが問題なのです。

メルロ=ポンティでもフーコーでもいい、これを諸科学の哲学というふうに考えたら、巨大ですね。しかし、これを肉体をもち感性をもち、生活習慣をもっている哲学者とか思想家と考えた場合、その動き方はやはり、貧しい人が現にここにいるのだ、虐げられた人が現にこういうふうにやっている、それに手助けしないで、手をこまねいていることがおまえにできるかという、その問いに対して、きっぱりした答え方が感性的にできなかったということです。

その感情、その倫理、そういうものを育んだものは、たぶんキリスト教だったんではないでしょうか。キリスト教が、その考え方の根底を提供したのです。そういう意味あいでは、理念ではないところから動かされることがあるでしょう。

サルトルでいえば、自分は理念的にマルクス主義に接近したのではなくて、巨大な陰鬱な集団として労働者階級が現前したのだ、そのことが自分を動かしたのだと『弁証法的理性批判』(人文書院)の序の中で、そういう言い方を

＊サルトル(ジャン・ポール、一九〇五〜一九八〇)=フランスの文学者、哲学者。実存主義の代表者。文学者の政治参加を説き、自らも実践。世界の思想に絶大な影響を与えた。一九六四年ノーベル文学賞受賞を拒否。哲学の著作に『存在と無』『弁証法的理性批判』、文学評論『家の馬鹿息子』、小説として『嘔吐』『自由への道』など。

している問題です。そこで今度は、一見虐げられ、抑圧されたものの存在を直視しているようにみえる理念が、実際に近づいていったら途轍もないものだったということに躓いたのです。そこではじめて、キリスト教的思惟あるいは歴史的な伝統や習慣が、いかに巨大に働いているかということが、危機の中に出てきます。

われわれの問題は、そうではないところがあるのです。われわれの中に抜き難くあるのは、政治権力があり、その政治権力に反抗する勢力があるとしても、そんなものはずっと遥か遠方にあり、そんなものは関係ない、無関心だっていいよという感性です。これは、アジアが長年培ってきた制度的伝統なのです。

一方では、僕らだってキリスト教的な近代とか、倫理とか、ヒューマニズムとかを受け取って実感もできますから、マルクス主義に対する接近というのはそこからでも可能ですが、われわれの中にはわれ関せず、というアジア的な思惟があって、頭の上の方で勝手にやっているが、そんなものは関係ないよ、という思想的習性のなかにあります。それは、伝統的な社会習慣としてあるわけです。

＊メルロ＝ポンティ（モーリス、一九〇八〜一九六一）＝フランスの哲学者。ハイデッガーやサルトルの現象学、実存哲学を基礎に、新たな知覚や身体の現象学を築いた。著書に『知覚の現象学』『意味と無意味』など。

●真理と共同幻想

——話が少し前後するかもしれませんが、科学的真理と共同幻想はどのように関わりますか。また、知識としての科学は、どのように権力に関わるとお考えでしょうか。

吉本　学問がもつ客観的真理を共同幻想との関わりあいで考えるとすれば、真理というのは、伝染、感染の型がどのようになるか、という問題のような気がするのです。

真理それ自体でいえば、絶対的か、相対的か、あるいは客観的か、主観的にしかすぎないかという問題よりも、権力に関わるという側面では感化する、感染する、あるいは流行する、そういう感染の型の問題ではないのでしょうか。近代は、この感染の型がどう歩んだかという問題だと思うのです。

真理が保持されることが問題ではなくて、感染した場合に、その感染の型自体が真理になるのです。そのことが非常に切実なのだと、僕には思えます。ここがアメリカやヨーロッパとちがうのではないでしょうか。真理が共同幻想と関わる、関わり方の型。それ自体が真理の問題を代行するというのが、

＊フーコー（ミシェル、一九二六〜一九八四）＝フランスの哲学者。構造主義、ポスト構造主義の立場から、狂気と理性、知と権力などについて分析、研究を行った。著書に『狂気の歴史』『言葉と物』『性の歴史』など。

僕らのあいだでは切実なのです。

——真理そのものが、もともと共同幻想的なものであると考える立場もあると思うのですが、いかがでしょうか。

幾何学の真理なり、物理学の真理なりでもいいのですが、いずれにせよそのような真理は、人間の幻想の過程に組み込まれなければ存在しえないと考えるとしますと、真理の基礎付けとしての幻想論というものが要請されてくるわけです。そこが、先ほどのヨーロッパの諸科学の危機に関わるようにも思えるわけです。天動説から地動説への転回にしても、むしろより多く幻想性のレベルに関わっているわけで、そうしますと、客観的な真理を求めることと自体が、すでに人間の幻想性に由来しているのではないかという議論も、出てきうると思えるわけです。

吉本　地動説が、当時の宗教的な権力——権力というのは、同時に宗教的な理念ということですが——と衝突しますね。衝突している間は、権力はそれを受け入れない。権力が受け入れないということは、その権力を許容している

＊天動説＝宇宙の中心に地球が静止し、そのまわりをほかの天体が回転しているという説。地球中心説。

＊地動説＝太陽が宇宙の中心に静止し、地球は太陽のまわりを回転するという説。太陽中心説。

民衆が受け入れない、ということと同じことになります。

学問的な真理であれ、現実的な真理であれ、真理に対しての権力というのは、いつでも一種の対立概念として機能します。しかし、対立概念として機能するだけかというと、そうではなくて、権力というのは、真理に対して多数を象徴します。権力を受け入れない限りは、客観的な真理というもの、あるいは学問的真理というのは、普遍的にはならないのです。

だから、権力が真理に対してどう機能するかといいますと、まず対立概念として、対立者として機能します。そしてつぎに、許容者として機能するか、あくまでも敵対者として機能するかはそれぞれでありうるとしても、もうひとつは、多数を象徴するものとして機能します。つまり、共同幻想として機能しますね。

だから、権力を媒介にしなければ、ある真理が普遍化するということはありえないということは言えると思います。しかし、権力自体が真理を所有するということは、まず理念的にはありえない。ただ東洋的な社会では、権力は真理を所有するというように思われるような基盤はあります。

権力は真理に対して対立者として機能して、そして真理が普遍化するための媒介者として機能する、というのが一般的です。だから、客観的真理が受け入れられていくためにはどうしても権力、あるいは制度を媒介にしなければならないだろう、ということまではいえるような気がします。それ以上になると、もはや真理自体の問題ではなくて、真理の存在論の問題になってしまうのです。それは、地域で型がちがうのではないでしょうか。

未開地域における真理の流布のされ方、需要のされ方は、また全く異質な気がします。そこでは、権力が真理を守衛しなければ普遍化しないというのではなくて、もう世界が真理を受け入れるのです。世界と権力というのは、未開の社会では同一の大きさです。だから、社会が真理を許容すればもう普遍的なのです。けれども現代社会では、明瞭な対立者として出てきて、後は普遍化するための媒介者として、権力は存在してくるのです。あるいは、普遍化する過程で真理は権力に近づいていく、ということになるのが典型なのではないでしょうか。

——真理というのはじつは相対的なものではないか、という考え方については、どうお考えになられますか。もしも人間にとってのみ真理が問題になるとすれば、真理というもののあり様は、じつは、世界と人間の関わり方の問題に過ぎないことになる。極論すれば、人間が自然から疎外されるその分だけ、真理が生み出されることになりかねないのではないか、そういう考え方がありますが、それについてはいかがですか。

吉本 そこまでは分かります。真理には必ず志向性があって、その志向性は絶対的真理をいつでも狙っているということがあるのではないでしょうか。いつでも真理は関係性によってしか存在できないけれども、いつでも絶対性を志向している、ということだけは言えると思います。

関係性だけに左右されるから、関係性そのものが真理になるというふうには考えられません。例えば、三角形の内角の和が二直角だということは、三角形という幾何学の理念を承認する者すべてにとって真理です。ところである時代に三角形の内角の和は二直角だと主張した場合に、権力すなわちその場合の世界がそれを受け入れない、ということはあり得ます。そうですから、関係性によって左右されるということはありますが、三角形の内角の和が二直角だということは、志向性としてある絶対的な承認を目指しているということは言えるのではないでしょうか。

●学問と倫理

――人間は絶対的な真理を志向するが、しかし常に相対的であらざるをえないとしますと、たとえば学問と碁将棋のような遊戯とは原理的にどこが違うかという問題が、つきつめていけば出てくるように思われます。ある意味では、現在のすべての学問は、根本的なニヒリズムに覆われていると考えられないでしょうか。なぜ学問をするのかという問いに対して、最後的には、それがただ純粋に面白いからであるという答え以外にありえようがない状況があるように思われますが、いかがでしょうか。

吉本 それにはいくつか問題があります。三角形の内角の和は二直角である、これはユークリッド幾何学です。そして、非ユークリッド幾何学だったら、二直角より多くなったり少なくなったりします。その場合、幾何学の理念の根底にあるのは、天然自然は人間が存在しない遥か以前からあったものです

＊ユークリッド幾何学＝紀元前三〇〇年ごろのギリシャの哲学者ユークリッドが大成した幾何学。

が、理念が天然自然の模写になっているということではないでしょうか。

もちろん、ユークリッド幾何学にも精度があります。三角形の内角の和が二直角だというのは、それが平面上の図形であるかぎり、自然の模写になっている。自然物を三角形に切った場合にはいつでもこうなるということの、ある表現になっているということがあるのではないでしょうか。非ユークリッド幾何学が、いや二直角にならないという場合も、地球なり宇宙空間のある表現になっているということです。

自然は人間なんか存在しなかった前から、生物なんか存在しなかった前から、歴然とあります。幾何学の理念は、それともある対応関係があるということではないでしょうか。僕はそう理解します。三角形の内角の和が二直角だということの中に含まれる相対性というものと、それからその相対性にもかかわらず、それが自然の模写になっているということがあります。

学問は碁将棋と同じではないかということには、中庸性とか、中性という問題があるように思うのです。たとえば遊戯性とか、遊びの問題です。遊戯性には、一種の中庸という概念が含まれています。だから、中庸を逸脱する遊戯性があるのです。

例えば暴走族にとって、バイクに乗るということは遊びです。これは面白いのですよ。遊戯なのだから。けれど、無意識の中に中庸性以外の要素があるとします。倫理でも反倫理でもなくて、無意識でいいのです。無意識が、中庸性あるいは中性を逸脱すると、遊戯以外のものに転化してしまうでしょう。

学問の要素には、遊戯性があります。面白くなければ、これはやらない。快楽があると思うのです。芸術の中にもあります。しかし、快楽性が保持される範囲ははじめから決まっていて、それは一種の中庸性、ないしは中性です。中庸性の範囲内で、遊戯性はいつでも成り立っているのです。それを逸脱してしまうか、あるいは潜在的にそれを逸脱している場合、遊戯性は、反倫理に転化したり、倫理に転化したりしてしまいます。いつでも倫理あるいは反倫理は、遊戯自体がもうすでにその領域に足を踏み込んでいるのです。

ヨーロッパの諸科学を成立させた根底には、例えば、三角形の内角の和が二直角であるとか、２＋２＝４であるとか、何の役にも立たない、別に原理でもないにもかかわらず、遊戯性、あるいは知識的な迷路の解決の面白さ、それだけでそういうことに従事してゆくという認識の方法があります。それが、諸科学を展開させてきた原動力だと思うのです。ただ、それを逸脱すれば、かならず反倫理になったり、無意識の抑圧になったりするわけです。

スピノザは、生活ではレンズを磨きながら哲学をやります。スコラ哲学から、いわば自我とおなじ大きさの規模からの認識をもぎとって、学問の基礎を置き直してしまいます。けれど、レンズ磨きのなかに学問が抑圧した無意識がある。『エチカ』にはスピノザにとっての倫理はないかもしれないが、レンズ磨きのなかの、学問が抑圧している無意識の部分があるのです。けれど、スピノザの『エチカ』から幾何学的な構図の面白さという要素を抜きにしたら、あれだけの思考はできなかったでしょう。

それは、デカルトもおなじですよね。血液の循環がどうなっているかということについての思惟的な記述など、面白くなかったらやるわけがないということです。その場合には、デカルトの生活の無意識のなかに、抑圧された倫理があるのではないでしょうか。

学問とか科学とかが中性を保っているようにみえたら、それ以外のところに無意識が抑圧されています。中性の範囲を逸脱したら、遊戯自体が倫理、反倫理に転化してしまうと考えたほうがいいように思います。

＊スコラ哲学＝中世ヨーロッパのキリスト教修道院、教会付属学校（スコラ）の学者や教師などが説いた哲学・神学。

現在の状況的な問題として、あいつの学問なんか世の中の役に立たないとか、遊びみたいなものだとか、あんなことをやっていて民衆に何の関わりがあるかとか、その種の言い草が倫理の問題として提出されるとすれば、そういう倫理に対しては、遊戯性とか面白さとかそれ自体に対する探求の好奇心とかを強調するでしょう。そういう考え方に賛成なのです。そういう意味で、倫理性を提起することは否定的なのです。しかし、学問の遊戯性、面白さは、かならず無意識の部分をもつと考えたほうがいいと思うのです。

――そうしますと、学問には根底的に絶対性を志向するところがある、世界の模写たらんとするところで人間の認識を深めていくような要素が、ほとんど内在していると言ってよいわけですか。

吉本　志向性を持ちますね。

――学問そのものが自立的に運動していく、と考えてもいいわけですね。

吉本 そういう面からは、個々の学問の個々の担い手がネグレクティヴになると見なしてもいいのかもしれません。個々の担い手が自分は有意義だと思って学問をしているか、あるいはいずれは何かの役に立つと思っているか、あるいはすでに何かの役に立っているかということは主観の問題にすぎないので、学問自体に、ひとつの志向性があると見なしていいと思います。それは、個々の学問の担い手にはあまり関係のない問題のように思います。

●作品・批評・学問

——いままでのお話からは少し外れますが、作品の批評と学問の違いについて、お話しいただけませんか。『悲劇の解読』の序「批評について」で述べておられることに関連すると思いますが。

吉本 僕が、非学問という場所から学問をのぞき、作品をのぞくということです。すると、批評はどういう場所にあるかが、僕にとって最大の関心になるわけです。

そこからは、批評はいつもふたつの問題に当面しています。ひとつは、具体的な現実あるいは事実の世界です。批評はそのど真ん中にいるか、それに囲まれています。もうひとつ、批評が当面している現実、この現実は事実ではなくて第二の現実なのですが、それは作品だと思うのです。

第二の現実というわけは、作品が、完結された、それ自体が閉じられている世界だからです。何に対して閉じられているかはそれぞれでありうるとしても、作品の概念は、言葉に対して閉じられているということです。ある理念に対して閉じられているか、ある思想に対して閉じられているか、あるいは美の感覚に対して閉じられているか、それぞれであるとして、やはり閉じられているものです。そういう閉じられた言葉の世界に対しても、批評はいつでも肌をさらして、末端を開いています。そこに、批評という領域を設定します。

学問という概念は、そのふたつの条件を、かならずしも必要としないと思います。もちろん、そのふたつに対して開いている学問もあります。領域により、そのふたつのうちひとつに末端を開いている場合もあります。けれど、末端を開いているかどうかは、べつに学問にとって必須の条件ではないと理解します。そこが、学問と批評とはまるで違うのだと思います。

そうすると、自立世界を学問的対象とするか、あるいは作品世界を学問的対象とするかという以外では、もちろん作品とも現実とも、学問は関係はしています。末端を開いていることが学問の条件ではないのです。批評は、学問と同じように調査とか実証とかの手続きもあります。しかしそれは、批評にとって本質ではないと理解します。

――作品も批評も学問も、書かれるものですね。書かれたものは全て、いくらかは作品的であり、かつ批評的ではありませんか。そのいずれの側面も、比重は違うにせよ持っているように思われます。また、作品、批評、学問という区分は、かなり歴史的に新しい、すなわち近代になってから成立したものではありませんか。

吉本 現象的に言うとそうなるのです。だけど、本質存在を考えると、そうではない。近代批評がサントブーヴからはじまるか、学問はギリシャからはじ

＊サントブーヴ（シャルル・オーギュスタン、一八〇四～一八六九）＝フランスの批評家、作家。科学的な分析と印象批評を融合させ、フランス批評文学に新生面を開いた。小説『愛慾』、評論『月曜閑談』など。

まるか、作品という概念はどこからはじまるか、そういうことは分かりません。

言語本質の分割のされ方は、やはり現在的な課題として、展開されてきたと思います。個々の担い手は、それぞれの分野に閉じ籠《こ》もってそれを推進してきた、というふうに理解するわけです。現在、それが混淆《こんこう》されるべき状態になってきたか否かについては、また別の要因がいると思います。でも、本質的にそれは混淆していない。混淆しているとすればそれは現象なのであって、本質存在としては、その三つはまるで違う言語の分割の仕方だと考えます。

このことは、具体的に、個々の担い手が単独で学問をやったり作品を書いてみたり、批評をやったりすることがあり得る、というようなこととはまるで関係のないことです。

●方法の問題

――最後に、少し立ち入った質問になりますが、これまでの吉本さんのお仕事の展開を全体的に見て、実存主義的な時期と構造主義的な時期とがある、というような見方があります。たとえば『言語にとって美とはなにか』は、比較的実存主義的な面が強く、『初期歌謡論』や『源実朝』は構造主義的な面が強い、というようにです。

人間と言語という言葉を用いますと、人間により強くウェイトがかかっている場合と、言語にウェイトがかかっている場合との違いのようなものかもしれませんが、吉本さん御自身は、御自分の方法の変化というようなことはまったくお考えになりませんか。また、『悲劇の解読』の方法についてはどう考えられますか。

＊『初期歌謡論』＝吉本隆明、一九七七年刊。

＊『源実朝』＝吉本隆明、一九七一年刊。

吉本　もし『悲劇の解読』が、読む人に一種の違和感を提起したとすれば、ということを前提にして言ってみます。現在、批評が、学問とも線を引けない、他の領域とも線を引けないところで、知的な迷路の探求、あるいは知的な遊戯性になる必然があるとすれば、その必然において何が排除されているのかというと、作品が作品の担い手のなかに抑圧した狂気とか、異常とか、それから欠陥とか、あるいは貧困です。

それらのものを作品の無意識が包括しているとしたら、作品という意識の部分にはそれが出てこなくても、作品の担い手自体が狂気であったり、異常であったり、あるいは欠陥であったり、病であったり、貧困であったり、かなしさであったり、そういうものとして出てきます。

作品が無意識のうちにそういうものを含んでいるとしたら、それを排除することによって成り立つ批評というのは不当である、というのが僕の考え方なのです。

これは、今まで言ってきたことと全部関係するわけですが、一見すると作品が遊戯であったり、面白さであったり、ユーモアであったり、喜劇であったりしても、それはその作品が無意識のうちに欠陥とか、異常とか、狂気とか、貧困とかを抑圧していると理解するか、あるいは作品を書いた担い手がそれをもっていることを包括して、作品を論じなければ批評は成り立たないと思います。

もし、これらを排除して、作品を作品の意識的あらわれとしてだけ理解する仕方が成り立つとしても、僕はそれを採らないということです。それは、その場合に作品がいくら喜劇的、いくらユーモア、いくら平静、単調であっても、無意識がいろんなものを抑圧していると思います。

一般的に言えば、排除されるべきもの、現在が排除しているもの、あるいは排除したいと思っているものを、無意識のうちにそれをもっているか、あるいは担い手自体がもっているか、どちらかがなければ、現在ではないのではないですか。ですから、無意識を取り出すか、あるいは担い手を取り出すか、それがなければ、批評というのは肉体まで持てないことになりましょう。

――吉本さんはそうおっしゃいますが、しかし、『悲劇の解読』に則して言えば、むしろこれまでの作家論とまったく違うようなところがあって、それが構造主義的であるように思えるわけです。

それはどこかと言うと、人間をひとつのテクストとして捉えているところなのです。人間存在そのものが基本的にテクスト的な構造を持っていて、しかもそのテクスト的な構造と、彼の作り出すテクストとは何らかの関連性を持っている、というような見方が、根底にあるのではないでしょうか。解読するという言葉は、まさにそこに関わると思うわけです。そうしますと、かりに吉本さんが、以前は人間の内面的なものをそれとして取り出して論じられたことがあるとすれば、やはりそこに、方法の移動が見られるということになるのではないでしょうか。実際には、基本的に変化していないのではないかとも思うのですが、先ほど申し上げたのはそういう意味なのです。

吉本　そういう見方をするとすれば、たぶんそうなんです。僕自身が意識してそうだということではなくても、そういうことになっていると思うのです。

　そこで、そのまた根底に構造思考というか、関心というか、好みというか、そういうものがあると思うのです。それは、現在におけるパラノイアという病気、病気というか人間の精神の在り方というのがあるわけですが、そのパラノイアの型の様々なヴァリエーションというもの、それが僕には非常に関心があるのです。

　なぜ僕がそれに関心を持つかというなかには、僕の無意識もまた含まれているのかもしれません。そこまでは自己解説しても仕様がないのですが、現在におけるパラノイアの対応みたいなところで、日本の近代文学における特徴あるタイプの作品とか、作品を形成した担い手とかいうものの基本的な構造を摑まえられるのではないか、というモチーフが僕にあったのです。

＊パラノイア＝偏執病、妄想症。

パラノイアというのは、精神医学的な、精神分析的な類別のひとつですが、また人間の存在の仕方それ自体でもあるし、また文明がある個体のなかで接触したときに出てくる在り方としても考えられます。

結局、自己解説的に言いますと、日本の近代における文学者の大きな型を摑まえられる、というモチーフがあるのです。それが構造主義的な考え方だと言われれば、その通りであるように思えます。

ここの問題で言えば、それもひとつのタイプには違いないのですが、マルクス主義の受け入れられ方みたいなものの型が作品のなかに具現されているという場合に、それがどういうことになっているか、その問題も同時にそのなかに含まれてしまうと思うのです。

ただ、われわれもそうだし、西欧もそうだけれど、個々の人間はあまり悲劇を演じられなくなってきたのです。先ほどから言っているように、「A」で人間という概念がみんな括られるということになっている。それでも、「A」というもの以外のものというのが少数あると思いますが、そういうものについては、言うべき意味はそれほどないということに、だんだん文学作品自体もなっているような気がします。そういう趨勢は避けられないでしょう。

「A」で括られる人間は排除してもかまわない、というような人間概念から、括られないもの、排除されてしまうものの行方をどういうふうに考えたらいいのか、という問題が出てきたとすれば、それを作品の無意識とする批評の方法か、あるいは担い手の存在の仕方という理解の仕方しか、その問題を拾い上げることができないのではないかという問題意識が、僕にはあります。それは危機的な意識としてあります。

そのことが批評としてどれだけ具現されているかどうかという問題のなかに問題らしさがあると、僕自身は理解しています。あなたの言われた方法的な問題は、僕にとっては自明なものですね。

構造主義という場合の構造という概念は、数学からきているのです。構造主義人類学者レヴィ＝ストロースは、アンドレ・ヴェイユのような代数関数論の学者から構造の概念を学んでいます。もうひとつ起源が考えられるとすれば、ダーウィンを育てた博物学ですよ。博物学での構造という概念です。

だから、それらの概念をどれだけ取り入れたかという問題だと思います。

だから構造という概念は、すぐにサイバネティックスとかコンピューターと

＊アンドレ・ヴェイユ（一九〇六～一九九八）＝フランスの数学者。プリンストン高等研究所（アメリカ）名誉教授。

＊サイバネティックス＝一九四七年ごろ、アメリカの数学者ノーバート・ウィーナー（一八九四～一九六四）の提唱に始まった方法論。工学から統計力学、脳の作用まで、統一的に処理する。

いうような概念に移行してしまいます。もともと数学なのだと思います。構造主義という概念で何がさされているかと言ったら、たぶん人間の概念が「A」で括られてしまうというような情況的な必然と、諸科学の必然みたいなことが根底ではないのか、という気がします。

——長時間、どうもありがとうございました。

第3章　なにを読んだか、なにを読むか　〝読書対象論〟

●文化の現在

文化の現在という主題の触れ方には、とても恥かしいところがある。いつのまにか高所で文化現象としての「現在」を語ったり、「現在」の文化の在り方を語ったりする粗っぽいことに慣れていってしまう気がしてくる。はては広漠としてとても巧く料理など覚束ないことどもを、料理したつもりになっておしまいになりかねない。

ただひとつ文化現象としての「現在」を問うことと、「現在」の文化の在り方を問うことが、おなじ意味になるところでならば、辛うじて普遍的な特徴を数えあげることができる気がする。あくまでも、わたしが普遍的だとおもっているだけで、ほんとに普遍的かどうかは、考えを競り合ってみなければ判らないことだ。その目印をいくつか刻みつけてみたい。

青年のある時期に誰もが思いあたるはずだが、親しい仲間たちと毎日のように顔をあわせ、議論し、夜ふかしをして、なお飽きなかった時期があった。そんなときには一日でも仲間に会わないでいると、もうお互いに、新しい考えのヒントを編みだしていて、何だかじぶんだけが遅れてしまった気がした。それほど日々が沸騰していた。「現在」は最表層のところで、そんな文化現象の在り方を出現させている気がする。表現の新しさと表現手段の新しさを求めてみんなが競りあい、つぎつぎに変貌していって、とどまることを知らない。とどまったり、しばらくでも遠ざかったりしていると、置き去られたような感じに襲われたりする。

この文化現象の最表層で表現を産みださなくてはならない人たちは、いったん走りだしたら、もう降りることも休息することも許されずに、無限遠点を目ざして走り続けるほかない。本人は真剣なのに傍からは病的に強迫観念に憑かれているようにみえる。でもこの原衝動とその担当者が「現在」の文化現象の拡がりと活性化を先頭で牽引していることを認めざるをえない。

もちろんいつの時期でも「現在」の最表層の文化現象はまるで強迫神経症のように、闇くもに走り継いでいたのではないか。ことさらなぜいまそれが「現在」の問題なのだろうか。それにはいくつかの理由があるようにおもわれる。

まず最表層の文化現象の速度が、かつて誰もが体験したことのない新しい質と量をもちはじめたために、どうしても多数の人たちが、この変貌の速度を意識し、勘定にいれざるを得なくなったことだとおもう。

おおざっぱな言い方をすると、最表層の文化現象の変幻する速度は、底の底の眼にみえないところで大規模な産業の生産―流通―消費のサイクルの速度によって背後から衝き動かされているにちがいない。そしてたぶんこの大規模な産業の生産―流通―消費のサイクルの速度は、「現在」潜在的に進行しているエレクトロニクス技術革命による交通（信）手段の高度化の質と量によっておおきく規定されている。

この速度の質と量の変幻する多様さが、わたしたちの惰性になれきった感覚には鮮明な衝撃をあたえ、またその度合の刻々の移り変わりが、なかなか捉えきれない理由だとおもわれる。

化学の分析の手段のひとつにクロマトグラフィ（色差分析法）というのがある。未知の成分が混合している液状物があって、その成分がどんなものか分析で知りたいとき、多孔質の白土を塡めたガラスの筒に、その液状物を注ぎ入れる。すると白土は含まれている成分ごとにちがった色で染められて層状に分かれて、きれいな段落をつくる。そのそれぞれの段落の色によってどんな成分が含まれていたかが判ることになる。

わたしには「現在」の最表層の文化現象は、このクロマトグラフィの素材のような気がしてくる。いままで文化についておなじ理念をもっていたようにみえた混合物は、ひとたびこの「現在」の最表層の文化現象をぐらせてみると、見事にそれぞれちがった色で分離してくるのがわかる。

この分離は世代層的であるようにもみえる。五十代、六十代、七十代の層にとって切実におもわれる主題は、四十代、三十代の層にとってはかならずしも切実でも何でもない。また五十代、四十代にとって切実にみえる主題は、もう三十代、二十代にとっては、まったく関心のもてない主題にすぎない。まして世代をひとつとび越せば、お互いに異なった星の人間としかおもえない。まるで互いに関わりも興味もない主題に血道をあげているとしかおもえなくなっている。

このずれと剝離《はくり》現象のすさまじさは、どうしても「現在」の文化現象の特徴として挙げておきたい気がする。ひと通りの意味でいえば、このずれと剝離現象は、あまりに速くあまりに測り難い「現在」の最表層の文化現象の速度から由来する。だれもそれぞれの世代を貫いている根底を掴まえることなどできないし、またいずれにも対応する方法をもちえないのだとおもう。もしかするとそんなものは無くなっているのかもしれない。

ある程度実感的にいうのが判りやすいのだが、この未知の速度の質と量に対応しながら、表現を作り上げるのは、じつにきつく、難しい気がする。もしかすると、作り上げるのは「現在」では間違いであるのかもしれない。流れるままに流されるのが、いちばんやりやすい。

だがほんとは、流される速度よりももっと速い速度を意識的に作り上げて、壊すというのが、いちばん持続のきく優れた方法だと思われてならない。わたしたちに気力と意欲が充ちていたら、この方法はとってみる価値がある。現在この方法を意識的にとっている表現を見つけだすことは、文化のどの分野でもたいへん難しい。奴はできるな、とおもえる個人や集団の表現は、たいていは無意識にできているだけだとおもう。

最表層の文化現象の速度よりも速い速度を、意識的に作り出して、壊す表現を試みることのほかに、もうひとつだけ「現在」にほんとに対応する方法がある。それは最底層の文化現象のクラック（裂け目）に身を寄せ、そこに根拠をおいて表現を試みることだ。

そのクラックの近傍では、文化現象の速度はゼロかそれにちかい。だから速度に強迫されることは、まず無いようにおもわれる。あまりの速度の無さが逆に、不安になるかもしれないが、この速度のなさは多方向の急流が、たがいに引きあってできるもので、停滞の結果ではない。

ただこの意味は誤解されるべきでない。そこで表現を作り出すことは、速度に脅かされはしないが、そんなに楽だとはおもえない。なぜかといえば「現在」の文化現象のクラックを見つけ出すことは、そんなに容易《たやす》いとはかんがえられないからだ。

アカデミズムと底辺主義者（辺境主義者といってもいい）が、いわば両極から錯覚しているのはこれだとおもう。かれらは流れのとまって動かないところが「永遠」の主題のある場所だとおもっている。

　わたしはアカデミズムと底辺主義者の自足した貌《かお》が「現在」いちばん見苦しい気がする。わたしにいわせれば「現在」の文化現象で、速度がゼロかそれに近いクラックの場所は、最表層の文化現象、その次の下層、またその下にある層といった、重層された文化の層があり、それがまた複雑な乱流現象を起こしているとき、その合成力がたまたまゼロになった場所を指しているとおもえる。それは「現在」にたいするメタフィジカルな洞察力によって発見するよりほかに、見つけられることなどありえない。

　文化に「永遠」や「本質」が「現在」と無関係に存在していて、そこにじっくり腰を落ちつけてなどというのは、嗤《わら》うべき錯誤にほかならない。またいつも「永遠」で「不変」の底辺があって、そこに身を寄せれば、表層の文化現象が軽薄にみえ、じぶんの方の表現の理念が、本ものだと保証されるなどというのは、「現在」ではとんだ喰わせものの理念だとおもう。

　わたしにはどんな高度な社会でもかならず文化現象の最底辺の層にクラックを生じないはずはありえないとおもえる。ただこのクラックは、いつ閉じられて塞がれるかもしれないし、たえず発見することを要求される場所の移転を伴うかも知れないが、かならずある気がする。

ただわたしには、既成のどんな表現理念によっても、このクラックは発見できないし、根拠づけることもできないとおもえる。そこが「現在」の文化で追いもとめ、見つけ出すべきだと感じさせる未知をはらんだ場所だ。

◎現在を読む

現在、わたしが読んで示唆をうけたり、興味を感じたり、楽しんで読んだりしたもののなかから、よい本だ、よい作品だとおもった書物を択《えら》びだした。

この本は表向きとか、この本は裏向きの内緒でとかいうことは、いっさい考えなかった。寝そべって読んで坐り直したというばあいも、寝そべったまま感心して、読みおえたという本も、はじめから机に向かい、ノートをとりながら読んだ本も同列に並べて、差別しなかった。そして波紋を感じ取る源泉だということでも、甲乙はつけられないものばかりだとは、はっきりと言える。

また顔を知っているとか声を聴いたという関係が、現に持続している人々の本や作品は故意にはずした。えこひいきとおもわれたくなかったからだ。

わたしのまだ知らない分野で、もっと優れた人や本があり、人々に活性を与えつづけているにちがいない。それらの本に出会い、それを択ぶことができなかったのは残念だが、じぶんの力がまだ及ばないのだから、仕方がない。でも諦めたわけではないから、これは途中の選択の報告と思ってほしい。

ここで掲げた本のリストは、最新刊に近いものほど、記憶と刺戟が生々しいため、比重が傾いてしまう傾向を避けられなかった。

もうひとつは、劇画とそれに近い感覚を生命とするエッセイと小説の中間にある作品を掲げた。現在この分野の質量の多様さと高度さとはおおきな部分を占めているので、これをリストに入れるのは当然のこととおもえる。ほとんどを劇画で代表させてしまったが、これはわたしの好みであるとともに、劇画的なもので、現在のサブ・カルチャーの創造物を代表させたつもりも含まれている。

現在そのものの多様な乱脈さと、わたし自身の関心と好奇心の乱脈さと、創作された作品の乱脈さとが、三つ巴になって、読まれた本、そのなかで記憶と刺戟が保存した本もまた乱脈になり、その比重も評価の軸も乱脈になっているとおもえる。

ここに掲げられた本のなかで、わたしにとっての一冊を択べといわれたら、サルトルの

『存在と無』かフーコーの『言葉と物』を挙げるだろう。また、おまえがいちばん影響をうけた本と言われれば、クルト・シュナイダーの『臨床精神病理学』を挙げるとおもう。
ウジェーヌ・ミンコフスキー[*1]『**精神分裂病**』(みすず書房)
ジクムント・フロイト『**続・精神分析入門**』(人文書院)
エドムント・フッサール『**ヨーロッパ諸学の危機と超越論的現象学**』(中央公論社)
シモーヌ・ヴェイユ『**工場日記**』(講談社文庫)
ジャン=ポール・サルトル『**存在と無**』(人文書院)
クロード・レヴィ=ストロース『**親族の基本構造**』(番町書房)
ジョルジュ・バタイユ[*2]『**呪われた部分**』(二見書房)
ジョルジュ・バタイユ『**エロティシズム**』(二見書房)
クルト・シュナイダー[*3]『**臨床精神病理学**』(文光堂)
カール・グスタフ・ユング[*4]『**変容の象徴**』(筑摩書房)
ロラン・バルト『**零度のエクリチュール**』(みすず書房)
ロラン・バルト『**サド、フーリエ、ロヨラ**』(みすず書房)
ロラン・バルト『**テクストの快楽**』(みすず書房)

ロラン・バルト『**神話作用**』(現代思潮社)
モーリス・ブランショ[*5]『**文学空間**』(現代思潮社)
モーリス・メルロ=ポンティ『**弁証法の冒険**』(みすず書房)
ルートヴィヒ・ビンスワンガー[*6]『**うつ病と躁病**』(みすず書房)
ヒューベルト・テレンバッハ[*7]『**メランコリー**』(みすず書房)
ミシェル・フーコー『**臨床医学の誕生**』(みすず書房)
ミシェル・フーコー『**言葉と物**』(新潮社)
カール・ポランニー[*8]『**経済と文明**』(サイマル出版会)
ジャック・デリダ[*9]『**エクリチュールと差異**』(法政大学出版局)
ジャック・デリダ『**声と現象**』(理想社)
ジャック・デリダ『**根源の彼方に――グラマトロジーについて**』(現代思潮社)
イヴァン・イリイチ[*10]『**脱学校の社会**』(東京創元社)
イヴァン・イリイチ『**脱病院化社会**』(晶文社)
イヴァン・イリイチ『**シャドウ・ワーク**』(岩波書店)
イヴァン・イリイチ『**ジェンダー**』(岩波書店)
ジル・ドゥルーズ／フェリックス・ガタリ『**カフカ**』(法政大学出版局)

ジャン・ボードリヤール[*11]『**象徴交換と死**』（筑摩書房）
ジャン・ボードリヤール『**シミュレーションの時代**』（ＪＩＣＣ出版局）
スーザン・ソンタグ[*12]『**隠喩としての病い**』（みすず書房）
岡田史子『**ほんのすこしの水**』（朝日ソノラマ）
萩尾望都『**ポーの一族**』（小学館）
萩尾望都『**メッシュ**』（小学館）
つげ義春『**必殺するめ固め**』（晶文社）
糸井重里／湯村輝彦『**情熱のペンギンごはん**』（情報センター出版局）
糸井重里『**ＣＨＩＫＵＷＡ**』（学習研究社）
椎名　誠『**哀愁の町に霧が降るのだ**』（情報センター出版局）
山岸凉子『**籠の中の鳥**』（白泉社）
大友克洋／矢作俊彦『**気分はもう戦争**』（双葉社）
高野文子『**絶対安全剃刀**』（白泉社）
江口寿史『**ストップ!! ひばりくん！**』（双葉社）
あだち充『**みゆき**』（小学館）

◎準現在（現代文学）

わたしはいい本を分類する基準を、まずじぶんが確乎とした古典として影響をうけた本と、確実にじぶんが現在関心をもって読み、現在いい本だと感じているふたつに両極をおいた。そこから逆に準古典（近代文学）とか準現在（現代文学）とかいう分類の領域をつくった。だから準現在（現代文学）というのは、現在ということからは段落がついてしまったが、現在につながる意味をはらんだ時期というふうにかんがえて、本を択んだ。年月としては現在からさかのぼって数十年前、ちょうど第二次大戦（太平洋戦争）の敗戦を区切りとして、現在につながっている時期を想定した。

書物や作品としてみると、この分類にいれる本はいちばん択ぶのがむつかしい。このなかに古典としてのこる作品がどれだけあるか、とても心もとないし、現在と地続きだから、択んでいるわたしの方が軽くみてしまう傾向も加わっている。また偏見もはいっているかもしれない。ただ、わたしがそう感じたという意味で確かだというほかに、かくべつ自己主張はない。

ところで、ここで作品を択んでみて気がついたことは、作家の名前の方からみていくと、大部分がその作家の初期作品をひとりでに挙げているということだ。じぶんの表現と時代の表現とが一致するところが誰にとっても比較的初期にあり、そういう一致に出会ったときの作品には、巧拙を超えた一種のかがやきがあるような気がする。そのかがやきが捨て難く、ほとんど初期の作品でその作家が象徴されるという結果になった。

ただ、別の見方からすると、ある作家の表現が無意識のうちに時代の表現と出会ってしまったというのは、たいしたことではない。時代の表現とずれを生じたのちに、意識的に時代と合致させることができたときの作品が、ほんとの意味でかがやきをもっている。

だが、それはほんとに難かしいことで、このリストのなかで作家たちはその試みの渦中にあるのだといえよう。

*13 野間　宏『**暗い絵**』（新潮文庫）
*14 梅崎春生『**桜島**』（新潮文庫）
*15 谷崎潤一郎『**細雪**』（中公文庫）
*16 椎名麟三『**重き流れの中に**』（新潮文庫）
*17 坂口安吾『**白痴**』（角川文庫）
*18 坂口安吾『**風博士**』（角川文庫）
*19 武田泰淳『**蝮のすゑ**』（新潮文庫）
*19 大岡昇平『**俘虜記**』（新潮文庫）

三島由紀夫『**仮面の告白**』（新潮文庫）
三島由紀夫『**金閣寺**』（新潮文庫）
中野重治[*20]『**むらぎも**』（新潮文庫）
大江健三郎[*21]『**飼育**』（新潮文庫）
川端康成[*22]『**眠れる美女**』（新潮文庫）
小島信夫[*23]『**アメリカン・スクール**』（新潮社）
安部公房[*24]『**砂の女**』（新潮文庫）
高橋和巳[*25]『**悲の器**』（新潮文庫）
古井由吉[*26]『**円陣を組む女たち**』（中公文庫）
中上健次[*27]『**枯木灘**』（河出文庫）
島尾敏雄『**死の棘**』（新潮文庫）
埴谷雄高『**死霊**』（第六章）（講談社）

◎準古典（近代文学）

準古典（近代文学）といっても、古典よりは落ちるが古典に次ぐよい本という意味は、すこしも含んでいない。近代以後の本や作品で、どうしても択びとりたいものを、限られた冊数のなかで挙げた。もちろん手に入りやすく、できるだけ廉価にということは、最小限の条件にした。

どうしても文学書が中心の感じになったのは、わたしが主にたずさわってきたことから由来するので、これは択ぶ人によってまちまちだとおもう。ただ古典ほど長い時代を耐えてきたわけではないし、これからも必ず時間に耐えられるかどうかは疑問がのこるが、文学書を中心として択んだ範囲では、いちばん歳月に耐えられそうな本や作品が択ばれている。わたしなりに確信がもてるように、たくさんの作品からできるかぎりしぼりこんでいった。

読者として比較的若手の人々を想定すると、じつはこの分類に入る本が、いちばんとっつきにくいのではないかとおもう。

このリストのなかには、上田敏や森鷗外や堀口大學などのよく知られた訳詩集が挙げられていない。また藤村や白秋など近代初期の作品が挙げられていないで、むしろ後期の詩だけにかぎられている。こういうことはそれなりにかんがえてみたので、無視したわけではない。

リストをふやすのは易しいが、削ってしまう方の難かしさを択んだ。そして最後にはじぶんの好みで択ぶより仕方がないとおもった。
じぶんなら何をとるか、ということと、おまえなら何を他人にすすめるかということとは微妙にずれがあるとおもわれる。文学の本には感情を破る本と感情を均衡させる本とがあるような気がする。どちらも大切なものであり、優れた本には、ひとつの本のなかにこのふたつの作用が同時に含まれている気がする。それが本を他人にすすめるばあいの条件になる。じぶんが読むばあいの本は、そのときどきにより、感情を破る本か感情を均衡させる本を択ぶことができるわけだ。

森　鷗外『**舞姫**』（角川文庫）
森　鷗外『**雁**』（新潮文庫）
森　鷗外『**阿部一族**』（岩波文庫）
森　鷗外『**諸国物語**』（岩波書店）
徳冨蘆花[*28]『**不如帰**』（岩波文庫）
徳冨蘆花『**思出の記**』（岩波文庫）
夏目漱石『**坊っちゃん**』（岩波文庫）
夏目漱石『**それから**』（新潮文庫）

夏目漱石『**門**』（新潮文庫）
夏目漱石『**行人**』（新潮文庫）
夏目漱石『**道草**』（新潮文庫）
田山花袋『**田舎教師**』（岩波文庫）
泉　鏡花[*29]『**歌行燈**』（新潮文庫）
芥川龍之介『**玄鶴山房**』（岩波文庫）
芥川龍之介『**歯車**』（岩波文庫）
芥川龍之介『**河童**』（岩波文庫）
横光利一『**機械**』（新潮文庫）
横光利一『**紋章**』（河出書房新社）
横光利一『**旅愁**』（河出書房新社）
横光利一『**時計**』（河出書房新社）
太宰　治『**きりぎりす**』（角川文庫）
太宰　治『**新ハムレット**』（新潮文庫）
太宰　治『**右大臣実朝**』（新潮文庫）
太宰　治『**新釈諸国噺**』（講談社文庫）

太宰　治　**『斜陽』**（角川文庫）
太宰　治　**『人間失格』**（新潮文庫）
宮沢賢治　**『銀河鉄道の夜』**（新潮文庫）
『宮沢賢治詩集』（角川文庫）
『高村光太郎詩集』（新潮文庫）
『萩原朔太郎詩集』[*30]（新潮文庫）
『中原中也詩集』[*31]（角川文庫）
『立原道造詩集』（角川文庫）

◎古典

古典と呼ばれるものは、長い時代を潜って、内容のうえからも物や素材としても、消滅を免れてきた幸運な本のことを指している。

戦争や災害など、本をこの地上から消してしまう機会は、歴史の上にたくさんあった。それでも難を免れた本は、よくよく強い運命をもっていたにちがいない。そしてその強い運命というのも、結局は亡びたと思われても、ひそかに人々の手で書き写されて蔵《しま》われていたり、思いがけぬ人の手に渡っていたりして得られたものだから、やはりその本に具わった力だといってよい。

だが、そのことよりも、古典がのこされているということは、人間の叡知というものが、すでに遠い古い時代に、考えるべき大すじのことは考えつくし、感ずべきことの多くは感じつくしていたことの証拠のような気がする。

ここでは日本の近代以後の知的な現場から、古典とみなされてきた東西の書物から、これだけは最小限のこしたい本を択んだ。近代以後では、柳田國男と折口信夫の本が一冊ずつ加えられているのは、択んだわたしの偏見によっている。あとは誰が択んでも、さほど変わりばえはないとおもう。

『福音書』（岩波文庫）
プラトン[*32]**『饗宴』**（新潮文庫）
アリストテレス[*33]**『ニコマコス倫理学』**（岩波文庫）
デカルト**『方法序説』**（中公文庫）
ホッブズ**『リヴァイアサン』**（中央公論社）
スピノザ**『エチカ』**（中央公論社、岩波文庫）

ライプニッツ『**単子論**』（中央公論社、岩波文庫）
ルソー『**社会契約論**』（岩波文庫）
ヘーゲル『**小論理学**』（岩波文庫）
マルクス『**資本論**』（国民文庫）
フッセル『**純粋現象学及現象学的哲学考案**』（岩波文庫）
ハイデッガー『**存在と時間**』（中央公論社）
『**古事記**』（角川文庫）
『**万葉集**』（旺文社文庫）
『**源氏物語**』（角川文庫）
『**古今和歌集**』（旺文社文庫）
『**歎異鈔**』（講談社文庫）
『**日蓮文集**』（岩波文庫）
『**正法眼蔵随聞記**』（講談社文庫）
世阿弥『**花伝書**』（講談社文庫）
『**本居宣長集**』（新潮社）
『**小泉八雲集**』（新潮文庫）

柳田國男**『海上の道』**（岩波文庫）
折口信夫**『古代研究』**（中公文庫）

＊1ミンコフスキー（ウジェーヌ、一八八五〜一九七二）＝フランスの精神医学者。『生きられる時間』などの著作がある。
＊2バタイユ（ジョルジュ、一八九七〜一九六二）＝フランスの思想家、作家。『呪われた部分』は社会経済評論（一九四九年刊）。
＊3シュナイダー（クルト、一八八七〜一九六七）＝ドイツの精神医学者。
＊4ユング（カール・グスタフ、一八七五〜一九六一）＝スイスの精神医学者。フロイトの弟子だったが、袂を分かつ。「集合的無意識」などを唱える。
＊5ブランショ（モーリス、一九〇七〜二〇〇三）＝フランスの作家・評論家。ほかに、『来るべき書物』『謎の男トマ』などがある。
＊6ビンスワンガー（ルートヴィヒ、一八八一〜一九六六）＝スイスの精神医学者。『夢と実存』など。
＊7テレンバッハ（ヒューベルト、一九一四〜一九九四）＝ドイツの精神医学者。本書は代表作。
＊8ポランニー（カール、一八八六〜一九六四）＝ハンガリー生まれ、経済人類学の創始者。
＊9デリダ（ジャック、一九三〇〜二〇〇四）＝フランスの哲学者・言語学者。「脱構築」の概念を創出。
＊10イリイチ（イヴァン、一九二六〜二〇〇二）＝オーストリアの社会学者。ここにあげられた四冊のタイトルに示される概念は、現代批判の画期的なもの。

＊11ボードリヤール（ジャン、一九二九〜）＝フランスの思想家・社会学者。消費、蕩尽、象徴交換などの画期的な概念を創出した。
＊12ソンタグ（スーザン、一九三三〜二〇〇四）＝アメリカの評論家、作家。
＊13野間宏（一九一五〜一九九一）＝作家。ほかに代表作として『真空地帯』『青年の環』など。
＊14梅崎春生（一九一五〜一九六五）＝作家。ほかに代表作として『幻化』など。
＊15谷崎潤一郎（一八八六〜一九六五）＝一時代を画した、耽美的な作風で知られる作家。『細雪』（一九四六〜四八年刊）は、代表的長編。ほかに『刺青』『痴人の愛』『春琴抄』『鍵』など。
＊16椎名麟三（一九一一〜一九七三）＝作家。ほかに『深夜の酒宴』など。
＊17坂口安吾（一九〇六〜一九五五）＝「新戯作派」として知られる作家。ほかに評論『堕落論』など。
＊18武田泰淳（一九一二〜一九七六）＝作家。ほかに『風媒花』『ひかりごけ』『富士』など。
＊19大岡昇平（一九〇九〜一九八八）＝作家。ほかに、『武蔵野夫人』『野火』『レイテ戦記』など。歴史小説や評論なども多数。
＊20中野重治（一九〇二〜一九七九）＝作家・詩人。小説としては、ほかに『歌のわかれ』『梨の花』『甲乙丙丁』などがある。
＊21大江健三郎（一九三五〜）＝作家。ノーベル文学賞受賞。ほかに『個人的な体験』『万延元年のフットボール』など。
＊22川端康成（一八九九〜一九七二）＝作家。ノーベル文学賞受賞。ほかに、『伊豆の踊子』『雪国』『山の音』などがある。
＊23小島信夫（一九一五〜）＝作家。ほかに『抱擁家族』など。

＊24安部公房（一九二四〜一九九三）＝作家・劇作家。ほかに、小説『他人の顔』『第四間氷期』、戯曲『棒になった男』など。
＊25高橋和巳（一九三一〜一九七一）＝作家。ほかに『邪宗門』『我が心は石にあらず』など。
＊26古井由吉（一九三七〜）＝作家。ほかに『杳子』『行隠れ』など。
＊27中上健次（一九四六〜一九九二）＝作家。ほかに『岬』『地の果て至上の時』など。
＊28徳冨蘆花（一八六八〜一九二七）＝作家。『不如帰』（ほととぎす）は代表作（一九〇〇年刊）。
＊29泉鏡花（一八七三〜一九三九）＝近代ロマン主義的作風で知られる作家。代表作として、ほかに『照葉狂言』『高野聖』などがある。
＊30萩原朔太郎（一八八六〜一九四二）＝詩人。代表作に『月に吠える』『青猫』『純情小曲集』など。
＊31中原中也（一九〇七〜一九三七）＝詩人。代表作に『山羊の歌』『在りし日の歌』などがある。
＊32プラトン（BC四二七〜BC三四七）＝古代ギリシャの哲学者。『ソクラテスの弁明』など、師ソクラテスの対話編を残す。
＊33アリストテレス（BC三八四〜BC三二二）＝古代ギリシャの哲学者。プラトンの弟子。ほかに『形而上学』など。

わが古典 太宰治「黄金風景」

●倫理の匂いもある完璧な掌篇

原稿用紙四百字詰めで十枚か十一枚ほどの掌篇の小説だ。

「私」は子供のとき、我ままで意地の悪い、そして妙に頭脳のまわりの鋭い嫌な子どもで、お慶というのろくさい女中に面倒な無理なことを言いつけては、のろまで出来が悪いといって罵《ののし》る。そんな手のつけられないいびり方を、いつもやっていた。あるときお慶に押しつけた切抜きが無器用だといって蹴とばしてしまい、「親にさえ顔を踏まれたことはない。一生おぼえております。」と恨み言を返されたおぼえがある。

「私」は今では売れない文筆家になっていて、病を得て千葉の船橋に家を借りて自炊しながら保養している。毎朝のむ冷たい一合の牛乳だけが生き甲斐で、庭の夾竹桃《きょうちくとう》の花をみても、めらめら炎をだして燃えているように感じるほど神経も衰弱している。この「私」の状態には自画像がふくまれている。

あるとき、戸籍調べの中年のお巡りがやってきて、名前と帳簿を見くらべて、あなたは……家のお坊ちゃんじゃないか、じぶんもあなたの郷里で馬車屋をしていたことがあるという。「私」は落ちぶれて病気になり、この通りとおもっている。お巡りは、とんでもない立派な小説家になられたと言う。もっと驚いたことに、子どものときいじめぬいたあのお慶と夫婦になって子どもが四人いて、無事平穏な家庭を営んでいると、お巡りは語る。お慶はいつもあなたのお噂をしているから、こんど公休のとき、一緒にお礼にあがりたいと告げる。「私」にはお慶を意地悪くいじめた記憶しかないので、打ちひしがれて屈辱感でいっぱいになる。

「私」はいま、文学のことよりお金のことばかり思い悩んで、みじめな気分でいる。数日後、玄関を出たところで、お慶たち夫婦が女の子をつれて訪ねてきたのに出会う。「私」はいたたまれずに、これから用事で出かけるから、またの日にきてくれといって、いきなり逃げるように、海浜のほうへ飛びだしてしまう。そして意味もなく町へ出て、ぶらぶら映画館の絵看板をみたり、呉服屋の飾窓をながめたりして時間をつぶし、ふたたび家の方へ引っ返してくる。

海岸の方へでたところで前方に、お慶親子三人が、海に石の投げっこをして、笑い興じている平和な姿がみえる。喋っている声が風にのって「私」のところまできこえてくる。

「なかなか、」お巡りは、うんと力こめて石をほうって、「頭のよさそうな方じゃないか。あのひとは、いまに偉くなるぞ。」

「そうですとも、そうですとも。」お慶の誇らしげな高い声である。「あのかたは、小さいときからひとり変って居られた。目下のものにもそれは親切に、目をかけて下すった。」

私は立ったまま泣いていた。けわしい興奮が、涙で、まるで気持よく溶け去ってしまうのだ。

負けた。これは、いいことだ。そうなければ、いけないのだ。かれらの勝利は、また私のあすの出発にも、光を与える。

（太宰治「黄金風景」*1）

太宰治はほかにも「満願」*2とか「きりぎりす」*3とか「令嬢アユ」*4とか「駈込み訴へ」とか、短篇や掌篇の傑作を書いていて、どれをわが古典として挙げてもいいほどだ。だがいちばんうるさくなく、短かく、倫理の匂いもあって完璧な作品は、この「黄金風景」かとおもえる。

ここには、わたしたちが思春期を過ぎる頃には、もう汚染された空気にまみれて忘れてしまったような、初々しい内省力の鮮やかな描写がある。またわたしたちが一般に深刻だとおもったり、高度だとおもったりしている心の動きの世界が、単純だが根源的であるような心ばえに敗れてしまい、そのことから文学はもともとこんなところから発生したものだと思わせる貯水池のあることを、読み手に喚起させる。

もう少しこの作品のよさを言ってみれば、一般にわたしたちがじぶんを内省のかがみに映すときは、善なる系列に映る姿と悪なる系列に映る姿とは、他人からは別々にみえても、内省する自身にとっては等価なものだといっていいことが見ぬかれている。「黄金風景」で「私」もお慶もとてもよくそれを知っているように描かれ、「私」はじぶんを悪なる系列に映しているのに、お慶はそれを善なる系列に映しているちぐはぐなゆき違いが、この作品の要になっていることがわかる。

もとをただせばこのちぐはぐさは、笑いになるはずのものだ。太宰治は笑いの秘訣を落語のようなものから学んだ。だが「黄金風景」は笑いにならなかった。なぜかといえば、作者が笑うと口が凍える病人だったからだと言いたいところだ。でもじぶんが病気だと知っている病人だったからだといった方がよい。そして作者がじぶんが病気だと知っていることが、もうひとつこの作品を成り立たせている要になっている。

「いまでも、多少はそうであるが、私には無智な魯鈍《ろどん》の者は、とても堪忍できぬのだ」と作品のなかで描かれているのが、病気の名残りを語っている。そのために作者はおびえていて、ほんの少しでも善にみえない振舞いがじぶんにあるように映ると、必死になって善の系列に向き直ろうとせずにはおられない。
もともと人間の大部分の振舞いは、善でもなければ悪でもないことから出来あがってい
る。だから大部分の人たちは、じぶんを善でもなければ悪でもない存在だとみなすことで、
健常さを維持している。だが太宰治にはそうかんがえられなかった。人間は善でなければ
悪であるほかない存在のようにおもい込まれていた。それを修正しようとして一生懸命つ
とめはじめ、倫理に敏感になっていた頃が、この作品の書かれた時期だとおもう。

＊1「黄金風景」太宰治＝一九三九年、国民新聞主催の短編小説コンクールの当選作。賞金五十円。
＊2「満願」＝「文筆」一九三八年発表。
＊3「きりぎりす」＝「新潮」一九四〇年発表。
＊4「令嬢アユ」＝「新女苑」一九四一年発表。

作者の資質の根をあらわにした短篇

短篇小説ベスト3

夏目漱石**『夢十夜』**の中の「第三夜」
芥川龍之介**『蜜柑』**
太宰治**『駈込み訴え』**

読みやすいこと。作者の根があらわれていること。作者が文学史上の大ものであること。作者も作品もすぐに思い浮かべられること。

このくらいは択ぶ条件にした。だがこういっただけでは恰好がよすぎるから、本音にちかいことをいえば、まず漱石、芥川、太宰と、作者の名をあげてみて、できるだけ簡単に択べる作品かどうかをかんがえた。そしてできるだけ短い、そして易しくて読みやすい作品というイメージにしぼった。何らかの度合いで作者の資質の根をあらわにした作品だということも、かんがえにいれた。

『夢十夜』[*1]のなかでは「第三夜」はいちばん語りが渾然としていて、意識と無意識の組み合わせがよくできている。そして漱石の根源的な不安と罪業感が象徴されている。盲目の青坊主あたまで、六つになるわが子を、背負って歩いている。その子のいう通りに青田の畦路をあるいてゆくと、向こうに森があって杉の木が立っている。背中の子は、ここだった、百年まえの文化五年辰年の日に、おまえはおれを殺したと言う。するとほんとうに百年まえにじぶんは盲目の坊主あたまを殺したようにおもえ、とたんに背中の子が石地蔵のように重くなる。

文体は充分に抑制されていて、作者の不安は洩れないように密封してある。単純にいってしまえば、じぶんは殺人などしたことがないのに、人を殺したという罪業の既視感が、行為と光景として夢のなかにあらわれた物語だといっていい。背中の子どもは、じぶんが百年前に殺した盲目の坊主あたまの姿をしていて、しかもじぶんの子どもとしてあらわれている。これらの総体は、ほんとをいえば母親に殺されたじぶんが、じぶんの子どもとしてじぶんの罪を背負っているということになるにちがいない。漱石とはなにかが、とてもよく象徴化されて夢にあらわれている。

芥川の『蜜柑』は、人間どうしの関係に冷笑と皮肉と、知的な優越感でしか向きあうことができなかったじぶんの資質の病理を古風な倫理観で補充することで、自身の矛盾と葛藤を意図的に救済したいというモチーフをかくしている。嫌な奴である〈わたし〉と、いい奴である〈わたし〉とが、いっしょに誇張されていて、その誇張された度合いだけ、作品は通俗的になっている。
「私」は横須賀線の上りの二等車に、疲労と倦怠の心身をぐったりさせて乗っている。すると発車まぎわに、大きな風呂敷包みをもった田舎娘が乗り込んでくる。「私」はこの小娘の顔だちの「下品」さと、服装の「不潔」さと、二等と三等の区別もわきまえずに眼に入ってくる「愚鈍な心」の無神経さに、嫌悪と腹立ちをおぼえる。「不可解な、下等な、退屈な人生」という象徴をこの小娘から触発される。娘は列車がトンネルに入ろうとするのに、「私」の側にきて窓をあけるので、黒煙が「私」に容赦なく浴びせられ、どなりつけてやりたいほどの気分になる。だがやがて踏切りのところに三人の男の子が手をあげて、何かさけんでいる。小娘も霜焼けの手をのばして左右に振ってこたえながら、蜜柑を五、六個三人の男の子のほうへ投げてやる。小娘は奉公に出かけてゆくにちがいない、そして踏切りで見送ってくれた弟たちに蜜柑を投げて別れの礼をする。「私」はそれにちがいないとおもい、朗らかなこころになり、じぶんの疲労と倦怠も、「不可解な、下等な、退屈な人生」もわずかに忘れられるようにおもえる。

　この『蜜柑』の通俗さがなかったら、芥川は『河童』[*2]や『MENSURA ZOILI』[*3]だけの作家になって、どんなに味気ないかしれないとおもえる。むろん『沼地』[*4]をとっても『蜜柑』とおなじ意味をもっている。短篇小説という限定がなければ『玄鶴山房』をあげるべきかとおもう。だが、この作品をもちだすと『河童』や『MENSURA ZOILI』とは逆な意味で、芥川が否定した花袋の作品をはじめとする自然主義文学の作品をいっしょに誘いだすことになってしまう。すると芥川の作品をベスト3に択んだ意味は無化される。

作品の冴え方には、時代的なものと永続的な冴え方とがあり、永続的な位相でいえば、『玄鶴山房』を前世の姿のようにして、花袋や独歩の作品のたぐいが臨死状態から蘇生してしまい、芥川自身の姿もまた、高い連山というより低い連丘といった方がいいことになる。

太宰治の『駈込み訴え』は、かれのいちばんいい作品のひとつであり、一気に読めるという意味で短篇小説の模範だともいえる。また深刻な主題を、ところどころで笑いさえとりながら書ききっている。ユダの方からみたキリスト、イエスの姿を鮮やかに浮びあがらせ、誰にも真似のできない『新約聖書』のユダとイエスの人間像が造形されている。ユダは世間知を豊富にもったイエスの陰の汚れ役として、イエスは鋭敏でおっとりした大人だが、世間知らずの無垢な人格として描かれる。

べつの言い方をすれば、ユダには太宰の自画像が象徴化され、イエスは太宰の理想像として象徴化されているともかんがえられる。あるいはユダとイエスを一人格のなかに同居させることが、太宰の理想の人格像だったと言えるのかもしれない。

太宰治の作品のなかには、しばしば「笑い」が含まれている。そしてこの「笑い」は落語的なものだ。作られた「笑い」ではなく、深刻なことにぶつかるときの、意識にのぼらない身のよけ方が「笑い」になっているものばかりだ。落語的、寄席的な軽みでありながら、作品の背後にかくれているものは、人間に解決できそうもないほど、大それた精神の出来ごとだった。

＊1『夢十夜』夏目漱石＝一九〇八年七～八月、大阪朝日新聞、朝日新聞に連載。
＊2『河童』芥川龍之介＝一九二七年、「改造」に発表。
＊3『MENSURA ZOILI』＝一九一七年、「新思潮」に発表。
＊4『沼地』＝一九一九年、「新潮」に発表。

人に読んでもらいたいオーソドックスな十冊

思想書　ベスト10

偏愛書というより、オーソドキシイにいくぶん色目をつかいつつ田吾作《たごさく》みたいに執着している本ということになった。愛がなくてもこだわりはありうるとして、それにちかい。わたしの貧弱な教養では、三冊か四冊を挙げるのが限度で、時代があとになるほど気がゆるんで、情けない感じがつきまとった。

それといっしょに、こんな本を挙げてみるのは、リストを読んだひとにも読んでもらいたいというモチーフが、わずかでもあるからだとおもえた。そこで、手に入れるに都合のいい具体的な書籍名や出版社名を記さないと親切でない気がしてきた。

偏愛や固執は本の装丁や、活字の組み方や、大きさや、出版社名とは大事なところではかかわりがない。でもこちらに多少でも読んでみてもらいたいという甘さ、教育癖、啓蒙癖がのこっているかぎり、ここまでやるのは仕方がないことで、こちらの至らなさの報いだとおもう。

本来からいえば偏愛や固執をいうためには、対象である本（の内容）にたいして唯一無二の思い込みがあるべきはずだ。おまえにそれがあるのかと問い返されたら、正直いってそれほどのものはない。ただあるこころの状態で、思い出したようにとりだして読んでは、その度にある照り返しをうけるというに過ぎないと答えるほかない。

その程度のものなのにおまえの偏愛書を、というアンケートに本の名前などを挙げていいのかという疑問がつきまとって離れない。でも偏愛にも「*1朝《あした》に道をきけば、夕べに死すとも可なり」という偏愛もあれば、「三浦屋の肉フライを喰べられるのなら、途中で犬に咆えつかれて一本あげちゃってもいい」というたぐいの偏愛もある。わたしの偏愛書というばあい、後者に近いとおもってもらえたら、気持が楽になる気がする。

ある本の生命がながいということと、その本が愛されることとは、微妙に似ていて微妙にちがっている。生命のながい本はきっとある時期一度は愛されたことがあるにちがいない。だが本だって老醜も老残も避け難くやってくる。また生命がながいことは、すくなくとも病気の要素がすくないといえそうだが、愛されることには、病気の共鳴があるような気もする。

わたしの挙げた十冊のなかには、生命のながいことと愛されることが合致している本もあるようにおもうが、存外わたしの病気と本の病気が共鳴しているだけの本もあるのではないか。

①**『聖書』**（新共同訳・日本聖書協会）。ぜんぶ読もうとすると一生かかりそうだ。ある日あるときに買ってきてもっていて、善と悪について疑問を生じたとき読めばいい本だ。いや、ぜひ読んだ方がいい。中身でおすすめの品は、旧約では「ヨブ記」。新約では「マタイ伝」。いずれも神を信じ、善いことをしても、ひどい目にあうところがこころにこたえてくる話。

②**『エックハルト説教集』**（田島照久編訳・岩波文庫）。これはマイスター・エックハルト[*2]の〈ドイツ語の説教〉と呼ばれているものを択んで訳した本だ。人間の思考、心情、思想、信仰といったものに〈深さ〉という概念がありうるとすれば、じつに透徹したスムーズさで〈深さ〉の極限を表現していて、与《くみ》するものも敵対するものも感奮させる。

③マルクス**『資本論』**（長谷部文雄訳・第一部上・青木書店）。訳語はかたく直訳調だが、これは日本のマルクス主義の肉付きの能面で、この能面を脱げば日本のマルクス主義は崩壊してしまう。向坂逸郎の自由訳の『資本論』が岩波文庫で安く手に入るが、これは訳者自身も気づいていない日本マルクス主義の解体を予兆した訳本といってよい。すすめるのなら長谷部訳にする。

④『**歎異抄**』（梅原猛校注・現代語訳・講談社文庫）。現代語訳さえ付いていれば、どの本でもいい。人間の善と悪と、仏とか神とか理念とかを信仰することの関係が、とことんまでつきつめられている。うまく読むと、弟子唯円が聴いた親鸞[*3]の肉声がきこえるとおもう。

⑤『**百人一首**』（有吉保全訳注・講談社学術文庫）。思想の書としての『百人一首』は、言葉のリズムは意味に優先するという思想だ。十代の半ばころ、三軒長屋の隣りの焼きいも屋の朝子ちゃんや、その姉さんとわたしや兄姉は、正月二日と三日にどちらかの家にあつまって「百人一首」の採りっこをやるのが例だった。頼るのは暗誦した音韻の流れだけ。意味でゆくと、いまでも難かしいことを、この親切な本は教えている。

⑥『**標注　一言芳談抄**』（岩波文庫）。安くて大きさが手ごろだからこの版を挙げたが、いまは手にはいらないとおもう。わたしも『假名法語集』（岩波日本古典文学大系）のなかで読んでいる。生死を超えようとした偉大な僧侶や、偏執的な病気をもった無名の僧侶の寸言集で、ぐさりとくる。

⑦**『諸国物語』**(上・下　森鷗外訳・ちくま文庫)。はじめてこの本に接したのは、半世紀ほどまえ、わたしの先生の押入れを改造した書棚から借りだしたときだ。ぶ厚い茶黄色の布表紙の一冊だった。鷗外のどの小説よりも、好き勝手に訳したこの独、仏、露、英の同時代短篇集は鷗外的だ。鷗外において母国語と外国語が、どこでどんな均衡の仕方をしていたかが、とてもよくわかる。それが鷗外の思想だ。

⑧柳田國男**『海上の道』**(岩波文庫)。もう最晩年の老翁になってから、日本人はどこから来たかをじぶんに問い、ひとつの解答を与えたものだ。実証的な不完全さを超えて、積年の思索と情念の考古学的蓄積が、層としてではなく、珠玉のように融合している。

⑨宮沢賢治**『新編銀河鉄道の夜』**(新潮文庫)。わが近代文学のなかでは類例のない思想が、感性的な世界にまで膨んでいる。それは、生きているものの夢見は死者が死のあとに存在できる世界と等価だという宗教思想だ。こんな世界を成りたたせるために、〈どこまでも、どこへでもゆける切符〉というフィクションを作者は作りだしている。

⑩折口信夫**『妣が国へ・常世へ』**(中央公論社版全集・第二巻所収)。これは著者の思想の

核心を、リズムある散文に凝縮したものだ。異郷（異国）という概念の起源は、じぶんたちとそっくりおなじ生活条件をもった人たちの住んでいる郷(国)ということで、日本語(日本人)はこの言葉で、出自の故郷をさがそうとした。折々の思想の核心がここにはある。

＊1「朝に道をきけば、夕べに死すとも可なり」＝論語の言葉。道を悟ることができれば、すぐに死んでも悔いはない、の意。

＊2エックハルト（マイスター・ヨハネス、一二六〇ごろ～一三二七）＝ドイツの神学者。ドミニコ会に属する神秘思想家。

＊3親鸞（一一七三～一二六二）＝浄土真宗の開祖。絶対他力による極楽往生を説き、悪人正機を唱えた。主著『教行信証』。『歎異抄』は、弟子の唯円が師の言葉をまとめたもの。

絶望的かつ楽天的な、日本の思想書

思想書(日本)ベスト50

ほんとを言えばこの主題で目指したのは、五十冊の日本の思想関係の本をならべることではなく、五十冊の本から「五十個の思想」をとりだすことだった。しかし、それは困難をきわめた。

数個については既成の知識や記憶で機械的にならべ、員数を揃えたものもあるが、ほとんどは新しく読んで見切りをつけ、これだけ抄出すればいいやというので、削除したりした。時間切れのため解説できずに主題（書名）だけを挙げたものもあるが、手抜きはしていない。あまりの大変さに、これは刊行日が定まっている雑誌で引き受けるべきではなかったと後悔したが、おそかった。

日本にも思想書は、たしかにあるといっていい。だが、思想や哲学があり、それが書かれているようには、存在していない。あるのは〈何々についての思想〉〈何々について書くついでに述べられた思想〉だけだ。

逆ないい方もできる。書かれたものは、何について書かれていても、みな思想であり、思想書ということだ。たとえば日本で最初の法律についての思想は、『祝詞《のりと》』[*1]にあつめられたノリトのなかにある。ノリトは祝いごと、お祓い、無事息災の願いのときに、神職、社家、祝人などによってのべられる定型の詞章だ。

このなかに、罪とされるものが祓いの対象として挙げられている。「国《くに》つ罪」と「天《あま》つ罪」という二分法で列挙されているが、「国つ罪」はおおよそのところ宗教的な汚れ、禁忌、嫌悪、因果と区別できぬ土着の掟の違反に近いもの、「天つ罪」はおおよそのところ農耕に関連した違反や禁忌などを指している。この二種の罪は、宗教的な祓いによって解除できるばあいも、村落共同体からの追放を科せられるばあいもある。

だが、いちばんの特色は罪と罰とそれにまつわる考察が、それとして語られることはないことだ。祝詞のさまざまな記述の詞章から、こちらでとりだして、ほんとは輪郭も枠組もないのに、あたかもあるかのように近似的に取り扱うほかはない。これはわたしたちになさけない感じを与える。

芸術思想についてもおなじことがいえる。最初のまとまった芸術思想の書は、*2世阿弥《ぜあみ》に擬せられる『風姿花伝《ふうしかでん》』だとおもわれる。だがほんとうは、この書は舞台にたった能役者の技術を解いたものだ。しかも、年齢階梯的に能の技術と役者の心理とを融合させたところに、実践の便覧としての特色がよくでているといってよい。

この書をわたしたちが芸術思想の書というとき、何を指しているのか。じっさいに舞台を踏んで舞いの動きを創造してきたものにしかいえぬ微妙な心の持ち方を技術論としてうちだしていることだ。それ以外のところに抽出すれば、普遍的な人間の本性につながる思想の立ち姿があるわけではない。

宗教思想についてもおなじだ。わたしたちは民衆の生活福利を第一義とする夷講《えびすこう》のようなものからはじまり、*3石田梅岩《いしだばいがん》や*4二宮尊徳の処世の技術や倫理を経て、*5仁斎《じんさい》や*6徂徠《そらい》の儒教的な倫理としての生活思想を通り、禅や浄土の高度な宗教思想の日本におけるあらわれ方のあいだに、はっきりとした境界をひくことはできない。むしろ区別されそうなカテゴリーがあったら、糊のようにつなげて、境界を消してしまうものが、日本における思想の意味だといった方がいいともおもえてくる。

物の具体性や具象性をはなれては、日本の思想は存在しない。この特質は、わたしたちを絶望的にしたり、逆に楽天的にしたりする。そしてこの絶望や楽天をやわらげてくれるものがあるとすれば、漢語のもつ表音性と表意性をこなし、独特の意味と音をあたえる表記法をつくりだし、その表記法から文字の意味と音が、話しことばとして使われるうち、別の意味と音に変わってしまう特性により、思想らしき思想が作られるような感じになることだ。

たとえば「天離《あまさか》る鄙《ひな》」という成句は、「天離る」は「鄙（いなか）」にかかる枕詞だから

「鄙」だけに意味をもとめればいい。だが、もしかすると「天離る」は「海離る」で、「海離る鄙」は〈海岸から奥まった辺鄙《へんぴ》なところ〉という意味だったかもしれない。とすると、〈あま〉という表音をあらわすための漢語「天」は、同時に「天」という意味になり、本来の意味とまったくちがった文字印象をあたえることになる。

こうして、本来は具象的な自然の名称であった〈海〉が、〈天〉という抽象的な印象に変わってしまう。この抽象的なおき代えが、いわば思想らしきものを拵《こしら》えるのに役立つことになる。

ローマン・ヤコブソン[*7]は、印欧語の母音には鮮やかな色彩があたえられ、子音には灰色系列のくすんだ色彩がつきまとうといっている。日本のことばはおなじようないい方をすれば、母音にははっきりした自然音声があたえられ、子音にはくすんだ自然音声がつきまとっているといえよう。日本の思想が具体的な物や具象的な像を離れられないのは、どうしても言葉が自然音声の印象から抜けられないためではないかとおもえてくる。

民族語や種族語としての言葉が、どう生きつづけてゆくかは測りがたいところがある。それとおなじように、言葉でいいあらわされる思想がどうなってきたのか、どうなってゆくのかも測りがたい。

日本の思想書の弱点は、もちろんそのまま特色にもなっている。そしてこの特色を消去することで思想の弱点を改めようとした世々の逸材たちの苦心の跡が、日本の思想の書物ということになる。それはまた絶望的であり、また楽天的であるというほかはない。

●唯円編註『**歎異鈔**』（島地大等編「真宗大綱」、明治書院）

編者唯円が親鸞の弟子として真宗の教義をラジカルに正当に受けとり、その受けとり方に響鳴する親鸞の言葉を聞き書きし、記している。唯円の浄土理解が高度でしかも親鸞の教義のかなめを正確に理解し、受容しているため、真宗の聖典のなかで一頭地を抜いた文章になっている。

●法然[*8]『**一念義停止起請文**』（正宗敦夫編「日本古典全集第一回」「法然上人集」、小学館）

法然が立てた専修念仏の一宗は、さまざまな異解を生みだした。極端なものは生涯のうち一回の念仏があればいいのだとする一念義を主張し、もっと極端なものは心に弥陀《みだ》の本願を知っていれば、極楽に往生できるため、一度も念仏名号を称えることもいらぬ、無念義でいいと教える浄土の行者もでてきた。法然は北陸道で無念義でもいいと教えている行者がいると知り、それを批判し、停止すべきであると念書をしたため、弟子筋に回状した。格調の高い名文の批判文で、法然の秀才ぶりがとてもよくわかる。

●編者不詳『**一言芳談**』（「日本古典文学大系83」「假名法語集」、岩波書店）
法然や一遍のような偉大な浄土思想の持主から、名前は記されていてもいかなる生涯をおくったかわからぬ無名にちかい浄土の行者まで、中世期の後生《ごしょう》を願った思想家たちが、折りにふれて口にした死の思想をあつめた寸言集。世界の思想史上、指おりの迫真力のある思想書といえよう。

●[*9]吉備真備『**乞骸骨表**』（「日本思想大系8」「古代政治社会思想」、岩波書店）
これは神護景雲四年（七七〇年）、右大臣吉備真備が職を辞するゆるしを乞いたいとして書いた上申書（辞職願）のようなものだ。真備は称徳天皇が死んだあと、天武天皇系の後嗣を推したが、藤原百川らの推す天智天皇系の白壁王（光仁天皇）が即位することになり、そのために提出した辞表である。本音はともあれ疾病と老齢で職に耐えぬからやめたいと、名文でのべており、日本人の心性と辞職の言いまわしの模範になった。

●[*10]九条（藤原）師輔『**九条右丞相遺誡**』（「日本思想大系8」「古代政治社会思想」、岩波書店）
十世紀ごろの右大臣、藤原師輔の家訓。後世の公家、武家、商家の家訓の範型のようなもの。朝起きてじぶんの星宿をおがむこと、鏡を見て顔の表情や健康のよし悪しを知り、吉凶の日付けをしらべ、歯をみがき手を洗うことなど、沐浴から食事から書見や手習いから仏法の信仰まで、こまかく言及している。こんなにこまかいことにいたるまで義務にちかい掟を課すことから、家門の栄誉という概念がつくり出されていったのだろう。

●大江匡房[*11]『**傀儡子記**《くぐつき》』（「日本思想大系8」「古代政治社会思想」、岩波書店）

起源はなかなかわからないが、狩猟を生業としながら集団で漂泊し、人形を操り、歌をうたい、剣術、奇術をみせながら、諸国を漂泊していた〈くぐつ〉の人たちについて、知られるかぎりの風俗や生活の形態を述べたもの。匡房が故実家としての探索から派生して得た知識を、充分に把みだしている。

●観阿弥・世阿弥『**風姿花伝**』（岩波文庫）

観阿弥の口伝を世阿弥が整備し、注解した中楽《さるがく》（能）の理論書。演者としての体験をもとに能、申楽の舞いの理念を述べたという意味では、最初の本格的な芸術思想の書だといっていい。演者の年齢によってどう演じ方を変えるべきか、演種によって何を注意すべきかを、体験なしには言えぬ確かさで述べている。優れた芸能心理の書である典型例といってもいい。

●『**池坊専応口伝**』[*12]（「古典日本文学全集第36」「芸術論集」、筑摩書房）

花瓶に花をさし、それを眺める風習に理念をあたえた。本書はそれとともにととのった花の生け方をできるかぎり方式化してみせたもの。理念の眼目は、一個の花瓶に生けられた花々の形や姿から、全体の天然自然のイメージをつくり、おのずから風や水の流れの響きなどのきこえるところまで到達することにおかれている。曹洞禅によって理念化された生け花の口伝芸術書。

●擬・橘俊綱[*13]『**作庭記**』（「日本思想大系23」「古代中世芸術論」、岩波書店）

庭造りについて万遍なく触れつくした、最初の体系的な技法書だとされている。屋敷の庭に山水を造る理念は、いうまでもなく天然の景物を住居の領域に内包させることだ。この理念は中国起源のもので、日本の未開、原始以来の自然観を根底からくつがえした。その意味からも画期的な芸術書のひとつといえる。

●折口信夫『**妣が国へ・常世へ**』（編集解説・廣末保「近代日本思想大系22」、筑摩書房）

凝縮された詩的散文ともいうべき文体で、日本人がどこを無意識の原郷としているか、どこの方位を未来の行方としてきたかを論じている。濃度の高い重層的な比喩をつかって書かれたこの論文の主旨は、現在までのところ、まだ誰によっても充分に解明しつくされているとはいえない。日本人の出自について含みのおおい予言の文章だといっていい。

●木戸孝允[*14]『**内政充実・地租軽減に関する建言書**』(編集解説・松本三之介「近代日本思想大系30」、筑摩書房)

明治六年の征韓論をめぐって、維新の政府は内政をととのえるべきだとする内政重視論と征韓論とに分裂した。そして内政論が優位を占めたにもかかわらず、政府は内政に力を傾けず、混乱に陥った。いま重要なことは地租改正の条項を、ゆるく気ながにすること、もうひとつは華族・士族の生活、習慣を安堵させるようにし、けっして急進的な法律をつくって特権的心情の基礎を失わせたりすべきではないと論じている。徴兵令、地租改正、廃刀令などをめぐる農民の暴動、士族の反乱、士族民権派の急進化などにたいする維新元勲の、とてもしっかりした対応策である。

●幸徳秋水[*15]『**死刑の前**』(腹案)(編集解説・飛鳥井雅道「近代日本思想大系13」、筑摩書房)

死刑の前に獄中で、死刑についてかんがえ、感じたことを書き記した、一個の平静な、ふくらみをもったエッセイになっている。刑になって死ぬことについて、何もおそれてはいないが、恥辱罪悪のために死んだ者より、栄光や冤罪のために死に処せられた者のほうが多いくらいだ。じぶんには死刑そのものは何でもないことだと述べている。平静さにおいて、いい文章になっている。また、死に面した状態として、伝統的な武士に似ている。

●本居宣長『**源氏物語玉の小櫛**』（「日本の思想15」、筑摩書房）

宣長の『源氏物語』の評論は、初期の壮年のころと晩期とにあるが、これは晩期のもの。物語や草子のたぐいは愉しみにひかれ別世界にさまよい歩くものだ。何らかの意味で人倫上のためになる目的で作られると考えられていた。ところが宣長は無償の感性〈もののあわれ〉を体験し、揺らぎをおぼえるのが物語だという画期的な考えを展開した。

●蓮如[*16]『**御ふみ**』（出雲路修校注・「東洋文庫345」、平凡社）

書簡の形で蓮如が短かくはっきりと、親鸞の教義のかなめを解き、あわせて蓮如自身がそのときどきに出あった事柄に即して考え方を明らかにした文章。凡夫と女人が阿弥陀仏への至心の念仏で往生できる所以を繰り返し解き、信徒の逸脱に悩まされながら、第十八願の受容の仕方を語り、ときに諄々と戒めている。親鸞にあった信と不信の弁証をめぐる緊迫した思想は求めるべくもないが、宗門の内に信を集め安定化した思想家の実践倫理の匂いは濃くある。

●岡倉天心[*17]『**茶の本**』（編集解説・梅原猛「近代日本思想大系7」、筑摩書房）

東洋の美術、書画、儀礼、風習、作法などによく通暁していた天心が、「審美的宗教」にまでつきつめられていったわが国の茶の湯、それに伴って発達した生け花の勘どころを欧米人（西欧）に啓蒙しようとして書かれた本だ。天心のいう茶の心とは、東洋としての日本の美と風習と宗教心の融和した領域とかんがえられ、この領域が造られるのに寄与した宗教（道教、禅など南中国の宗教）、建物（茶室・神社）、茶（南中国起源の植物の葉）、作庭、花（生け花）、茶人（庭園設計家）などについて広い素養を披瀝している。偉大な器量をもった啓蒙の書で影響は大きかった。現在でもなお〝西欧の日本〟という概念に固定した偏見を与える素因のひとつをつくっている。

●夏目漱石『**文学論**』序（「近代文庫」、創芸社）

漱石は留学の後半期に、下宿にたてこもり、文学そのものによって文学とはなにかを判ろうとすることをやめ、心理学的、社会学的考察から文学とはなにか、どんな必要から文学は生まれ、発達し、頽廃するものかを解こうと企てた。そして資料をあつめ、書物を購い、ノートをたくわえ、帰国後にその考察をまとめて公刊した。それが『文学論』である。この「序文」にはそのいきさつが記され、後進文化の留学生が何を悩み、みじめさに耐え、学び（または学ぶことをやめ）、身にまとったかを、最大限の率直さで、むきだしている。感銘ぶかい比較文化論といってよい。

●河上肇[*18]『**日本独得の国家主義**』（「近代日本思想大系18」、筑摩書房）

明治三十七、八年の日露戦役のあと、戦勝の雰囲気に浮かれて根拠のない国家主義の思想が起こってきた。その夜郎自大な論旨にたいし、さすがにたまりかねて批判をくだした。これは河上肇の論文のなかでいちばん長所のおおい日本ナショナリズムの掘り下げと批判をやったもの。いまでも古びないだけの力がこもっている。

●山川均[*19]『**共産党との訣別**』（編集解説・高畠通敏「近代日本思想大系19」、筑摩書房）

わたしたちの常識的な知見では山川均の政治的な見解（いわゆる山川イズム）は、日本共産党のソフトな部分を代表するもののように見做されていた。しかしこれは神話、伝説、デマであり、山川均は終始共産党の建設にも、組織にも、再建にも参加しておらず、とくにコミンテルンの上海テーゼによる第二次日本共産党の成立にはまったく関与していないことを明確にした。その他、福本イズムや戦後のコミンフォルムの日共批判についての感想も興味ぶかい。

●支那派遣軍総司令部『**派遣軍将兵に告ぐ**』(「近代日本思想大系36」「昭和思想集2」、筑摩書房)

本書の論議の軸のひとつは、個人主義的欧米物質文化と東洋的民族精神文化との対立、もうひとつは欧米諸国の植民地侵略と植民地東洋からの脱却のたたかいということになっている。それに軍部の手前味噌の認識で、満州国は五族共和の原理に立った国家であり派遣軍は東洋の道義と平和を確立するためにたたかっているとの言い草がまとわりつく。これは野坂参三と山本懸蔵がもたらしたコミンテルンの手前味噌と対照的に、軍国主義の手前味噌といえよう。

●『**御成敗式目**』(「日本思想大系21」「中世政治社会思想・上」、岩波書店)

『御成敗式目』は、鎌倉幕府法で、執権北条泰時によって定められたもの。特色は、神仏を尊重することの強調、夫権者が罪科をおかしたとき、妻子や近親にも累が及ぶかどうか、再婚時所有はどうなるかなど、所有権について規定している。中でも興味ぶかいのは、他人の妻と不倫したとき、所領の半分を没収するか、遠島のどちらかという規定条項だろう。わたしの印象では、武家の規定した法にもかかわらず、社会生活における母権の強さが潜在している点がおもしろい。

●**『建武式目』**(「日本思想大系21」、岩波書店)

こちらは室町幕府法ともいうべきもの。足利尊氏軍が後醍醐軍を京都の攻防戦で破った直後に制定されたもので、どこに幕府の拠点をおくかの論議が、前文にある。しかしながらそれは、行政行為と軍事行為が一本化した流動する行動政権(革命政権)からの禁止や遵守の布告といった倫理的制令の性格をもっている。したがって、制度的というよりは臨場的な意味の方がおおきい。

●**『今川仮名目録』**(「日本思想大系21」、岩波書店)

足利将軍家の守護として、駿河、遠江に所領をもっていた今川氏[*20]が制定した法。それは駿河、遠江について特記していることからもわかる。ただ、この『目録』自体、独立した式目としても完備しており、すでに幕府から半分独立した、戦国乱世の大名家の風格をもっている。そして興味ぶかいのは、童（未成年）のいさかいにも触れていることだ。童がいさかいをしても、当人はお咎《とが》めなし。ただし、両者の親が制止をせず、一緒になって争った場合は罰せられる。また、童があやまって友人を殺害しても、かくべつの意趣がなければ罰せられない、ただし、十五歳以上であれば、咎めはまぬかれないとある。この時代には青少年の非行が増しつつあったのだろう。

●**『早雲寺殿廿一箇条』**（「日本思想大系21」、岩波書店）

伊豆、相模から関東一円に勢力を張った北条早雲[*21]が定めた家訓とされる。神仏をうやまうことからはじまり、朝の早起き、夕刻の早寝、伺候時の態度、学問や習字、歌作、乗馬の技術、火の見廻りにいたるまで、こまかく日常生活のあり方を教訓している。いってみれば、江戸時代の『葉隠』の先駆と言ってもいいかもしれない。

●**『毛利元就書状』**[*22]（「日本思想大系21」、岩波書店）

元就が、わが子、毛利隆元、吉川元春、小早川隆景の三人の子にのこした戒めの手紙。長子隆元にたいしては、もし弟たちに少々おもしろくない思いがあってもこらえ、また弟元春や隆景には、力になって隆元をもりたてるよう述べている。じぶんは人をおおく死なせたゆえ、きっと因果応報があると覚悟している。べつに才覚が人より優れているのでもなく、武勇の身でもないのに荒波をくぐり、ここまでこられたのは不思議だ。ただ、旅の僧にいわれ、朝、念仏を十遍くらいずつ称え、厳島神社を大事に信仰してきた。この御加護のためかもしれぬのでお前たちも信仰してくれればとおもうなど、武将としては、かなり細やかでひかえ目な人柄がうかがえる。

●佐野学[*23]・鍋山貞親[*24]『**共同被告同志に告ぐる書**』(『近代日本思想大系35』、筑摩書房)

昭和八年、当時の日本共産党の首脳、佐野学、鍋山貞親によって発せられた獄中からの文章。コミンテルンの方針が、ソ連の国家利益至上のもので、それぞれの国の実状と歴史の特殊性とはまったくずれているとの内容を基調にし、天皇制の容認、中国、アメリカとの武力を含む衝突は是認されるべきと主張もしている。また、同時に彼らはコミンテルンがソ連一国の利益に従属していることも批判し、その影響は共産党内外の左翼のあいだにおおきかった。そして転向によりファシズムに流れてゆく通路もかれらに与えた。

●森鷗外『**ルーソーガ少時ノ病ヲ診ス**』(『鷗外選集第十一巻』、岩波書店)

医師・衛生家、軍人としての鷗外は、衛生上から見た都市論、兵食論、家屋論などの分野ですぐれた論陣を張った。この小文はルーソーの『告白』をもとに、ルーソーの異常性や病的傾向がマゾヒズムと露出症だと指摘、結論している。鷗外自身の批評文としてはもちろん、病跡論のさきがけとしても、興味ぶかく読める。

●与謝野晶子[*25]『**粘土自像**』（「近代日本思想大系33」、筑摩書房）

よく知られている晶子の詩「君死にたまふこと勿れ」のモチーフとおなじことを、短いエッセイで主張したもの。男子の知能は教育の結果、女子より優れているが、男子の愛情は女子にくらべて純粋ではなく、熱烈でもないため、男子の知能は善よりも悪にたいして多く用いられる。そのため、戦争のような狂暴をはじめるのだという論旨がおもしろい。

●野坂参三[*26]・山本懸蔵[*27]『**日本の共産主義者へのてがみ**』（「近代日本思想大系56」、筑摩書房）

昭和十一年、モスクワにいた野坂参三と山本懸蔵はコミンテルン第七回大会の決議と分析にもとづき、日本における労働者階級の主たる敵は軍部ファシストとの戦略を日本へもち込む。しかしこれは、ソ連とコミンテルンからみた建前上の論議で、じっさいには日本の労働者の心情は民主主義を受け入れ、戦争に向かうことに肯定的になりつつあった。そして彼らには、その実情に立ち入り、日本の労働者や兵士がなしうることは何かについての配慮などいっさいなかった。ただ、ソ連、コミンテルンの方針に従い、軍部に反戦を挑み玉砕せよといっているにひとしい。現在からみれば、ただただ馬鹿馬鹿しいとしかいいようがない。

●亀井勝一郎[*28]『**日月明し**』（「近代日本思想大系33」、筑摩書房）

この文章は、わたしの記憶では、太平洋戦争終末期、薄い粗末なパンフレットとして公刊されたとおもう。したがって敗戦後の気落ちした空無状態で読んだとき、何ともいえぬちぐはぐさを感じた。だが、このちぐはぐさこそ、敗戦のいちばん重要な意味のようにもおもえ、わたしはそのことに何年も固執した。

●林房雄[*29]『**転向に就いて**』（「近代日本思想大系33」、筑摩書房）

これは、中野重治の「『文学者について』について」とともに昭和の転向問題にふれえた文章のうち、いちばん優れたものの一つだとおもう。そして一方では、日本における転向の問題がとても判りにくい、理念、心理、心情の過程の問題だということを、いちばんよく示している。理念を放棄し、イデオロギーとして中性になることもあれば、そこから境界をこえ、対極的な理念まで走り抜ける場合もある。そのことは、個々人がどのような対極概念をもっているかにより、異なるのではないか。

●祝詞『**大殿祭**』（『日本古典文学大系1』、岩波書店）
●藤原定家[*30]『**毎月抄**』（『日本古典文学全集』「歌論集」、小学館）
●明恵上人『**夢記**』（『明恵上人集』、岩波文庫）
●貞慶[*31]『**興福寺奏状**』（『日本思想大系15』、岩波書店）
●高弁『**摧邪輪　巻上**』（『日本思想大系15』、岩波書店）
●正徹[*32]『**徹書記物語**』（『日本歌学大系第五巻』、風間書房）
●南坊宗啓[*33]『**南方録**』（覚書）（『日本の茶書1』、東洋文庫、平凡社）
●『**鉄眼禅師假字法語**』[*34]（『鉄眼禅師假字法語』、岩波文庫）
●『**葉隠**』[*35]聞書第一（『葉隠』上、岩波文庫）
●安藤昌益[*36]『**自然眞営道　自序と巻の一**』（『日本思想大系45』、岩波書店）
●佐藤信淵[*37]『**経済要録**』（『日本思想大系45』、岩波書店）
●橋本左内[*38]『**啓発録**』（『啓発録』、講談社学術文庫）
●中山みき『**おふでさき**』抄（『みかぐらうた　おふでさき』より、東洋文庫、平凡社）

●高村光太郎『**道程**』（「高村光太郎全集第一巻」、筑摩書房）
●新渡戸稲造[*39]『**自殺および復仇の制度**』（「武士道」より、岩波文庫）
●南方熊楠[*40]『**トーテムと命名**』『南紀特有の人名』（「南方熊楠文集2」、東洋文庫、平凡社）
●柳田國男『**海上の道**』（「定本柳田國男集第一巻」、筑摩書房）
●芥川龍之介『**蜜柑**』（「芥川龍之介全集2」、筑摩書房）
●宮沢賢治『**銀河鉄道の夜**』（「新修宮沢賢治全集第十二巻」、筑摩書房）
●鈴木大拙[*41]『**「歎異鈔」における日本的霊性的自覚**』（「日本的霊性」より、岩波文庫）
●川端康成『**美しい日本の私**』（「昭和文学全集5」、小学館）
●小林秀雄『**信ずることと知ること**』（「考えるヒント3」、文春文庫）
●保田与重郎『**日本の橋**』（角川選書）
●三木成夫『**胎児の世界**』（中公新書）
●坂口安吾『**堕落論**』（「昭和文学全集12」、小学館）

＊1『祝詞』＝神事に際し、神前で読み上げて神に具申する文章。現存する最古のものは「延喜式」に納められた二十七編。
＊2世阿弥（一三六三ごろ〜一四四三ごろ）＝能役者・能作者。猿楽中心の能から、夢幻能という新しい形式を完成、能の芸術性を高めた。「老松」「高砂」「井筒」など。『風姿花伝』は世阿弥の

書とされる。

＊3石田梅岩（一六八五～一七四四）＝江戸中期の思想家。京都の商家に奉公しつつ、神道、儒教、仏教を学び、独特の哲学「心学」を生む。町人に倫理・道徳を説いた。

＊4二宮尊徳（一七八七～一八五六）＝江戸末期の篤農家。名は金次郎。善行・倹約を奨励、実行。財産形成を奨めた。

＊5仁斎（伊藤仁斎、一六二七～一七〇五）＝江戸前期の儒学者。古義学を創始。著書『論語古義』『孟子古義』など。

＊6徂徠（荻生徂徠、一六六六～一七二八）＝江戸中期の儒学者。朱子学からのちに古典主義的儒学を説いた。『訳文筌蹄』『蘐園随筆』など。

＊7ヤコブソン（ローマン、一八九六～一九八二）＝言語学者。プラーグ学派の創始者の一人。音韻論を中心に、記号論、言語習得、文学理論など、幅広い分野で貢献。『音声分析序説』『一般言語学』など。

＊8法然（＝源空、一一三三～一二一二）＝浄土宗の開祖。一一七五年、専修念仏の教えを唱えて浄土宗を開く。旧仏教の批判を受け、土佐に流罪。『選択本願念仏集』など。

＊9吉備真備（きびのまきび、六九五～七七五）＝奈良時代の官人、文人。七一七年、遣唐留学生として入唐。のち右大臣、吉備大臣。『私教類聚』『刪定律令』。

＊10九条（藤原）師輔（くじょうふじわらのもろすけ、九〇八～九六〇）＝平安中期の貴族。通称九条殿。子の兼通・兼家、孫の道長が関白を継承、摂関家の祖となる。『九条年中行事』など。

＊11大江匡房（おおえのまさふさ、一〇四一～一一一一）＝平安後期の学者、歌人。

＊12池坊専応（いけのぼうせんのう、一四八二～一五四三）＝室町時代の六角堂の僧。立花を造形

芸術とし、表現法を確立。
＊13橘俊綱（一〇二八〜一〇九四）＝公家、歌人。「万代集」の作者。管弦や造園にも通じ、『作庭記』の作者と目される。
＊14木戸孝允（きどたかよし、一八三三〜一八七七）＝政治家、長州藩士。初め桂小五郎、のち木戸貫治と改名。薩摩藩とともに幕府を打倒し、版籍奉還・廃藩置県に尽力した。
＊15幸徳秋水（一八七一〜一九一一）＝中江兆民に師事し、日露戦争に反対、平民社を起こし「平民新聞」を創刊。『社会主義神髄』など。
＊16蓮如（れんにょ、一四一五〜一四九九）＝室町中期の僧。浄土真宗中興の祖。
＊17岡倉天心（一八六二〜一九一三）＝美術評論家。ボストン美術館の東洋部長となり、日本美術の紹介に尽力。『東洋の理想』『日本の目覚め』など。
＊18河上肇（かわかみはじめ、一八七九〜一九四六）＝経済学者。マルクス経済学の研究と無産運動に従事。のち共産党に入党、投獄された。著書『貧乏物語』『資本論入門』など。
＊19山川均（一八八〇〜一九五八）＝社会主義者。一九二二年、日本共産党創立に参加、同年「無産階級運動の方向転換」を発表。社会主義運動に大きな影響を与えた。
＊20今川氏＝義元（一五一九〜一五六〇）が京都進出を狙うが、桶狭間の戦いで織田信長の奇襲を受け、戦死。
＊21北条早雲（ほうじょうそううん、一四三一〜一五一九）＝戦国時代の武将。後北条氏の開祖。早雲庵宗瑞と号した。
＊22毛利元就（もうりもとなり、一四九七〜一五七一）＝戦国時代の武将。陶晴賢、尼子義久などを滅ぼし、中国地方十カ国の領主となる。

＊23佐野学（一八九二〜一九五三）＝社会運動家。一九二七年、日本共産党委員長。のちに獄中で転向声明を発表。
＊24鍋山貞親（なべやまさだちか、一九〇一〜一九七九）＝社会運動家。佐野学とともに獄中で転向声明を発表、大量転向の契機となった。著書『私は共産党をすてた』。
＊25与謝野晶子（一八七八〜一九四二）＝歌人、鉄幹の妻。雑誌「明星」で活躍。歌集『みだれ髪』、著書『舞姫』『新訳源氏物語』など。
＊26野坂参三（一八九二〜一九九三）＝社会運動家・政治家。日本共産党創立時に入党。一九三一年コミンテルン日本代表として、ソ連、中国などで活動。戦後、国会議員、党中央委員会議長。
＊27山本懸蔵（一八九五〜一九四二）＝労働運動家。日本共産党創立直後入党。三・一五事件直後ソ連に脱出、コミンテルンで活動。
＊28亀井勝一郎（一九〇七〜一九六六）＝評論家。左翼運動に参加、転向後、「日本浪曼派」創刊に参加。以後、仏教思想、とくに親鸞に傾倒した。『転形期の文学』『大和古寺風物誌』など。
＊29林房雄（一九〇三〜一九七五）＝小説家。マルクス主義から天皇制護持の国家主義に転向。著書『青年』『大東亜戦争肯定論』など。
＊30藤原定家（一一六二〜一二四一）＝歌人。『新古今和歌集』の代表。著書は家集『拾遺愚草』、日記『明月記』など。
＊31貞慶（じょうけい、一一五五〜一二一三）＝法相宗の学僧。戒律復興に努め、弥勒信仰の流布に尽くした。法然の専修念仏には「興福寺奏状」で停止を訴えた。
＊32正徹（しょうてつ、一三八一〜一四五九）＝室町前期の歌僧。定家に傾倒した。『正徹物語』は、歌論書。

＊33南坊宗啓（なんぼうそうけい、生没年不詳）＝安土桃山時代の臨済宗の僧、茶人。千利休に茶の湯を学び、奥義を伝授される。『南方録』は、利休の言行をまとめた。
＊34鉄眼（てつげん、一六三〇～一六八二）＝江戸前期の黄檗宗の僧。大蔵経の復刻を完成。
＊35『葉隠』＝武道を論じた書。元佐賀藩士、山本常朝口述。
＊36安藤昌益（一七〇三～一七六二）＝江戸中期の医者、社会思想家。自然真営道という社会改良案を提唱。儒教、仏教を排し、万人の平等を唱えた。『統道真伝』など。
＊37佐藤信淵（さとうのぶひろ、一七六九～一八五〇）＝江戸後期の農学者。蘭学を学ぶが、平田篤胤の国学・神道の影響を受け、独自の国家社会主義を提唱。『農政本論』など。
＊38橋本左内（一八三四～一八五九）＝幕末の志士、福井藩士。緒方洪庵らに蘭学、医学を学び、藩政革新に尽力。安政の大獄で断罪。十五歳で『啓発録』を書く。
＊39新渡戸稲造（にとべいなぞう、一八六二～一九三三）＝思想家・教育家。一般教育を唱え、国際平和を主張し、国際連盟事務局次長も務めた。
＊40南方熊楠（みなかたくまぐす、一八六七～一九四一）＝民俗学者、人類学者。粘菌学者として海外にも渡り、菌類の採集研究に力を注いだ。民俗学、考古学にも精通。『十二支考』『南方閑話』など。
＊41鈴木大拙（すずきだいせつ、一八七〇～一九六六）＝仏教学者、思想家。禅の研究者として欧米にも影響を与えた。『禅思想史研究』など。

「ナショナリズム」の書

『韓山紀行』 山路愛山

愛山は、民権・国権両思想が未分化であった時代のナショナリストの一典型。日露戦争期日本人の、征韓論以来の朝鮮人にたいする心情がうかがわれる。一九〇四年発表され、『愛山文集』（一九一七年、民友社）に収める。

＊山路愛山（やまじあいざん、一八六四～一九一七）＝評論家。「国民新聞」記者として、歴史論、文学論を発表、国家社会主義を標榜。『足利尊氏』『現代金権史』など。

『日蓮上人とはいかなる人ぞ』（日蓮上人と上行菩薩） 高山樗牛

日本主義から出て日蓮信仰に至った樗牛晩年の作。思想から信仰への転換期の到達点を示し、ナショナルな思想を考えて行く上での重要なモメ

＊高山樗牛（たかやまちょぎゅう、一八七一～一九〇二）＝評論家。日本主義を唱え、ニーチェ主義に傾倒、さらに日蓮主義に転じた。著書『滝口入道』など。

ントを孕んでいる。一九〇二年発表『樗牛全集』（一九〇五年、博文館）に収む。

『神風連』石光真清

著者は、日清・日露・第一次大戦を通じて諜報活動などに従った政治的軍人。その自伝の第一『城下の人』（一九五八年、龍星閣）の一章。ナショナルな感情で育てられた明治期日本人の心情をよくあらわしている。

＊石光真清（いしみつまきよ、一八六八〜一九四二）＝陸軍軍人。中国東北部で諜報活動に従事。手記四部作『城下の人』『曠野の花』『望郷の歌』『誰のために』。

『弔鐘』石光真清

前章にみられるような、明治の国家形成期に感性の基礎を置く一日本人の、ロシア革命にたいする屈折した反応の記録。自伝の第四『誰のために』（一九五九年、龍星閣）のなかから一章を抜いたもの。

『日本の歴史における人権発達の痕迹』　山路愛山

日本における資本主義成立時代、明治中期の代表的思想家愛山の政治史論。彼における民権、国権ふたつの思想の理念的な結びつきを示すもの。一八九七年発表され『愛山文集』（一九一七年、民友社）に収められている。

『将来の日本』　徳富蘇峰

「将来の日本をどうするか」を政策思想から解明した蘇峰の処方箋。国家の富有化を民衆生活の向上と同一視する国権と人権との社会経済的な融合論をなしている。一八八六年発表（経済雑誌社）、非常な反響を呼んだ。

＊徳富蘇峰（とくとみそほう、一八六三〜一九五七）＝評論家。民友社を設立。「国民之友」「国民新聞」を発行。平民主義を提唱したが、日清戦争後、帝国主義に転じた。

『近時政論考』 陸　羯南

羯南は、言論人をもって終始した国家社会主義的な思想家。明治以降日本の政治潮流に思想史的な論評を加えた文章で、国権の政治的な規制による民衆のための政治をめざしている。『羯南文録』に収録、一八九一年発表。

『国家改造計画綱領』 中野正剛

彼の主宰する政治研究機関「東方会」の政治プログラムとして作られた。北一輝の超国家主義にたいする国家社会主義からする日本改造方策。資本主義の国家統制、日満一体論を基礎としている。一九三三年（千倉書房）出版。

＊陸羯南（くがかつなん、一八五七〜一九〇七）＝ジャーナリスト。明治の言論新聞「日本」を創刊。

＊中野正剛（なかのせいごう、一八八六〜一九四三）＝政治家。憲政会・民政党に属し、のち国民同盟・東方会を組織、全体主義を主張。「戦時宰相論」を発表、東条打倒を画策して逮捕され、釈放後自殺。

『大義』 杉本五郎

著者は軍人、日中戦争に従軍戦死した。天皇信仰に収斂される宗教的超国家主義の典型として、日本的なものの極点をなす。この時期の社会的気分に規範を与え、青年層の純粋な意識に訴えた。一九三八年（平凡社）刊。

『近代の超克』 竹内　好

戦後における太平洋戦争思想史論。後進国にたいする戦争と先進国にたいする戦争の質の違いを問題にすることによって、公式的な日本帝国主義侵略戦争観に異った見解を提出している。一九五九年発表、論争を起こした。

＊竹内好（たけうちよしみ、一九一〇〜一九七七）＝中国文学者・評論家。魯迅の翻訳家、紹介者としても高名。『竹内好全集』がある。

「国家の思想」の書

『**族長法と王法**』石母田　正

わが国の未開な固有法について、族長法から王法へ、神法から俗法へという視点から接近を試みたもの。わが法的な国家の発生の機構について整理された考察を提出した、重要な論考である。

＊石母田正（いしもだしょう、一九一二〜一九八六）＝歴史学者。唯物史観と実証史学の成果を取り入れ、戦後の歴史学界に大きな影響力をもった。

『**古典における罪と制裁**』井上光貞

わが国の古代法のもとになっている概念を、法的概念と、それからはみだしてしまう宗教的な概念によって解釈したもので、未開な法がもつ〈含み〉の問題に、光があてられている。

＊井上光貞（一九一七〜一九八三）＝歴史学者。大和政権の全国統一を明らかにし、大化改新以前の古代国家の構造を解明した。国立歴史民俗博物館初代館長。『日本古代史の諸問題』など。

『天津罪国津罪再論』　石尾芳久

わが国の未開の固有法の二つの類型である天津罪と国津罪を、部族法と民族法を意味するものと考えた場合、この両者の相互関係はどう位置づけられるかを、可能なすべての場合を想定して考察をくわえた綜合的な論考。

『天皇制』　藤田省三

国家を実体あるものとしてみる立場から、わが国の近代天皇制のもっている綜合的な条件を、簡潔に周到に要約したものである。短文ではあるが、天皇制についての優れた定義としての意味をもっている。

＊藤田省三（一九二七〜二〇〇三）＝評論家。『現代史断章』『転向の思想史的研究』など。

『天皇制に関する理論的諸問題』 神山茂夫

第二次大戦中に書かれ、戦後に公刊された天皇制の解析の一つ。当時として、驚くべき水準をもつ。講座派と労農派にたいして、天皇制の観念的な権力の側面を重視することで、神山理論ともいうべき独自な位置をもつ。

＊神山茂夫（一九〇五〜一九七四）＝社会運動家。一九二九年共産党入党、一九六四年脱退。

『日本国家論』 志賀義雄

第二次大戦後の初期に、エンゲルスの『家族・私有財産・国家の起源』に依拠しながら、国家発生の条件を解明し、わが国家の起源についても言及した啓蒙的な論説。共産主義運動の初期からの政治運動家の知識的水準が、平易に示されている。

＊志賀義雄（一九〇一〜一九八九）＝社会運動家。大学在学中に共産党入党。『獄中十八年』。

『個人意志・階級意志・国家意志の区別と連関』丸山政治学の論理的性格　三浦つとむ

近代政治学の高峰である丸山真男の所説を俎上にして、独自の国家意志論を述べたもの。この論考は、著者によってわが国ではじめて国家論に導入された共同意志の位相が、素直に語られている。

＊三浦つとむ（一九一一～一九八九）＝マルクス主義の哲学者、言語学者。『認識と芸術の理論』『弁証法はどういう科学か』など。

『マルクス主義と国家の問題』津田道夫

第二次大戦から自己形成の影響をうけなかった世代によって書かれた、典型的な国家論の代表的なものの一つである。国家を、社会的機能と政治的機能をもつ二面的な構成とみなすというのが、基本的な立場である。

＊津田道夫（一九二九～）＝評論家。共産党に入党後、党中央批判声明を発表して除名。その後は障害者の教育権を実現する会の運動に参加。『現代のマルクス主義』など。

『大衆国家の成立とその問題性』 松下圭一

大衆社会あるいは大衆国家とよばれる場合の「大衆」の概念と歴史的な意味あいを明確にしようとする試み。著者を先駆的な一人とする戦後の大衆社会論の基礎づけの意味をもっている。

＊松下圭一（一九二九～）＝政治評論家。地域民主主義、都市政策の重要性を説き、革新勢力に影響を与えた。『市民政治理論の形成』など。

『天皇制ファシズム論』 中村菊男

「事実」の次元で考察した場合、天皇制ファシズムは存在しなかったことを論じたもので、第二次大戦までの日本近代国家は、明治憲法の法的秩序を逸脱しない範囲での、天皇中心の政治支配であるとしている。

＊中村菊男（一九一九～一九七七）＝政治学者。元慶応大学法学部教授。

『武装せる天皇制——未解決の宿題』 林　房雄

幕末期いらい、天皇制は国家的に近代化を遂行するためにも、列強の侵攻から防衛するためにも、武装を強化し、継続する戦時体制を保ちながら、第二次大戦まで突入したという独特の考えを述べている。

『戦争責任と天皇の退位』大山郁夫

戦後の天皇制論議としては、廃止論と擁護論の中間に位し、戦争責任をとるという意味でも、人心の一新という意味でも、退位の可能性を検討すべきだとする考えを、比較的に温和な形で披瀝している。

『日本の皇室』津田左右吉

戦時下の天皇制の在り方について批判的な立場を貫いた初期の年代の自由主義者は、敗戦後になぜか天皇制の擁護にまわった。この論文は、す

＊大山郁夫（一八八〇～一九五五）＝社会運動家。大正デモクラシーの論客。満州事変後、アメリカに亡命。言論活動のほか民主主義擁護同盟、平和を守る会などに関わる。著書『大山郁夫全集』など。

＊津田左右吉（つだそうきち、一八七三～一九六一）＝歴史学者。日本・東洋の古代史、思想研究を開拓。天皇制護持論を展

ぐれた一貫した自由主義者が描いたその軌跡を、典型的に示している。

『天皇の戦争責任』 村上兵衛

戦時下の天皇制のもとに自己形成をとげ、天皇制の思想に育てられ、それ以外の思想によって育てられる機会をもたなかった世代が、敗戦後に自己思想にとっての至上物にくわえた責任追及の仕方を典型的にしめす。

『大東亜戦争の思想史的意味』 上山春平

大東亜戦争は、太平洋戦争の戦時下における呼び方である。戦時下の熱狂的な肯定と戦後の全的な否定の風潮のなかで、その戦争の意味をそれ自体でとりあげ、それ自体で考察しようとした、数少ない論文のひとつである。

開。著書『古事記及日本書紀の新研究』など。

＊村上兵衛（むらかみひょうえ、一九二三〜二〇〇三）＝社会評論家・作家。『国破レテ』など。

＊上山春平（うえやましゅんぺい、一九二一〜）＝哲学者。西田哲学の影響下に、独自の文明史観を築く。京都大学名誉教授。『歴史分析の方法』など。

『「乃木伝説の思想」明治国家におけるロヤルティの問題』 橋川文三

其像は大きくしてその光輝は常ならず、その形は畏ろしくあり、其像は頭は純金、胸と両腕とは銀、腹と腿とは銅、脛は鉄、脚は一分は鉄、一分は泥土なり。（『ダニエル書』）

乃木殉死は、鷗外、漱石、龍之介、秀雄などによって、それぞれの仕方でとりあげられている。著者はそれらを念頭に、じぶんの政治思想史研究の方法の原体験ともいうべきものを、肉声をこめて封じこめている。

＊橋川文三（はしかわぶんぞう、一九二二～一九八三）＝評論家、思想史家。編集者から明治大学教授に。著書『日本浪曼派批判序説』『歴史と体験』など。

『わたしのアンソロジー』 鶴見俊輔

じぶんの愛好する詩歌について語るという形で、国家形成のイメージと国家に対して戦うイメージの内面的なせめぎあいの姿を、戦時下の自己

＊鶴見俊輔（一九二二～）＝評論家、哲学者。反アカデミズムの視点で、大衆研究、思想史研究にとりくむ。著書『戦時期日本の精神史』『哲学の反省』など。

——体験にそくして語っている。著者のもっとも優れた文章のひとつである。

『祖国について』石原慎太郎

戦争の影響をまったくうけない戦後世代によって語られた国家像としての意義をもつ。国家について挫折の体験をもたない世代の国家肯定の仕方として、おなじ世代の国家否定の仕方とともに注目すべきものである。

『文化防衛論』三島由紀夫

文化価値としての天皇制の美的な思想的な意味を、かなり屈折した仕方で復元しようとする試みと考えることができる。わが国における芸術思想が究極において収斂するひとつの極限を開示しようとしている。

＊石原慎太郎（一九三二〜）＝作家、政治家。在学中に書いた『太陽の季節』で華々しく文壇に登場。その後政界へ。一九九九年より東京都知事。

＊三島由紀夫（一九二五〜一九七〇）＝作家、劇作家。著書『仮面の告白』『金閣寺』『豊饒の海』など。

文学者への言葉

『太宰治全集』

戦争中、太宰治の作品はじぶんのアドレッセンス初葉そのものといってよかった。がさつな戦時体制下に、じぶんもそのがさつさを盛上げるのに加担しながら、いや、加担していたがゆえに、いつも狼狽し、へどもどして、優しい恥をさらしているような太宰治の世界に、心は吸い込まれていった。

この逆説的な体験は、わたしに文学が、いつも後ろを向きながら前へすすむ由縁を、おしえてくれた。太宰治の作品がなかったら、戦争は明るい荒廃と暗い健全の世界に似ていた、とおもう。また、かれの作品が、生きて歩んでいったので、敗戦後の明るい健全と暗い荒廃を歩むことができた。

太宰が、デカダンスの人として、じぶんを負の十字架上に処刑したとき、わたしのなかで何かが死ぬのを感じた。それからあと、なぜ、生きてこられたのか、じぶんでもよくわからない。いまも、たくさんの死臭を掻きわけながら生きているという思いの奥底に、太宰治の作品が問いかけているような気がする。

『横光利一全集』

現代文学の高所に文体という概念を、事物を描写する言葉という以上の意味で先駆的に導入したのは横光利一であった。

文体は人間のドラマを装飾し、またドラマを吸収する。そしておよそ痛切ということを剝奪されたいかにも現代風の人物が横光の作品世界を織りなすことになった。これらの登場人物を巨きな悲運の時代に投げ入れることが、横光利一の強いられた最後の試練であったが、中途で座礁した。

＊横光利一（一八九八～一九四七）＝作家。川端康成らと「文芸時代」を創刊、新感覚派運動を展開。『日輪』『機械』『紋章』『旅愁』など。

横光利一を横光利一として読むというはじめての機会に、わたしたちも現在静かに佇《た》たされている。それをどこまでの奥行きで適確になしうるかはこれからの思想と文学の運命に深くかかわっている。

『山室静著作集』

山室静さんは、たくさんの貌をもった文学者である。わたしにとっては、なによりも、埴谷雄高とならんで戦後文学を戦前と架橋するばあいにどうしても通らなければならない釣り橋のひとつというようにおもえてくる。もうひとつ、いまから二十年ちかくもまえには、黒田三郎の「胸のボタンにはヤコブセンのバラ」という詩句を口にのぼせると、なぜかすぐに思いうかべる北欧文学の訳者の名前であった。そして失礼ながら女性だと錯覚して、ひそかに片想いしていた。

第一次戦後派の解体期に山室静さんは、低いぼそぼそとした声で、いわゆる「モラリスト論争」に打ってでた。あまり冴えない形だったが、

＊山室静（一九〇六〜二〇〇〇）＝評論家。宗教や自然への思索を深め、北欧文学の翻訳・研究にも活躍。『現在の文学の立場』など。

ジョセフ・シュムペーターの名をあげてマルクス主義経済学もすこしはシュムペーターの理論を考えてみる必要があるというようなことを書いていたのが強く印象された。わたしが、経済学と名づける書物に最初にとりついたのはジイド、リストの『経済学説史』とシュムペーターの『経済学史』の指南によった。そしてシュムペーターがマルクスに格別の位置をあたえていないのに驚いて、こういう視方もあるのかと強い印象をうけた記憶があったからである。

《正邪ともに道なし》。わたしの子供にとっては、山室静さんは《ムーミン》の名訳者であり、テレビよりさきにトーベ・ヤンソンの童話の面白さを知っていたというのが御自慢である。

『奥野健男文学論集』漂流者

奥野健男とわたしとは、文学という大海のなかに漂流する異邦人のような存在である。こういう漂流者には、それにふさわしい特徴があると

＊奥野健男（一九二六〜一九九七）＝評論家。『太宰治論』で脚光をあびる。吉本隆明、井上光晴らと「現代批評」を創刊。以後、多彩な批評活動を展開。『文学における原風景』『三島由紀夫伝説』など。

おもう。ひとつは、文学にたいして厳しい願望と、一見するとそれと裏はらな優しいいたわりとをもっていることである。もうひとつは、もともと漂流者だから、たまたま流れ着いた岸辺の風物や社会に、すぐに好奇心を働かすことができることである。どこの都や、どこの名所でなければ、じぶんは滞在できないというようなことはない。

この二つの特徴は、奥野健男の仕事に最大限に発揮されている。文芸批評家としての奥野健男は、わたしのもっとも信頼する正確無比な作品の読み手であり、しかも手厳しい読み手である。かれの文学に対する優しさといたわりと照れとが、それを包装して表現させる。これを文学に対する本質的な姿勢とみずに、文学者にたいする儀礼としてみたものは罰せられる。

漂流者としてのもうひとつの特徴は、かれを優れた文明批判家たらしめている。ほんとうの意味で、技術論や文明論をやってきたのは、わが国では、奥野健男をのぞいては、ほとんどいないと云ってよい。この漂流者は、里程標を遺して、また、終りのない岸を経めぐるだろう。

『鮎川信夫著作集』

鮎川信夫の存在は、十数年来、わたしの判断の中心を支えてきたような気がする。かれならばどう考えるか、という自問が、どれだけわたしの瀬戸際を救済したか、量り知れない。それは、たぶん、彼の詩的叡知の源泉が、詩や批評の向こう側にひとつの世界をもっていて、〈無償〉を放射しつづけているからである。その〈無償〉の質量を、手触りで確めえた者は少ない。また、その〈無償〉を枯渇させるほど、むさぼり尽くしえた者もいない。かれの詩的存在を、人々が侵しえないのはそのためである。

*鮎川信夫（一九二〇～一九八六）＝詩人、評論家。戦後、田村隆一らと「荒地」を創刊。詩集『橋上の人』『鮎川信夫全詩集』など。

『高村光太郎選集』

高村光太郎の途方もない仕事の規模は、事物と思惟の万端を、生理機構のようにおさえきろうとするつきない渇望の跡であるといってよかった。かれは近代のデカダンス心理の裏面から、古代的な自然のむき出しの倫理にいたるすべての思惟をじぶんの掌におさめようとした。

また母性的なもののまえに無限に癒やされてゆく情緒から、他者の温もりをきびしく拒否する金属片のような孤独までを、生活思想としてじぶんのなかに同居させていた。人間という概念をどこまでも拡大しようとして、到達したところを造型し、また追いもとめて際限のなかった詩魂であった。わたしたちは、結局はこの詩魂が探索した域外に在ることはないような気がする。

『埴谷雄高評論集』

今日、埴谷雄高は、日本の現代がうんだもっとも独創的な政治思想家として人々のまえに登場している。その政治思想に異論をもつばあいでも、日本の現代がどれだけの創造的な思想を自力でつみかさねうるのかという問題をじぶんに課するかぎり、かれの仕事を無視して、さきへす

＊埴谷雄高（はにやゆたか、一九〇〇～一九九七）＝作家、評論家。形而上学的思想小説『死霊』を発表。ほかに、評論『幻視のなかの政治』など。

すむことはできないのである。

『島尾敏雄全集』島尾敏雄の光と翳

島尾敏雄の作品に出逢うとき、わたしたちはちょうど、運命が人間を訪れる仕方に出逢うような気がしてくる。はじめは少年の遊びのなかに微かな違和感のようなものが未知の手でそっと投げ込まれる。その違和感がどこからやってきたのか知りたくて少年は長い旅に出なくてはならないだろう。そう思っているとほんとうに少年は旅に出かける。教養ある未知をもとめる遍歴の旅ではなく、繰返し小さな違和感に出逢い、知らずしてそれの輝きを翳りのように身につけては、また出発してゆく単独者の旅である。この旅を終わらせるには、じぶんを繰返し訪れる違和感がいつもおなじ構造をもった出来ごとをもたらすことの不可解さに打たれるほか術がない。わたしたちはそこに佇んでいる作者を感得したとき、ああいま作者は運命というものに出逢っているのだなと納得するの

＊島尾敏雄（一九一七〜一九八六）＝作家。特攻指揮官として敗戦を迎える。『出発は遂に訪れず』『夢の中での日常』『死の棘』など。

だ。同情も悲しみも強要せずに、現在の不毛な世界の一角を金属のように通り過ぎてゆくときの光と翳とが織りあげてゆく無類の言葉、それがかれの文学なのだ。

『大原富枝全集』魂の難所にふれる作家

本がでると探してきて、できればどんな断簡も読んでみたいなと、無理なく感じるのは、外国の作家ではアイザック・B・シンガーだし、日本の作家では大原富枝だ。どんなところで？　と問われたら、微妙な親密さで魂の難所にいつもふれているところだと答えるとおもう。初期の「祝出征」や「蚕飼乙女」から「ストマイつんぼ」や「大草原」まで、家や風俗や時代の病気などが、閉所のように鬱屈を強いてくるとき、肯定と否定にないまぜられた微妙な親密さで、周囲の壁を融かしてしまうつつましいたたかいが描かれてきた。そして「婉という女」はこの作家の魂の親密さが野中兼山の娘「婉」の閉じられた鬱屈をあますところな

＊大原富枝（一九一二〜二〇〇〇）＝作家。結核の闘病生活のなかで書きつづけ、『於雪』で第九回女流文学賞を受賞。ほかに『ストマイつんぼ』など。

く占拠できた記念碑だった。この作品でわたしたちは鷗外とも芥川ともちがった新しい歴史小説をはじめてもったといってよい。親密さは、魂の難所にふれると、それを癒やすことができる。わたしは「アブラハムの幕舎」を読んだときこの作家の思想の歩みが、とうとう完成された響きを伝えるのを、耳に聴いたとおもった。

私の好きな文庫本ベスト5

『記紀歌謡集』（武田祐吉校注、岩波文庫）
『法然上人集』（正宗敦夫編・校訂、日本古典全集刊行会）
三枝充悳**『法華経現代語訳』**上・中・下（レグルス文庫）
萩原朔太郎**『虚妄の正義』**（講談社文芸文庫）
太宰治**『富嶽百景・走れメロス』**（岩波文庫）

机のまえから五歩の内にあり、しかもすぐに見つかるというのを大前提にした。内容についてどんな基準があったかといえば、こんな文庫本があったらという願望に叶い、そのうえとても重宝しているので、すぐ判るところにあるのが『記紀歌謡集』『法然上人集』『法華経現代語訳』の三冊だ。あとの二冊『虚妄の正義』と『富嶽百景・走れメロス』は安く手に入り、文学作品として近代文学の五冊のひとつとして択んでも、充分に耐えるいい作品であり、そのうえ短くやさしく書かれていて、読むのにとりつきやすいということで択んだ。もちろんわりに手にとる機会がおおいので、近くにある。

つぎに一冊ずつにコメントを掲げる。古事記と日本書紀の歌謡は、文字で記されたかぎり最古の日本の詩で、本文の物語性をできるだけきり離して読んだほうが、歌謡の素顔が露出してくるといえる。

『法然上人集』は全集も出ているし、諸々の法語集や聖典にも収録されているが、『選択集』をはじめ、法然のいくつかの大切な起請文が一本に集められているのは、この文庫版だけだ。法然の声と、考え方の原型と、聡明な頭脳が、まるで一枚のレコード盤を聴くように、この本にこめられている。愛着のおこるいい本だ。

つぎの『法華経現代語訳』は看板にいつわりない。くだけた現代の言葉で、真剣な、しかも易しい調子で、法華経の全貌が読めるのはこの文庫本だけだ。

『虚妄の正義』は、詩人朔太郎の散文詩といっていいような短章集で、感覚としての朔太郎は詩に、思想としての朔太郎はこの形態の短章に集約されていて、どのひとつを読んでも、はっとするようなことが必ずひとつくらいは言われている。朔太郎はふつう考えられているよりもずっと偉大だ。でもこの偉大さには骨組みがないため、ぐずぐずしているとすぐに崩れこんでしまう。崩れた直後にやってきた読者には、朔太郎はただの過激な感覚をもったいい詩人だし、崩れる寸前にやってきた読者には、わが近代にはかつて存在したことのない思想の錬金術を心得た文学者におもえてくる。

『富嶽百景・走れメロス』に盛られた短編群は、この優れた言葉のシェフが、いちばん安定した気分で、じっくりと心づくしの料理を提供したものだ。子どもにはお子さまランチの味をにじませ、大人にはわが国ではめずらしいほど生真面目に、愛と信を正面におしだして、世界苦に挑んだ天才的な作品におもえてくる。

わたしはもっと手間と暇をかけて積んである文庫本のゴミ山を崩せば、もっといい五冊を択べる気がする。そして択ぶことに限度はないのだが、これは客を待たせておいて作ったオードブルとおもってくれれば本懐だ。

'93 単行本・ベスト3

単行本ベスト3

①ジョン・ファウルズ[*1]『**アリストス**』(小笠原豊樹訳、パピルス)

②多田富雄[*2]『**免疫の意味論**』(青土社)

③佐貫利雄『**日本経済・新論**』(東洋経済新報社)

順序は不同というだけで、かくべつの意味はない。文学関係の書物ではこれほどひとつの感じをよびさまされたものはなかった。番号①の著者が、どんな作家かはまったく知らない。これは一種の箴言集なのだが、現在でもこんな寸言や短章を書ける人がいるとは意外だと、しきりに思った。この本の寸言や短章は、どれひとつつまらないものはない。全部ぎょっとするような叡智に満ちていて、がらくたはひとつもなかった。思わず、いるんだなあ、と感心させられた。

番号②の本は、人体の免疫系の全体像について啓蒙された。それだけではなくじぶんの言語論について考えたり、感じたりするたくさんの素材があたえられるのを感じた。いつか病院で脾臓の超音波透視をうけながら、医者が助手にこの人の脾臓はふくらんでるようにみえるでしょう、でも、ほんとはそうでもないんですと説明しているのを、映像を見ながら聴いたことがある。脾臓が免疫系の臓器にかぞえられることを、この本ではじめて知った。

番号③の経済書は、経済学関係の本で、得るところの多かった唯一の本だった。この著者の本は全部読んでみたいと、わたしが思う唯一の経済学者だ。とくに、この人の主著『成長する都市　衰退する都市』（時事通信社）は、以前に読んで興奮を禁じえなかった。わたしはこの経済学者がどんな人かまったく知らない。それでも経済学的な認識から攻め上って、いまの社会の現状を骨の髄まで分析し、判りつくすことは可能だなと納得させ、意欲を駆り立ててくれる、まれな経済学者だと思う。こんな人が日本にもいるんだとおもえることは、何ものにもかえがたい。

わたしは口をひらけば文学作品はいま面白くないと、まるで枕詞のように言っている。そして逆に現実の動きのほうが、ずっと面白いとも書いたりしてきた。こういう感想が批評家や読者からもちあがってくるのは、確実に時代の転換期の兆候だといっていい。

文学作品は面白さを生命としているかどうか、まったくわからないから、こんな時代に文学にたいする評価が小さくなることは、けっして文学にとって悪くないのかも知れない。また文学作品はじぶんが面白くないことについて責任を感じる必要もないかもしれぬ。ただ読者や批評家の視線が文学を離れてしまっても、それを押しとどめる力は、文学にはもともと具わっていないというだけだ。

とてもはっきりしているのは、文学はいつも外部の世界に耽溺するか、内部の世界に耽溺する以外に、どんな本質力ももっていないことだ。わたしたちが文学作品はいま面白くないと言っているとき、作品が外部の世界のお祭じみた賑いを模倣しているか、内部の世界の孤独な拡散を模倣しているにすぎないことを意味している。この三冊はいずれも賑いに類するが、模倣はない。

＊1ジョン・ファウルズ（一九二六〜二〇〇五）＝イギリスの作家。『魔術師』『フランス軍中尉の女』ほか。
＊2多田富雄（一九三四〜）＝免疫学者。免疫に関与する抑制T細胞を発見、抑制因子を解明した。

'94 単行本・ベスト3

単行本・ベスト3
①ニコラ・セギュール『**知性の愁い**』（大塚幸男訳、岩波文庫）
②『**一遍上人語録**』（大橋俊雄校注、岩波文庫）
③小川国夫*1『**悲しみの港**』（朝日新聞社）（順不同）

すこし註釈をつける。①は「アナトール・フランスとの対話」という副題がついている。著者がフランスと会った機会に対話した言葉、場所、そのときの態度などの印象を記したものだ。芥川龍之介の作品を読み返す必要があって、そのなかでフランスの懐疑主義というっているのはどんなことか気になって読んだ。

この本のなかの「ジョレスとの対話」の項をみると、ストレートにわかる気がする。社会主義者ジョレスにわたしも社会主義者だがといいながら、民衆の平等と解放が実現されたとして、その汗やごわごわの手や、がさつな挙措までは好きになれないだろうことを、理念の感性として表現している。

平等化イコール創造的刺戟の崩壊、民衆的規模の解放イコール少数への多数の従属ではないかというところに、フランスの懐疑主義は理論的に帰着している。芥川はじぶんイコール、アナトール・フランスとおもいたかったことが、よくわかる気がする。
②は繰返していままで読んできたことのまたひとつの繰返しとして読んだ。日本での思想の精髄は、やはり中世の浄土系の思想家たちが体現していると感じる。短章だけどこれだけの思想的表白は世界にそんなにないとおもう。また親鸞の和讃を哲学的思想の無比の正確な体系の表白とすれば、一遍の「百利口語《ひやくりくご》」に象徴される和讃は、信仰の詩的表白ということになる。
③は小川国夫の初期の文学的な彷徨の時代を描いた自伝的といえるはじめての作品だ。この作家の資質と環境がとてもおだやかに知的に表白されていながら、いわゆる私小説にならない。本年いろいろごちゃめいた小説を読んだが、結局この作品の透徹した印象が、最後までひっかかって離れなかった。いい作品だというより仕方がなかったというのが、わたしの感想だ。
いやな言い方を故意にしているようにみえるかもしれないが、こういう言い廻しで作品に不満な点もこめているつもりで、その他の意味はない。

今まで読んだ書物のすべてのうちから三つ選ぶことも少し考えてみたがとても難かしいので、むしろ今年いままで読んだ本に限定した。いつまでも忘れない本といえば、②の本に帰着する。

なぜならすでに数百年、いろいろな人が忘れなかったのだから。

＊1小川国夫（一九二七〜）＝作家。同人誌「青銅時代」を創刊。島尾敏雄が激賞した『アポロンの島』は自費出版。著書に『或る聖書』『逸民』など。

「戦後詩を読む」
吉本隆明選の10篇

鮎川　信夫「繋船ホテルの朝の歌」
田村　隆一「十月の詩」
清岡　卓行「子守唄のための太鼓」
谷川　　雁「革命」
黒田　三郎「賭け」
中桐　雅夫「人民のひとり」
三好豊一郎「われらの五月の夜の歌」
北村　太郎「地の人」
関根　　弘「女の自尊心にこうして勝つ」
長谷川龍生「理髪店にて」

30人への3つの質問

――最も深く影響をうけた作家・作品は?

ファーブル『昆虫記』、編者不詳『新約聖書』、マルクス『資本論』。

――戦後、最も強く衝撃をうけた事件は?

じぶんの結婚の経緯。これほどの難事件に当面したことなし。

――最も好きな言葉は?

ああエルサレム、エルサレム、預言者たちを殺し、遣されたる人々を石にて撃つ者よ、……(マタイ伝二三の三七)。

恋愛小説の新しい効用

【対談】吉本隆明・荒俣宏

荒俣 ラヴ・ロマンスって、重層概念なんですよね。つまり、ラヴ・プラス・ロマンスというわけで、どちらが欠けてもだめ。であるとすると、ラヴは内容を指していて、ロマンスのほうは文学の形成を指しているんだと言えます。で、まずラヴとロマンスに分けて、ラヴのほうからいきますと、ラヴとは日本語で恋愛ということになるんでしょうが、西洋でいうラヴとは、たぶん語感が相当違うと思うんです。日本でいう恋愛ないし恋と、西洋のラヴとは、おそらく同一ではないような感じがしておりますし、現実に日本の小説と西洋のそれとを読み比べてみると、そういう問題が出てくる。

私はあらゆる物事について、基本的に厳密に定義をすることは意味がないというか、嫌いな人間でございまして、物事をあまりきっちり定義をしてしまうと、自縄自縛《じじょうじばく》になりかねないので、なるべく物事は緩やかに寛大にとろうという姿勢にいつも立っているんですが、しかし、にもかかわらず、このラヴというのはある程度定義をしないと、ほとんど何でもラヴになってしまう危険性があるわけです。

例えば、人が壁と恋仲になってもいい。ですから対象はたぶん人間なんだろう、という感じが一つ。

それからもう一つは、できれば男女の問題が入っていること。男・男や女・女の関係も最近はだいぶふえているし、まずラヴには違いないんだろうけれど、ここでは一応トラディショナルな意味で考えたいと思います。

そのへんの問題から入っていくとすると、ラヴで、もう一つ大きな要素になるのは、精神的なものと肉体的なものだと思うんです。村上春樹さんの小説を読んでも両方が必ず出てきて、セックスなんかが恋愛と重なりますよね。でも、この二つは元来関係がないのかもしれない。これはなかなか難かしい問題で、恋愛、結婚、セックス等々、さまざまな問題が一緒になってしまうと、どう取り上げていいのか分からなくなってしまうんですね。で、とりあえずは、まず精神的な結びつきの話になるのかなという感じがあります。

それから、ロマンスとは物語なんですね。つまり簡単にいえば、嘘なんで

＊荒俣宏＝作家・評論家・翻訳家。欧米の幻想文学紹介から、博物学的な広範な領域で大活躍。『楽園考古学』『図像学入門』『ブックス・ビューティフル』『南方熊楠』『本朝幻想文学縁起』『想像力博物館』『帝都物語』など、著作多数。また、ダンセイニ、マクドナルドなど、翻訳も多い。

す。そういう意味では、ラヴ・ロマンスの大前提は、嘘であるということです。現実世界のなかにはまずないことが、おそらくラヴ・ロマンスのスタート点なのではないか。

このことを前提にすると、精神的だけの結びつきがラヴだというのは、結構いいんです。ほんとうのような嘘で。とにかく、現実にはないような話を語ろうということでありますから。

●ラヴ・ロマンスを読むと元気になる

荒俣 また、ラヴとは、私的な体験から言っても一種の病気だと思うんです。病気そう考えないと、ラヴなんてなかなか解釈ができない問題なんですね。病気とイコールかどうかは分かりませんが、少なくともラヴは病気と対比できるものであって、病気と同様に数限りないケース・スタディがあると。つまり一般論はない世界だと思うんです。

そういう多くの問題を抱えたラヴ・ロマンスなんですが、ぼくが一番理想的なラヴ・ロマンスと考えているのは、二つぐらいあるんです。一つの典型は、ぼくの大好きなサン・ピエールという人が、ちょうどフランス革命期の一七八八年に書いた小説『ポールとヴィルジニー』なんです。

　これはどういう話かというと、学問のない身分の低い男と、学問があり、身分の高い女、つまり全く住む世界の違う接点のない男女が、なぜか惚れあってしまう。ラヴの一つのポイントは、境遇が全く違うにもかかわらず、二人が同じ感覚になれる不思議さなんですね。ですから、ラヴというのはどちらか片方が燃え上がってもダメなんですね。これは人間でも生物でもそうなんですが、季節と年代と肉体の条件が一致しないと、絶対にお互いが同じような気分にならない。その意味では、ラヴはある意味では奇跡だと思うんです。で、この『ポールとヴィルジニー』の場合は、二人は、長いこと別れてしまいますから、あらゆる条件が一致しないんですね。にもかかわらず、心だけは一致している！　これなんかはラヴ・ロマンスの嘘の極北だろうと思います。

　この話のどこが好きかといいますと、二人とも、諦めよう諦めようとするんです。そして男は熱帯の小島の植民地の中で農業に励み、一人で勉強して、なるべくその女性のことは忘れようと思うんです。恋を忘れるのには一人で

＊サン・ピエール（一七三七〜一八一四）＝フランスの作家・博物学者。『ポールとヴィルジニー』は、モーリシャス島を舞台に純愛を描いた小説。

いるのが一番いい、孤独こそ恋愛に勝つ唯一の方法だと考える。女の子は女の子で、社交界にデビューするためにパリかどこかに連れていかれて一所懸命デビューのための勉強をしている。二人とも、違う方向をずっと歩むんですね。

そして最後に、ついに会えると思っていた女の子がパリから帰ってくるとき、男の目の前で嵐のために船が沈むんです。やっぱり世の中は不運にできていて、会えなかったんだと思い、男は世を嘆いて死んでしまうんですが、じつは女の子は助かっていたという、最後まで会わないラヴ・ロマンスなんですね。会わないんですが、なおかつ、これはラヴ・ロマンスの極北だと思わせる要素があるんです。

もう一つは、全く逆の意味のラヴ・ロマンスの典型で、歌舞伎の『桜姫《さくらひめ》東文章《あずまぶんしょう》』なんですね。桜姫という女は、いかなるパターンの恋愛にも合わせてしまうという〝セブン-イレブン〟のような恋愛をする人で、まず清玄という稚児でスタートして、次第に大人の異性にも興味を持ちはじめるんですが、突然、その桜姫は、〝お姫〟という娼婦になっちゃうんです。お姫様が、〝お姫〟になってしまう。そしてごろつきの権助と不純な交わりをしな

＊『桜姫東文章』＝歌舞伎狂言。世話物。四世鶴屋南北作。

＊『愛と死をみつめて』＝大島みち子・河野実著。難病に冒された女性との純愛のドキュメント。

がら、子供を産んでも、なおかつ浮気をするという、全くの悪女としての恋もできる。そして最後には再び清純なお姫様に戻るという、あらゆるパターンの恋ができて、相手の男は彼女に翻弄され、ひどい目に遭《あ》う話なんです。

この『桜姫東文章』は、『ポールとヴィルジニー』とは全く逆なんですが、読み終わったあとに、これもやっぱり一種のラヴ・ロマンスなんじゃないかと思うんです。万能な恋愛でも不可能な恋愛でも、結局、最終的には男女という単体の営みみたいなものに戻ってくるという意味では、私はこの二つの作品はラヴ・ロマンスの両極北だと思うんです。

この二つのラヴ・ロマンスの流れを照らし合わせてみると、例えば『源氏物語』や『愛と死をみつめて』ふうのものが、すべてこの両方の間を行ったり来たりしている構造になる。この座標軸のなかに、多くの恋愛小説なりラヴ・ロマンスは、入ってしまうんじゃないかと思うんです。

吉本　こういう対談のテーマを与えられて、青春時代から読んだ小説や詩を思い浮かべてみたんです。青春時代から現在まで途絶えながらも、比較的読み続けてきた好きな作家は、ぼくの場合、夏目漱石と太宰治なんです。漱石のラヴ・ロマンスは、『それから』『門』『行人』……まあ『三四郎』はそうで

『それから』＝一九〇九年（六月〜十月）朝日新聞に連載。
『門』＝一九一〇年（三月〜六月）朝日新聞に連載。
『行人』＝一九一二年（十二月〜一三年十一月・途中休載あり）朝日新聞に連載。
＊『三四郎』＝一九〇八年（九月〜十二月）朝日新聞に連載。

もないですが、こういう作品はぼくの体験的な恋愛と切実にくっついているところがありましてね、これは敬遠すべきではないかと(笑)。

荒俣 身につまされるという(笑)。

吉本 そうそう、そういうところが、ありましてね。

荒俣 こんなことをしていていいんだろうかと、思ってしまいますよね。

吉本 そうなんです。ですからこれは敬遠しますと、太宰治がのこってくる。太宰治にはぼく、いろいろと好きなラヴ・ロマンスがあるんですが、結局、最終的にこれがいいと思うのは、『お伽草紙《とぎぞうし》』のなかの「舌切雀《したきりすずめ》」なんです。

荒俣 それは面白いですね。なぜですか?

吉本 これは、人間と雀の恋愛を書いたものなんです。お爺さんは金持のぐうたらな三男坊、お婆さんは若いときからお爺さんの家の小間使いをしている。お爺さんは若い時分から体が弱いものだから、その身辺の世話をしてるうちに、お婆さんと一緒になったというんです。お爺さんは何もする気がなくて、毎日机のそばでゴロゴロ寝たり起きたりして、本を読んだりしている。本を読んだからといって、別にどうするという気もなく、ただゴロゴロしているんです。

そこへあるとき、足をくじいた雀が庭で飛べなくなっている。お爺さんはそれをつかまえて、治療して放してやると、それから雀が遊びに来るようになって、お爺さんの机の上や、頭の上に乗ったりして遊ぶんです。でもお婆さんが来ると、愛想がなくておっかないものだから、スーッと軒のほうに行って（笑）、いなくなって、またお爺さんだけになるとやってくる。

荒俣　お婆さんが出てくると逃げ出すシーンは、目に浮かぶようですね（笑）。

吉本　そしてあるとき、雀が机の上に来て突然、人語を話すんです。「あんたはいつでも面白くなさそうな顔をして、本を読んではゴロゴロしているようだけど、一体どういうつもりで暮してるんですか」、みたいなことを言うんです。「いや、これでいいんだ」とか言ってお爺さんが話をしていると、お婆さんが来て「いまここで若い女の声が聞こえたようだけど」と言うんです。「いや、誰もいないよ」と言うと、「いや、今たしかに女の声が聞こえた。あんたはしょっちゅう仏頂面《ぶっちょうづら》しているのに、いやに華やいだ声で会話をしてたじゃないか。あの娘さんはどうしたんだ」と言う。「いや、そんなことはない。来ていたのは雀だ」と言うんです。それで、怒ったお婆さんは雀をつかまえて舌を抜いちゃう。それから、雀は来なくなってしまう。

そこから、お爺さんの恋愛が始まるんです。太宰治の表現によれば、それ以来お爺さんは、はじめて意欲的になるんです。はじめて人生に積極的になって、毎日、竹藪を尋ね歩く。あるとき、竹藪の雪のなかでくたびれて気を失っちゃう。そして、目が覚めると、雀のお宿にいるんです。

その雀は、オテルさんというんですが、オテルさんは舌を抜かれて、口もきけずに寝ている。彼女にはオスズさんという友達がいるんですが、よく来てくれたというわけで、歓待してくれる。そして「オテルさんは寝ているから、行って話してきたらいい」とか言って、オスズさんは行っちゃうんです。でも、お爺さんは何も言うことがないんですね。ただ、オスズさんが出してくれた「ササノツユ」というお酒を飲んで、表を見たりしながら黙っている。オテルさんの方も黙っているだけで、口をきかない。それで、「もうそろそろ帰ります」と言うと、オスズさんが、「二人とも、何も話さないじゃないか」と言う。「いや、そんなことはいいんだ」と言って、お爺さんは帰っちゃうんです。そういう恋愛なんですよ。

それで、もう一度目を覚ますと、雪の中でうつぶせに寝ていて、オテルさんのくれた稲穂を手に持っているんです。で、それを持って家に帰り、机の上に稲穂を置いて、また例によってゴロゴロしながら、ときどき稲穂を相手に独り言をいっている。そうすると、またお婆さんが来て、「その稲穂は誰からもらったんだい」って聞くんです。「拾ってきたのか」「いや、そうじゃない」。

問い詰められて、とうとういきさつを話してしまうんです。「じゃあ、とにかく竹藪でうつぶせていたらいいんだね。それなら私は葛籠《つづら》をもらってくるよ」とか言って、お婆さんは雪のなかでうつぶせているんです。なかなか帰ってこないので、お爺さんが行ってみると、お婆さんは大きな葛籠を背負ったまま、そこで死んでいるんですね。

そのあとで太宰治独特のオチがついているんですが、大きな葛籠を開けてみると、金貨がいっぱい入っていて、お爺さんはそのお金をもとにして偉くなって、後に「雀大臣」といわれるような宰相になるんです。それでときどき、「こうなれたのは女房のおかげです」と言うところで終わるんですけどね。

ぼく、この小説のどこが好きかといいますと、意欲がなくて、万事につけて消極的で、もちろん恋愛についても女性についても、生きることについても消極的だった男が、ある日、そのお爺さんの場合は恋なんですが、雀に恋したことを契機に、見違えるように燃えてしまう、それが、人間の悲劇であり喜劇であるということを、描写してるところなんですよ。これは、とてもいいラヴ・ロマンスだとぼくは思いますね。

荒俣 前向きのラヴ・ロマンスという感じがしますね。ラヴ・ロマンスを読むと、たしかに元気になるという要素はありますね。

吉本 そう、元気になる。

荒俣 ラヴ・ロマンスを読むとなぜ元気になるんでしょう。これがなかなか不思議なところですね。

吉本 そうなんですね。ぼくはラヴの状態になったときって、いつでも消極的なんですよ。でも、ある煮詰まった瞬間というのは、全細胞が生きたみたいな感じになりますよね。「へえー」という感じ、あ、こういうこともあるんだ、という感じですね。その状態は長くは続かないんですけどね（笑）。でも、そういう状態はたしかにあった。

太宰治の「舌切雀」は、その間の感じをよく出していますね。人生にニヒルになっているお爺さんが、雀に惚れて何となく一人で燃えちゃうみたいなね。そのことをすごくよく描写してると思いました。

●性の専門家は底知れない

荒俣　いまのお話を伺っていますと、お婆さんが来ると何となくシラケるという感じは、とてもよく分かりますね。ですから、変な話ですが、ぼくなりに思いますに、ラヴとは基本的に芸の見せ合いみたいなところがある。自分の存在を知らせなきゃいけないわけですから。

つまり、子供が生まれたら出生手続きをするとか、結婚すると婚姻届を出すというような煩わしさを通過しないと、物が物として通じないのと同じように、恋愛もある意味では、雀とお爺さんのように、コミュニケーションが難しく、手続きが厄介になればなるほど、すごいエネルギーを必要とするもので、そういう困難性が重なってくることによって、日本でいえば、韓国の人が日本国籍をなかなかとれないように、指紋押捺《おうなつ》とかいろんないやなことをしなきゃいけないのと同じように、そういうエネルギーを必然的に出さなきゃいけない。芸人であれば、芸をとことん見せなければお客さんが納得しないようなことを一通り見せて、やっと自分が恋愛をしている、ラヴをしているという行為を、自分と相手に納得させられるところがあるんじゃないでしょうか。

しかし、最近は芸なんか見せないので、手続きみたいなものがいろいろあるんですね、両親を説得しなきゃいけないとか。恋愛は、意外に大人同士の話のように見えながら、じつはそこに世界を引き込まなきゃいけないので、それを最高の位置におくためには、それまで最高の位置にあったものを組みひしぐようなエネルギーを使わなきゃいけないんじゃないでしょうか。

吉本 そうですね。

荒俣 それと、いまのお話を聞いていて、お爺さんの心境というのが私にもよく分かります。ほとんど〝二十歳にして心朽ちたり〟をテーマソングにしていた人間が（笑）、まだ朽ちてもいないんじゃないかという感じを、自分自身に納得させなきゃいけないと思いました（笑）。

舞台に上がって何かをしなきゃいけないときの緊張感と、よく似ていますね。自分が試されているような……。

それともう一つ、違うものを一致させるための条件としてのコミュニケーションが成立するかどうか、言葉がうまく伝わるか伝わらないかの問題がありますね。雀とお爺さんの話などはその典型例で、雀や鳥はさえずる生物ですよね。さえずるとは、日本語でいえば、異国語をあやつるという意味ですね。ですから恋愛では、異国語をあやつる人々とのコミュニケーションとほとんど同じようなことをやらなければいけないような感じで、また、その緊張感が物語の展開を作っていくわけですね。

政治運動や思想の問題は、自分自身の独り相撲で何とかなる部分があって、勝手に苦しんでりゃいいというところがあるんですが、恋愛の苦しみは、どこかで救済の要素を必要とするようなところがあります。ですから、恋愛の場合はいくら苦しんでも何らかのカタルシスがあるけれど、それ以外のもの、自分が認められないようなことで悩んでいる人は、なかなかカタルシスがやってこないために、「えーい、国会を燃やしちまえ」、とかいうふうに別の行為に走ってしまうんですが、恋愛だけはカタルシスが一つの装置になっているところがあるような気がします。

吉本　ぼく、文学でも政治でも、それぞれに専門家がいるように、性の専門家がいるような気がするんですよ。

荒俣 それはいるでしょうね。

吉本 で、女の人には性の専門家がいるけれど、男の性の専門家は、よくよく考えると、いないんじゃないかと思うんです。それはぼく、とても怖いなと思う。この人は専門家だという女の人は、やっぱり怖いなあという感じがするんですね。太宰治はそのことに関連して、面白く茶化したというか、一方では、とても真面目な小説を書いていて、それは『令嬢アユ』というんです。

それは太宰治、つまり「私」のところによく来る文学を志した青年がいるんです。あるときその青年が「おれは恋愛した。結婚したいやつができたんだ。うまくまとめてくれないか」と「私」に言うんです。

青年は釣りが好きで、伊豆へ釣りに行ったと言うんです。そうしたら向こうの方に釣りをしている娘さんがいた。太股あたりまでスカートをたくし上げて、盛んに釣っていたというんです。それがとてもエロティックに見えた。自分はのんびりと釣り竿を置いたままゴロゴロして、タバコのんだりしていたら、その娘さんが来て、どんな針をつけているんだ、これじゃあだめだ、私のを使いなさいと、つけてくれたので、なかなかいい娘さんだなと思って見ていたというんです。

で、翌日も釣りに行って、また来ているかなと思ったら、来ていなかった。それで帰り際に汽車に乗るために駅の方へ歩いていたら、向こうからそのときの娘さんが、お爺さんと一緒に歩いてきたというんです。戦時中の小説なのでお爺さんは日の丸の旗を持っていた。それで、「やあ、その節はお世話になりました」とか言って、「これからどちらへ」と聞くと、「このお爺さんを送って駅まで行くところだ」って言うんです。で、駅まで一緒に行って、ますますいい娘さんだと思って、別れるんです。その娘さんと一緒になりたいんだと「私」に説明するんですね。

そうすると「私」、つまり太宰は、「あなたは娘さんだと言っているけれど、それはそうじゃない」と言うんです。「そのお爺さんは娘さんのところに泊まったと言っただろう」と。甥か何かが出征するので見送って、その帰りがけにお酒を飲んだ揚句《あげく》、泊まったと。「そうだったら、その娘さんは娼婦なんだ」と言う。その若い男には全然分からなかったんですね。その娘さんは、たしかにいい娘さんだとは思うけれど、一緒になりたいことに賛成かというと、どうもそうは思わない。その娘さんはなまじのご令嬢よりもずっといいとは思うけれど、結婚させてくれと言われると、どうもそこはふっ切れない。

そういう小説なんですよ。

　ぼく、女の人の性の専門家がどうしても怖いという感じがあるんです。その理由は一体何かというと、もちろん文学でも政治でも、ほんとうの専門家とは怖いものなのかもしれませんが、その怖さの原因は、辿れば辿れるような怖さだと思うんです。でも、性の専門家だけは、どうも底知れないっていう感じなんです。つまり、どこまで行っても到達点がないみたいな、そういう感じがあって、怖いんですね。

●出会ったことのエクスキューズ

荒俣　昔、女の人が教えられたのは、「女大学《おんなだいがく》」なんですが、基本的には家事の問題、あるいはいかに家を切り盛りするかなんですね。明治期以降になっても処女会みたいなものができましたが、やはり教えるのは、家の切り盛りの方法でした。しかし、もっと昔は、役に立たない文学と、役には立つんですが、女性の一つの方法論として、非常に個人差のあるセクシャルな技術だと思うんです。

＊「女大学」＝封建社会の女子の教育書。貝原益軒作とされるが、作者、年代とも未詳。

セクシャルな技術は、基本的にはいろいろな個人差があって、それが開発できるかどうかは、各人が何十年もかけて陶器をつくるのと同じような、おそらく技芸の部分があると思うんです。これは東洋でも西洋でも、一番最初に女性の訓練として教えられていたもので、女性にとって一番奥深い名人芸というのは、たぶんそれだったような気がします。われわれが辿れる時代に、すでに専門家といいますか職業になっていた。

彼女たちは、日本でも西洋でも、何のためにそういう愛の技術を磨くかというと、成仏させる……成仏させるというのもおかしいですが、つまり恍惚、われわれ自身の感覚を解放させてくれるようなものだったんですね。

それは、頭の方でいえば宗教の問題だし、身体の方でいえば、身体の全欲望の満足なんですね。いずれにしてもその極致に達する方法、それを女性は初期の段階で、技術的な形として授けられていた。だから、そこのところが男にとってはとても怖い感じ、底知れぬ感じを与えるんじゃないでしょうか。

たぶんそれは、真理に達しているというか、女性にいわせれば、ご託宣や神のお言葉に直接つながっている。だいたい女性は、肉体的な性愛を通して神の言葉を男に伝える役目が大きかったわけですから。昔から女の人は、男にとっては異界の存在ですよね。一番典型的な例は、民話によく出てくる異種婚姻譚で、いまの「舌切雀」のお話も似たようなものだと思うんですが、山奥で独身の男が炊事なんかして、まずい雑炊をつくっていると、ホトホトと扉を叩いて雪の中から女の人が入ってくる。「行き暮れた旅人です」みたいなことを言って「ごはんを一杯ください」、そのかわりにずっと主婦として、結婚相手として住み込むと言うんです。で、朝になるとはやくも女房面をしていて、すぐに子供ができてしまうというパターンですね。

　男女の巡り会いはほんとうに偶然で、選択の余地がない。なおかつ、女性の方は当初からいろんなものを持っていて、それを独身男性に与えることにより、一家が成立するみたいな事情がある。それが近代になると、性愛の方法ではなくて、家事の担当や家事の分担、あるいは子供を産んで育てるみたいな、役目の分担になってくるんですね。

　変な例を引きます。恋愛に苦しんだといわれるラヴ・ロマンスの権化のような有島武郎《ありしまたけお》。彼は『惜しみなく愛は奪ふ』を書いていますね。この評論のテーマは、現世の女性は男に従属させられているけれど、これはいまの世の中が男中心社会ゆえで、いってみれば男に搾取される奴隷の存在と同じこと

*有島武郎（一八七八～一九二三）＝作家。一九一〇年「白樺」の創刊に参加。人道主義文学の代表作家。著書『カインの末裔』『生れ出づる悩み』『或る女』など。一九一七年、評論『惜しみなく愛は奪ふ』を「新潮」に発表。

になる。女性はもともと性愛を売って男社会に何とか寄宿している存在ではあるけれど、彼女たちが本気になって何かをすれば、もっと全然違うものを創り出すに違いないというものです。

しかし、にもかかわらず、女性はホトホトと扉を叩いた以上は、男の世界に一応寄宿しているんです。それが恋愛ないしは出会いという形で、羽衣《はごろも》伝説と同じように、とりあえずあなたのもとにしばらくいましょう、ということを納得させる要素になっている。それの一番大きな契機が、性愛の問題になっているんじゃないでしょうか。でも、それがどのくらい本質的なものかはちょっと分かりませんね。もしかしたら、単なる贈り物かもしれないですし。乙姫《おとひめ》様の玉手箱と同じようなもので、開けるとどうということはない可能性（笑）。大事なんだぞというふうに見せながら、開けると一気に年をとって、みんな頬がこけるという、あれと似たようなところがあると思うんですよ（笑）。

女性が子供とともに持ってくる一つの交換、やっぱり掌中の珠《たま》なんですね。持ってくる珠が、一つは子供、もう一つは、その珠をより美しく見せるための性愛。そのかわり男の側では、とりあえずあなたをわれわれの世界へ導く、という構造になっているんじゃないでしょうか。

女性が性の専門家であるのは、まあ、はじめからそうなっているという感じがどうもあって、男はわりと性の問題は完結しちゃってるところがある。男のが〝放出する性〟だとすると、女性は〝放出させる側の産婆役〟として出てくるので、女性自身は性愛的な存在ではなくて、おそらく技術者として出てくると思うんです。

ですから、女性はついこの間までは、性愛については享受者じゃないわけですね。あくまでも被害者というとおかしいですが、お相手、ないしは賛助者であった。最近、女性の側からの性愛の歓びみたいなものが喧伝されているのは、逆にいえば、異界に紛れ込んできた女性の存在が形式を変えて、むしろ今度は男が、逆に性愛の贈り物を持ってヒョコヒョコ歩く側にまわったのかもしれません。

ただ、どうなんでしょう。いまのお話ですと、例えば雀とお爺さんにしても、釣りをしている太股チラリの女の人と連れ合っていたお爺さんにしても、直接セックスをしているわけじゃないんですよね。

吉本 そうですね。

荒俣　そう考えると、実際の肉体的なセックスとイメージ的な、つまり嘘のセックス、その恋愛における有用性は、われわれが考えるほど重要なものではなくて、われわれがこの世で巡り会った、「お前しかいない」「私のライフワークがあなただ」というようなことを言うわりには、要するに偶然の出来事にすぎなくて、いずれにしても、たまたま出会っちゃったから何かしようかという、出会ったことのエクスキューズ、言い訳をいかにうまくつくるか、そのきっかけにすぎないような感じもします。したがって、相手が娼婦であれば、そのきっかけはさらに広がるわけですね。生娘だと、いってみれば相手が門を閉ざしてるわけですから、どうしようもないわけですね。

お女郎さんや娼婦の出てくる文学が一番面白いのは、そういうきっかけが、むしろ意外な形で八方に開かれているために、どんな人々がひっかかっても不思議はないことなんですね。そういう意味では、いまの太宰の小説は、男女の出会いのエクスキューズの方法を、わりと明快に描いてるんじゃないでしょうか。

ただ、恋愛って難かしいんですよね。さっきも言いましたように、個別のケースなので、総体論はないんですね。その点、友情はかなり普遍的なものですね。ある意味では、倫理ですから。

　恋愛は倫理でも何でもなく、いってみりゃあ、お互いのわがままですから、楽しめれば楽しめるほどいいというものだから、これにはどうも際限がない。果てがなくて基準もない。友情とは、ある意味では絆ないし枠、一つの規範でもあるわけですから。

　例えば、キリスト教が日本や中国に伝道したとき、キリスト教の一番基本的な考え方はラヴなんですが、にもかかわらず、ラヴなんてことは一言も言わないわけですね。マテオ・リッチなんかがやっていたのは、友情論ばっかり。友情の話で全部持っていって、キリスト教は友情の宗教ということで、中国人や日本人を理解させようとしたのと同じで、ラヴとはおそらく贅沢なんですね。贅沢を教えるものだから、このあと一体いくら請求されるんだろう、みたいな感じってありますよね（笑）。

＊マテオ・リッチ（一五五二〜一六一〇）＝イタリアのイエズス会士。明末、中国に渡り布教、西欧文化を紹介。著書『天主実義』『幾何原本』など。

●『枕草子』と『源氏物語』

吉本　折口信夫の『源氏物語』の講義で『源氏』でいえば葵《あおい》の上《うえ》でしょうかね。

つまり、主としてあの時代の貴族的な風習なんでしょうが、一番初めに結婚したのは年上の女だと言っていますね。それは好きとか嫌いより、もちろん相続的な意味もあるんでしょうが、宗教的な意味も強くて、年上の女の人が第一夫人ということになっていて、ほんとうの恋愛は、『源氏物語』のように、いろんなところを訪ね歩くという、そういう方法でやっていたんですね。

荒俣　なるほどね。それはとても重要な点だと思いますね。

吉本　それでいろいろと考えるんですが、平安時代は電灯はもちろんないので、暗いせいなのかもしれませんが、どうも漠然たる印象しか持てないんですね。当時の貴族の女性は夜更かしなんじゃないか、普段はみんな寝てたんじゃないかとかね。つまり、立って話をしてる場面なんて、めったに出てこないんですよ。

荒俣　みんな寝物語をしてるという。ふだんの会話から、すでに寝物語になってるというのはあったかもしれませんね。

吉本　向こうの部屋をのぞいたら、姫君がいたという場合でも、みんな寝てるっていう感じなんですよ。それと、夜更かしね。

荒俣　そんなこともあると思いますね。

吉本 誰か専門家に一度聞いてみたいと思っていたんですが、習慣として夜更かしで、夜、活動して、昼間は、少なくとも午前中は寝ていたんじゃないかという印象があるんです。

荒俣 午前中は寝ていたでしょうね。みんな低血圧で（笑）。日本でもそうなんでしょうが、夜の生活とはよくいったもので、つまり、匂いや香のものでしょうが、「色」という言い方をして、色が移るから気が移るという形で、紫のゆかりみたいな人物を恋愛の象徴としていますが、実際には恋愛の基本は、香とか会話だったんでしょうね。

したがって、愛を語るのはヴィジュアルというよりオーディオの世界だったと思います。「おーい」とか呼ばないと、なかなか相手が分からなかったような状態だったんじゃないでしょうか。現在の恋愛は〝ラヴ・アット・ファースト・グリンプス〟つまり一目惚れとか、ヴィジュアルの世界ですよね。

吉本 そうですね。

荒俣 恋愛はあまりオーディオの世界では成立しなくて、必ずヴィジュアルな世界になっているんですが、オリジナルの恋愛パターンはみんなオーディオの世界で、だからこそ、それぞれの個性を言葉に託さなきゃいけなかったんじゃないか。それだと、どんなスタイルで寝ていようが、何をしていようが、かまわないわけですから。現に、そばでボソボソと語り聞かされていると、それが恋愛のコミュニケーションと、同じパターンになってしまう。

そういう小説が得意だったのは永井荷風で、荷風の話は、だいたい寝物語なんですね。結局、目をつぶって恋愛しているわけですから語り自体がラヴ・ロマンスの世界で、目が覚めると、相手がトイレへ行っていて、いないというような状況が、もともとの世界だったんじゃないでしょうか。

吉本 平安朝時代には、お風呂には入っていないんでしょうね。

荒俣 入っていないと思います。風呂に入るのは病人か皮膚病か、あるいは宗教的な、水垢離《みずごり》をしてお寺で体を洗うぐらいですからね。

吉本 結局、香を焚《た》きこめる。

荒俣 部屋のなかには香を焚いて、身体には油をつけるわけですね。で、油の匂いをプンプンさせるわけですが、それに惹かれて男たちが来るんですね。いってみりゃあフェロモンを流しているようなものですね（笑）。

吉本 そういう世界ですよね。

荒俣 当時の恋愛は、そういう世界の中で行なわれていたわけですね。ですから、強い光の下ではほとんど見ちゃいられないわけですよ（笑）。恋愛は一種のコミュニケーションではありますが、その段階で、すでに人間が一番重視している感覚の、目をとりあえずつぶして行なうようなものだったと考えると、一致する要素をうまく求めなければ、なかなか難かしかったんでしょうね、きっと。

で、言葉一つをとっても、それぞれ人種が違ったり、出身地が違ったりしたら、その段階でかなり難かしいことになりますからね。

その意味では、そうとう、芸が必要だったと思います。各国語を使えたり、相手が喜ぶようなことをちゃんと言えて、相手の好きな匂いを全部知っていなきゃいけないから、それを達成するには、「マリ・クレール」みたいな雑誌をたくさん読まないと、対応できなかったわけですね。

吉本 うん、そうですね。

荒俣 中国の古典を見たりしていますと、こういうときにはこういうものを使わなきゃいけない、みたいなことをかなり仕込んでおかないとだめだったし、同時に小間使いのような人を身辺にはべらせておかないと、恋愛一つなかなかできなかったものですから、けっこう手間がかかったらしいですね。

吉本　そうですね。清少納言の『枕草子』などを読むと、清少納言自身は教養があって、いろいろと知っていたわけでしょうが、それよりも、彼女が仕えていた中宮の方が優秀なように書いてありますね。

荒俣　ええ、おそらくそうだったと思います。

吉本　まあ、顔もきれいだったのかもしれないけれど。

荒俣　顔は、実際どうだったんですかね。それが一番気になりますね。古い時代の人々の恋愛における顔の要素……。いま、例えば『源氏物語』のアニメにしても映画にしてもそうですが、必ず美男美女が出てきて、光源氏も長谷川一夫がやったりするわけですよね。でもほんとうに顔の要素が重要だったかどうかは、もう一度チェックしてみる必要がありますね。特に女性ですね。男は、美男子でないともてなかったような感じがするので、かなり化粧をしていたわけですね。

そうすると、女性の方も薄暗い中で顔を見せなきゃいけないので、これが目でこれが鼻でこれが口、ということをかなり明快にしておかないと、訳が分からなかったんじゃないでしょうか。そのためにきれい、汚いというよりは、これが目だよ、これが鼻だよというような、アイデンティファイが明快

＊清少納言（生没年未詳）＝平安中期の女流文学者。家集『清少納言集』。『枕草子』は随筆で、『源氏物語』とともに平安文学の双璧。

につくような化粧をしていたんじゃないか、という気がします。だから、顔を極端に長くして、眉毛をなるべく上の方に描いて、眉毛と目を区別して、目の細い人は眉毛を目と間違えられないようにする。顔の化粧も、おそらくそういうものを前提としてずいぶんやっていたんでしょうね。

吉本 それと、化粧も濃かった。

荒俣 それは濃かったと思います。ですから結局は、みんな同じような顔になっていたんではないでしょうか。顔が同じだから、直接会わなくても、恋文のやりとりで、うん、これはすごい、というように決定されていたんでしょうね。むしろ、首とか脛《すね》とかが見初《みそ》めのポイントになる。『万葉集』にしても、たしかに見初めるというのはありますよね。天皇がどこかに出かけていって、薬草摘みの女に出会う。それも顔がきれいというのではなく、ちらっと太股が見えたとか二の腕が見えたとか、というだけの話なわけですね。それだけのことで、惚れちゃったりしているわけです。で、あとのやりとりは手紙や使者を出して、いついつまた会ってどうしようとか、こういう歌をあなたのために捧げましょうというようなことが、贈り物になっている。そういうことを考えると、われわれの時代の感覚のラヴ・ロマンスとは、現象的にずいぶん違っていますね。

吉本 うん、違うね。

荒俣 ということは、ラヴ・ロマンスの要素もかなり可変的なもので、われわれがいま読んでいるラヴ・ロマンスとは違う形があって、一番違うのは、いまのラヴ・ロマンスは一対一が基本ですが、数の問題も相当あったようですね。女性は「浮気した」といって必ず怒るけれど、浮気はむしろ、ラヴ・ロマンスの効用を増大させる要素でこそあれ、マイナスにする要素ではない。つまり、友情は贅沢ではなくて、一つの倫理や道徳や義務の関係だとすると、恋愛は贅沢でわがままになっていくプロセスの方が多いんですね。ですから、一夫多妻でも、一妻多夫でもいいんですが、相手の対象がより多くて、それでより満足できれば、それだけラヴ・ロマンスの効用はかなり高くなってくる。そして『源氏物語』を生むわけですね。

『源氏物語』は、桐壺《きりつぼ》のような特別な女性も出てきますが、基本的には恋のお相手がいくらでも出てくるわけですね。あれがただ桐壺と光源氏だけの話だったら、ラヴ・ロマンスにはならなかったんじゃないでしょうか。その最後の末裔が白樺派の人々で、とにかくかみさんを取っ替えひっ替えですから

＊桐壺＝『源氏物語』第一帖の巻名。桐壺の帝と桐壺の更衣との悲恋。

ね。重婚も辞さず、みたいな人々が、結局、恋愛を自分自身を拡大させる一つの方法論にしているのが、彼らのごく自然なラヴ・ロマンスのあり方だと思うんです。

吉本 そうですね。白樺派の作家で、真面目というか、一夫一婦制を守ったのは、有島武郎くらいなものですね。

荒俣 でも、有島武郎も悩んだわりには、いろいろとやっているんですね。

吉本 そう、最後は心中事件ですからね。でもあとの人はわりに自由にというか、無倫理的にやっていますね。

荒俣 できるんだから、何が悪い、という姿勢はなかなかすごいと思う。

吉本 そうですね。

荒俣 有島はクリスチャンだったんですが、結局、最後には捨てますね。捨てて、いくらか救われたところがあって、恋愛は少しはしやすくなったところもあると思うんですが、ラヴ・ロマンスって、自分を縛るものじゃないんですよね。自己をより拡大させて、どんどん贅沢になること。ですから、ハーレムの話や〝英雄色を好む〟というのは、ある意味では非常に自然な帰結であって、恋愛が次のレヴェルに行くと、一対複数の形に当然行くんです。またそれに対応できるのが、ラヴ・ロマンスだと思うんです。

吉本　そうでしょうね。

荒俣　したがって、いまの不倫といわれるものは、ちょうど端境期《はざかいき》みたいなもので、一応古い束縛を担っているから、不倫などというつまらぬ名前がついてるんですが、ぼくは恋愛ももっと先へ行くような気がして仕方がないんです。あるいは、吉本ばななさんの小説のように、お互いにトワイライトな関係を続けていって、誰が誰で、どういう関係なのかよく分からなくなって、義務の施しようがない、つまり、いつでも切れる関係にしておけば、それはそれでまた違うスタイルの恋愛が成立するという、パラレルな関係ですね。

吉本　だんだん、女の人に怒られそうな話になってきましたね（笑）。でも、そうですね、どうしてもそういう形になっていきそうな気がします。宇野前総理や山下前官房長官に対して女性の側から非難があるようですが、もう少し自分の物語をきちんと語って、対応すべきところがありますね。いきなり怒られるんじゃなくて（笑）。

荒俣　なぜ一夫一婦が正しいのか、いまだに明快じゃないわけですから。

吉本　そうですよね。

荒俣 ですからぼくは、白樺派の人々の小説をそういう観点でもう一度、新しい生きざまのケース・スタディとして、みんな読んでみると面白いと思いますね。志賀直哉のケースも、おそらくそうだと思うんです。われわれは『暗夜行路』といえば、暗く哲学的な小説とのイメージがありますが、あれも男がいかにわがままになるかという話ですし、武者小路実篤にいたっては、「わがままで何が悪い」という開き直りの文学ですからね。

吉本 そうそう。

荒俣 あの時代は、貴族や華族という特権階級があったのでできたわけですが、現在ではみんな貴族みたいなものですから、もっと普遍的な意味を持ってくるかもしれません。

吉本 うん、そうかもしれない。

荒俣 それがうまくできれば、もっと違う形のラヴ・ロマンスが、語られるかもしれないですよね。

吉本 武者小路という人は、物語をノンフィクションで平気で書いちゃっているのね、ラヴ・ロマンスをノンフィクションにしちゃった。

荒俣 まさにそうですね。本来はフィクションだったものが、パワーがあまり

＊武者小路実篤（むしゃのこうじさねあつ、一八八五〜一九七六）＝作家。「新しき村」のユートピアを実践、人間信頼を唱えた。著書『人間万歳』『友情』など。

にすごくて思わず実践してしまったところは、やっぱりすごいですね。

吉本　志賀直哉の『暗夜行路』も、よく読むと、最初に渡月橋《とげつきょう》かどこかで女の人を見初めるんですが、見初めたらもうしめたもんというか、自分のものだと思っちゃうようなところがあって、すぐにわたりをつける。あれはちょっと、「へえー」と思いますね。

荒俣　『暗夜行路』を読み直してみると、あれはじつに男本位の小説ですね。ぼくは、女性が読んで、「私も男になりたい」と思うような恋愛小説が復権されるべきだと考えているんですが、あれは一つのモデルですね。

いままでの恋愛小説は、女性が自己満足のために読んでいた部分が多いので、ある意味では収束していく物語として語られてはいたけれど、発展していく物語としては、あまり語られていないんですね。武者小路みたいなごく一部の人間を除いては。ですからこれからは発展していく恋愛小説が書かれればと思います。西洋ではたしかにそういうものがあるんですね。『桜姫東文章』なんて、まさにその発展していく恋愛小説だと思うし、西洋では宗教的なラヴ・ストーリーの一つとして、バルザックの『セラフィータ』などがある。あれは聖女のお話で、男にも女にも愛されるという両性具有の話で、まさしく発展する性の問題を扱った、発展するラヴ・ロマンスだと思うんです。俗っぽくいえば、重婚や複数の関係を描いたラヴ・ロマンスが書かれ、読者も読むような土壌が、もしかしたらあと十年ぐらいで出来るかもしれない。その点がもう一度突き詰められると、『源氏物語』も再びポピュラーな文学になる可能性もある。

吉本 そうだと思いますね。女流作家の歴史的な流れを現在まで辿って気がつくことは、はじめのうち、女流作家は、男性作家の描いた女性像を自分が模倣して描くという形で女の人を描いてきましたが、最近になると、例えば山田詠美さんでもいいんですが、そういう人たちの小説を読むと、男が描いた女性像とは関係がないところも含めて、つまり陰の部分も含めて、女性を描いているところがある。

荒俣 ええ、そうですね。

吉本 それは、新しい形のような気がします。模倣がなくなった。ずいぶん変わってきたなあと思いますね。

荒俣 いままでは女性のためといっても、恋愛小説は男が書いてきたわけですからね。それは児童読物を大人が書いているのと同じような関係で、本来、児童読物は、児童が書かないと児童文学とはいわないとぼくは思っているんですが、女性の恋愛小説も、女性が書かないとどうしようもない要素を担ってるんじゃないでしょうか。

それが少しずつ出てきて、いままでの男性の書いた女性のための物語とは全然違う、有島武郎も期待していたようなものが出てくれば面白いと思います。おそらくこれは、男が読むといやになる恋愛小説、「ばか野郎」と言ってドブに捨てるようなラヴ・ロマンスであっていいわけですから。

吉本　だから、だんだん男の作家はおろされちゃうというか、はずされちゃうみたいな恋愛小説ができてくるんじゃないでしょうか。

荒俣　それがすごく新しい方向を担わされる可能性があると思います。

吉本　『源氏物語』の時代は、はじめは年上の女性と宗教的かつ家系的に結婚して、あとは第二、第三、第四と、まあ、たくさんいるほど甲斐性があるということで、発展的ではなく、同じ平面上でやっている。でも、これからは女の人の新しいラヴ・ロマンスが出てくるという気がします。

●男性のいらない恋愛小説？

荒俣　女の人のラヴ・ロマンスで、ぼく、一番読みたいのは、毎日の変化なんです。生理に近づくとどうなるかとか、妊娠するとどうなるかとかが明快に見えるような小説ですね。それは男にはないですから。男は一週間の周期を書けば、あとは同じなんですね。しかし女性の場合は、恋愛小説も三六五日は書くことが可能だと思うんです。男が七日間だとすると、はるかに長編が書けるような気がします。

吉本　だんだんと、そういう兆候はあるんじゃないでしょうか。微細かつ微妙に描くことができるようになってきていて、ときどきびっくりすることがありますから。

荒俣　西洋では、あるジャンルの女性の進出率はとてつもなく高いんです。ぼくの知っている例では、ファンタジーのジャンル、これの新人作家は、いまやほとんどが女性なんです。女性でないと書けない。なぜかというと、ファンタジーはある意味では絵空事《えそらごと》なんですが、絵空事にもかかわらず、テーマは恋愛や一家を守るといった、とても古典的かつ伝承的なもので、楽なジャンルというと怒られちゃいますが、誰でもやろうと思えば書けるんですね。

そのへんの自由さがあるので、十代の人にも、家庭の主婦にも書けるジャンルなんです。

　少女漫画の世界も女性のライターが多いんですが、いまの段階では、少女の描く少女漫画は一種異様なものがあって、男にはなかなか描けないのと同じで、ファンタジーも、同じモチーフを繰り返し執拗に書くエネルギーは、女性のほうが圧倒的に持っています。

　ですから、練られれば練られるほどこういうジャンルのなかから、ラヴ・ロマンスに面白いものが出てくると思うんです。そうなったときに初めて、男がいままで書いてきたものとの対比が明快になって、女性の書く女性のためのラヴ・ロマンスの定義がはっきりしてくるんじゃないでしょうか。

吉本　いまでもラディカルなフェミニズムの女性は、結局、男性は必要ないと主張していますね。となると、男性のいらないラヴ・ロマンスも出てくるかもしれないですね。

荒俣　ええ、そう思います。

吉本　ぼくは何となく、男には無意識のとき、つまり胎児や乳児期に受けた傷があって、それがある限り、女性と結婚したい、結婚したら子供を産みたい、子供を産んだら「偕老同穴《かいろうどうけつ》」で、共白髪まで一緒にいたいという願望が、どうしてもなくならない気がするんですね。

　何かがあるに違いないと思って同棲して、まだ何かがあるに違いないと子供をつくり、まだ何かがあるに違いないと、年をとり、性行為はなくなっても、まだ何かあるかもしれないと思ってしまうことがなくならない。男って、ダメなんですよ。

荒俣　いつも好奇心があって、女性についてもずっと関心を持ってしまう。

吉本　ですから、男がラヴ・ロマンスを書いても、あんまり変わりばえがしない、変わってもたいしたことはないという気がしますね。

荒俣　原型としていままで出てきているものの、ヴァリエーションでしかない。

吉本　ところが、女の人はそうではない。

荒俣　ファンタジーで一番典型的なのは、例えば〝美女と野獣〟ですね。きれいな女性が妖怪というか野獣のような男と一緒になるのを、通常〝美女と野獣〟といって、非常に奇異な関係のように巷間、取り沙汰されていますが、まあロマンスというより、一種の奇跡譚の形で語られるわけですね。でも、男の目から見ると、これはとても有難いことで、とてもいいことなんです。

＊〝美女と野獣〟＝ボーモン夫人の童話をコクトー（ジャン、一八八九～一九六三）が小説化した。コクトーは、フランスの詩人、作家。バレエ、演劇、映画、絵画などでも活躍。小説や映画に『恐るべき子供たち』『美女と野獣』など。

いざわが身にひき比べると、そんなにリアリティーを持った話ではないんですが（笑）。

でも、この美女と野獣の発想を最初に考えたのは、きっと女性だと思うんです。その理由の一つは、あの話にはどうも、母親の心境というのが感じられるからなんです。父親の心境と母親の心境の決定的な違いは、父親はいやなものは排除できるけれど、母親は排除できないんですね。自分で産んだものは、面倒みるしかない。母性本能と通常いわれているものも結局はそれで、とにかく背負わされたものは、面倒みるしかない。

そう考えると、これは女性たちがこれから書くであろうラヴ・ロマンスの、一つのパターンになるんじゃないか。男には、これはなかなか書けないですからね。どうしても心中の形や、殺しみたいなものになって、ラヴ・ロマンスが悲劇として終わってしまう。歌舞伎を見てもそうですが、歌舞伎には女性の作家はいませんからね。歌舞伎の美は心中か殺しで終わるケースがとても多いのは、どうしようもないものを背負ったときの男の解決の仕方がこれだからなんですね。

ところが、女性は心中もしないし殺しもしない、ただ、ずっと背負っていく。もしかするとこれは、新しいラヴ・ロマンスのタイプになりうるかもしれません。例えば坂田三吉と小春の話は、勝手なことをしている三吉のような男には、小春はとても有難い存在なんですが、小春の目から見ると、好きだから何でもしなさいというのは、あれはじつはそんなことはなくて、こんな厄介な奴は早く捨ててしまいたいと思っている。しかし、なぜか持って生まれた母性愛といいますか、できの悪い子ほど可愛いみたいな心境があった。そういう視点をこれからの恋愛小説やラヴ・ロマンスに反映させると、いままでとは変わった話ができるかもしれません。

ラヴ・ロマンスとは、基本的にはあり得ないことを書いているわけですが、そのあり得ないことをあり得させてしまう女性のメンタリティーがそれに加わると、さらにあり得ないものがあり得そうな物語として語られる要素になってくるのではないかと思うんです。例えば、女性は毎朝花に水をやりながら、「今日も元気?」なんて花に声をかけたりしますね。鳥や猫や犬についても、「このコは何やってんの」なんて、いろいろ言いますよね(笑)。あの感じは、男には異質なものなんじゃないでしょうか。

女性はとにかく、これは私のコ、これは私のもの、という形でどんどんコ

＊坂田三吉(一八七〇〜一九四六)＝棋士。将棋を独習、自ら関西名人と称し、没後、名人位、王将位を贈られる。北条秀司の戯曲「王将」は坂田三吉と妻の小春の生涯を描いた。

ミュニケーションしちゃう。相手がどう思っていようが何をしようが。またそれが、けっこうサマになっていて、ライフスタイルとして回転している。また、女性たちって身のまわりのものに固有名詞をつけて呼ぶでしょう。何とかちゃん、みたいに、人間でなくても。つまり全部自分の子供のようなコミュニケーションの形に引き込んでいく。日常生活がすべてそうなっているわけですね。男の場合、それをやるとオカマになっちゃう（笑）。だから、オカマの文学はこれから出てくると思うんですよ。オカマや女性の書くものはすごく吸引力があって、何でも吸い込んでしまう。ただ、そうなると、男は一体何をしたらいいんでしょう、という感じはありますね。

吉本　そうですね。男の作家はだんだん少なくなっていくんじゃないでしょうか。

荒俣　そうならざるを得ないでしょうね。

吉本　そういう気がします。

荒俣　これまで、男が書いたものが少しは需要があって読まれたのは、読む側にメリットがあったからだと思うんですが、ある意味ではそのメリットが限界に達してしまった。ですから逆に、女性の作家やオカマの作家が出てきても、誰も読まない可能性もありというわけ。

吉本 そうですね。

●読者がどんどんゼロになっていく快感

荒俣 純文学が読まれない理由も、ある意味ではそういうことかもしれません。

吉本 ええ。ほんとにいい作家でも、読者がゼロに近づくように作品を書いている人もいますからね。非常に優れた作家で。まあ、意識も無意識もあるんでしょうが、たしかにいます。で、そこまではやれないいい作家は何をしているかといえば、知識や物語についての知識を披瀝《ひれき》したりすることで、かろうじてもたしていますが、ほんとうにラディカルな作家は、読者をゼロにしていくようなものを書いています。それは、みごとに書いているような気がします。

荒俣 しかし、読者がどんどんゼロになっていくというのも気持のいいものですね。

吉本 ええ。ひそかに年金でも差し上げたいような感じがします。

荒俣　それは名人というか、一種の芸ですね。誰も読まないように書くのは難しいですから。

吉本　また逆に、百万部も売れるというのもすごいことだと思います。しかし、百万部に適合するようなラヴ・ロマンスの形態は可能かといえば、少なくとも論理的には、なかなか難かしい。まあ、村上春樹さんみたいな例外はあるにしても。

荒俣　村上春樹さんの小説を読んでいると、少なくとも連綿と語られてきたわがままの正体がよく分かる。それと、恋愛にはあらゆる装飾効果が必要で、愛を語るだけではなく、隣りにワインがあったりみたいなことが恋愛を形成していることが、彼の小説を読むと明快に分かりますね。

吉本　村上春樹さんの恋愛小説の特徴は、不可能な恋愛、つまり『ノルウェイの森』でいえば、片方が性的に不感症だったりとかね、そのことをものすごくよく描いています。ということは、あれはたぶん、女性のための恋愛小説のような気がするんですよ。村上春樹さんの恋愛小説は、現在の女性の無意識にじつにうまく適合しているところがある。

荒俣　それはとてもありますね。

＊『ノルウェイの森』＝作家・村上春樹の代表作の一つ。一九八七年、学園闘争から降りた世代の青春像を描いた本書が空前のベストセラーに。

吉本 永井荷風だったら、寝ているとか、寝巻のましゃべっていることが前提になっていますが、『ノルウェイの森』の全体を貫いているのは、不可能な恋愛です。精神異常や不感症の人との恋愛がメインなんですね。あれはすごいなという気がします。

荒俣 荷風のは恋愛するしかない、とにかく恋愛をするという、ある意味では日常必須の恋愛なんですが、村上春樹の小説は、恋愛が冒険なんですね。まさに、不可能なことへの冒険。したがって、悲劇に終わっても当たり前。それも昔風の、身を削って結局は悲劇に終わるという悲劇ではなくて、自分で進んでやった贅沢みたいな、そういう意味での悲惨さですから、残らないといえば残らない。そこのところが、非常に明快になっている。そしてそのことが、いまの女性の恋愛に対する姿勢と、おそらく一致していると思うんです。

吉本 そうだと思います。

荒俣 いまの女性は非常に贅沢ですから、恋愛の条件にしても、背が高くてどうのこうのと、望みがものすごく高い。それらをすべて自分に都合よく集めたものが、理想の恋人なんですね。昔はそういうことはあまり考えられなくて、苦労して一肌脱ごうみたいな、欠けたものを補う姿勢が目だちますが、いまの恋愛の相手は、少なくとも、いかにさまざまなものが得られるか、つまり自分自身がどれくらい上にあがれるかという選択ですから、そういう要素は、村上春樹さんの小説をみても、とてもよく分かるし、しかもなおかつ、常に大きな壁があるんです。例えばヒロインが不感症であったりとか。不感症というのは、いってみれば気分の問題なんです。気分の問題とは、ここのところはダメよ、と必ず一線を引いている。

それはたぶん、女性が独立したといいますか、有島武郎が言ったような、性を売って何とか生かしていただいていた状況とはむしろ逆で、女の人の方がいまは圧倒的にお金も暇も持っていて、カルチャーセンターにも通っていますから、どう考えても男より頭もいいし、体験も広いため絶対負けちゃうんですね。だから、自分より低い相手を選ぶ必要がないんですね。ですから、恋愛のパターンも、ずっと熱く燃える方向ではなくて、いかに醒ましていくか、醒めていくかのパターンが多くなっている。昔は、体温が一気に四十度ぐらいになるのが恋愛小説だったのが、いまは恋愛をすればするほど冷え症になっていくようなラヴ・ロマンスが多いですよね。

私、戦前のことは全く分からないんですが、吉本さんの両親の世代は、会えば恋になってしまうというのが基本だったんでしょうか。

吉本 ぼくの父親や母親の年代だったら、たぶんそうだと思います。いくらか自由が増えてきた世代ですから。でも、まだ何かあるに違いない、みたいなことでやっていくと、三角関係のパターンに入っていっちゃうんですね。それはそれでいいんですが、その後すったもんだ、切ったはったで処理して、やっと一対一の形がつくれる。それで全部終わっちゃったとも思えるんですが、結局また何かあって、そこから始まるんですね。それで、われわれも父親、母親がやったのと同じことを悉《ことごと》くやるんです。

それで、違っちゃってるなと思うのは、ぼくの父親、母親もそうでしたが、別に知識や教養なんて何もないんですが、自分の年代と比べると、彼らは父親、母親として偉大だったなあということなんです。つまり、われわれの両親は、子供に対して何か言えたんですよね。これをやっちゃいかんとか、こうやるなとか、こうせいとかってね。そうすると子供のほうも、なにくそ、と思うわけです。

ぼくの年代は、それですったもんだもしましたが、いまの親たちは、子供に対して何も言えないんですね。また、言うこともないんです。そういう意味では、現在の父親、母親はまったくダメだと思います。しかし、これはどうすることもできないんじゃないでしょうか。

で、これからの親子は一体どこへ行くのかといえば、双方とも重層的な関係を保ちながら、決して所定の圏内から中には入らないし、また出てもいかない。どうしてもそういう生き方になるほかないんじゃないか。そういう実感を持ちますね。ですから、ぼくらは結婚のことで親たちと一応すったもんだしましたが、子供の年代になると、すったもんだも何もない。手続きをして、親兄弟や親類縁者を集めて、どうぞよろしく、こうなりましたみたいな儀式は、きつくて重苦しいんでしょうね。

荒俣　そのうちに、うちの息子や娘は結婚しているのかいないのかよく分からなくなるとか（笑）、たまに息子の家に行くと、全く違う女房が出てきたりする可能性もあるわけですね。

●恋愛のエネルギー量は同じ

荒俣 いまのお話を少し違う角度から見ると、純粋なロマンもあるんでしょうが、だんだん打算的になっていくといいますか、当人同士がいろいろ考えて、「でも、こうだから、やっぱりダメよ」といって、簡単に別れたりくっついたりするのは、ある意味では計算じゃないんでしょうか。つまり、体温がどんどん低くなっている。その理由の一つは、たぶん彼らがとても自由になっていることが大きいと思うんです。というのはうちの母親なんかに聞くと昔は全く選択の自由がなくて、両親や親戚が、あの人にしなさいと言えば決まってしまった。つまり、恋愛のハンディキャッパーが常に社会のなかにいて、あいつとあいつはとりあえずいいのではないかという、キューピッドみたいな人が制度としていて、恋愛の一種のハンディを決めてやるので、だいたい相当いいカップルになるはずなんですね。そんなに過不足はない。

だからこそ、その制度からはずれて自由恋愛をしようという人間たちは、自分たちの選択について盲目的にならざるを得なかった。つまり、そうしないとなかなか対抗できなかったわけですね。冷静に考えれば、親が決めた人の方がいいに決まっているんですから。

そうじゃない人を選択した場合は「学問をとるか、あの女性をとるか」と言われて「じゃあ、あの女性をとります」となれば、自分自身が窮乏化の方向へ走らざるを得ない。だからこそ、ラヴ・ロマンスが純粋な方向に進んでいったんだと思うんです。

いまはハンディキャッパーなんかいないので、誰がハンディをつけるか分からなくなっちゃっているんですね。そうなると、外側の人々は選択ができないので、必然的に本人たちに任されてしまう。したがって、醒めた方向のラヴ・ロマンスが成立するようになり、燃え上がる人がどんどん現実感を失ってくるんじゃないかと思うんです。まあ、村上春樹さんの小説は別としても、吉本ばななさんのもそうですけれど、ハンディキャップを自分たちでつける形の恋愛小説が、いまのラヴ・ロマンスとして支持されているんじゃないでしょうか。

吉本　ぼくは、たぶん父親、母親の年代が、すでに父親、母親としてはほとんどゼロに等しくなりつつあるからだと思います。だから、自分たちでやるしか仕方がない。そうなると、破局的なことははじめからしないし、燃え上がることもなく、かなり平均的というか、絶頂感も陥没感もないような、うまいやり方をとっていく。

荒俣 ずっとモターッとした線で行く、ということはありますね。ですから、大きなメリハリがあるものより、むしろ少しずつ食い違いのある、ごく短い会話を交わしながら行く。

つまりルサンチマンというよりは、ペーソスが恋愛の一つの主流になっていくんじゃないでしょうか。

吉本 そうでしょうね。

荒俣 いままではオペラだった恋愛が、しだいにシャンソンになってきて、そのうちには即興の詩を吟じるように、普通の話し言葉になっていってしまう。「愛してるよ」なんていうフレーズは、もはや、野暮になってくる感じがありますね。

でも「愛してるよ」は、もしかすると象徴なんですね。あれって、ほとんど色合いが明快じゃない言葉ですから。昔だったら、「惚れました」と相手に明快に向けられたんですが、「愛してる」はもっと不明瞭な言葉で、わりと正直に恋愛のあり方、情熱の赴き方のシンボルや、サインになっているようなところがあった。吉本さんの時代の口説き文句は、「愛してます」とは言わなかったでしょう。

吉本 それは言わなかったです。それとなく伝わるという問題でしたね。

荒俣 やっぱり縁ですよね。縁……。でも、いつも考えるんですが、あれってなかなか難しいんですね。よくいうのは、好きだと言うと、いや、嫌いだと言う、でもそれは逆に考えた方がいいとかね（笑）。結局、どうにでもなるんですよ。ですから、恋愛のコミュニケーションとはかなり両義的なもので、何でもいいから自分の言うとおり、強引にさせちゃったほうが勝ちというところはありますね。まあ、そういう点では、力業の要素がかなり強いというか……。もしかしたら、一番攻撃的な行為かもしれません。

吉本 とにかく、エネルギーと時間がないとダメですね。

荒俣 恋愛にとられる時間は、すごいですからね。こんな無駄はないというぐらいに。恋愛にかける時間を勉強に向けたら、どのくらいよくなったか（笑）。吉本さん、ごらんになっていて、そういうエネルギーの量は、昔も今もそんなに変わらないですか。

吉本 それは、あまり変わらないんじゃないでしょうか。違うところがあるとすれば、ぼくらの年代ですと、単一の対象にエネルギーの大部分が集中してしまうという形にどうしてもなりました。相手もきっとそうなんで、せいぜい三者ぐらいに分離、分裂することはあり得ますが、だいたい一人に集中してしまう。いまの人は、最後の最後の局面まで多方面、多段階になっていて、そこから分散できるようになってるんじゃないでしょうか。ですから、一つ一つは弱くてもトータルとしてはやっぱり……。

荒俣 そのおっしゃり方は、とても明快ですね。

吉本 結局、エネルギーとしては同じだと思います。

荒俣 昔だったら必然のないような部分にまで、今は気配りしちゃいますからね。今ですと、出会いの機会も多いですから、一つ一つのサンプリングに振り向けられるエネルギーは少なくしておかないと、えらいことになってしまいます。昔ですと、親がいろいろ他の要素を考えて、口出しをしたわけですが、今は口を出さないので、選ぶほうも、エネルギーを大量に投資して、さまざまなサンプリングをやらないと、かつての親の頑固な意見、ある意味では合理的だった意見と対抗するような選択が、なかなかできない。無理もないですけれど。

吉本 それは難かしいと思います。

荒俣　いまのラヴ・ロマンスって、親が出てくるケースほとんどないですよ。だいたいがいきなり二人で暮らしてしまって、あとで親がときどき仕送りをするぐらいで。そのくらい、親の影は薄くなっています。

吉本　だから、村上春樹さんの小説でも、親の家に住んでいる娘さんは、なかなか正面には出てこないんですね。地方から出てきて、マンションに一人暮らしの女性ばかりで。

荒俣　そういうことを考えると、昔は障害は外側に求められたわけですが、今のラヴ・ロマンスで障害を設定するためには、それを本人の内側に設けないと、どうしようもないわけです。ですから、精神異常になったり、相手が外国人であったり、最終的には宇宙人であったりと、ＳＦのように次元を超えた恋人だったりせざるを得ないいんです。

あとがき

読みたい本を買うこと、それを読みすてたり内容を調べたりすること、蔵書として本棚に並べておいたり、時には足の踏み場もなくなって古書店に売ったりすること。こういった書物にまつわることについて書いた文章を集めたのが、この一冊になった。根気よく集め、まとめてくれたのは、光文社学芸編集部の川端博さん、紹介の労をとってくれたのは新海均さんであった。通して読ましてもらって、わたし自身の記憶を喚起させられたのは六割か七割くらいで、あとは、うへえ、こんな文章を書いたのかという思いで、書いたことも忘れてしまっていたので、その根気と粘りにびっくりさせられた。こんな編集の人に出会えたということは、数十年の文筆業のあいだに数少ない幸運というべきで、感謝の意をまず申し述べておきたいと思った。

わたし自身は、読書家でもなければ、蔵書家でもない。むしろ物書きのうちでは怠け者の方で、職業人としては知識蓄蔵量は少ない方だと思う。こういうわたしにも自分にふさわしい特徴があるとすれば、書物に対する物神性がないことだと思う。もちろん読書家に対しても、物神性はもっていない。調べたい本があっても、たいていは既持の本で間に合わせて、あまり恥かしがらない。その代わり、文献としては学術書から週刊誌や新聞まで、軽重を設けたことはない。極端に言うと、とにかく何の本を使っても、雑誌、新聞でもかまわず使って、やってしまえば（出来上がりにしてしまえば）いいんだろうといったアメリカ風の方が、同じ次元の文献を並べる欧州の学風より好きだと思っている。

本を読むとはどういうことか。この本の中にもそれにふれた文章が幾つかあるが、一口に言ってしまえば、日常生活の必要上より少しでも蒙る心身の負荷（負担）も軽い負荷（負担）になるように本を読む行為のことだ、というのがわたしの考え方の中核にあるような気がする。生活の平準値よりも重い負荷（負担）になっても、職業にまつわる良心から本を読み、調べることは有りうる。むしろその場合の方が多いかもしれない。だがわたしは、そういう場合には読書と呼びたくないらしいのだ。日常生活の負荷（負担）も、本を読むこと、調べることの負荷（負担）も、人により職業により軽重さまざまだから、基準も何もない。文献としては同列に扱って、何はともあれモチーフとしたところをやり遂げてしまえばよいと思う。

文献として読んだり、調べたりする本ではなく、読書のために読む本は、文献とは逆に、千差万別で、良い悪いの価値も、差別が多様にあると思う。

果粒（結果）からみれば、その時々により多い読者を持った本は（いわゆるベストセラー本は）簡単に良い本の要素を必ずどこかに持っていると思う。わたし自身、しばしばたくさんの読者を持つベストセラー本を軽んじたり、馬鹿にしたりしたようなことを書いた覚えがある。しかし、どんなに欠点を持っていても、少なくとも一つは大切な良さを持たなければ、ベストセラーにはならない。そしてこの大切な良さは、多数の読者に共通した良さだといえよう。

二〇〇一年七月一日

吉本記

【ら行】
ライプニッツ 96, 109, 253
『ラモーの甥』〔おい〕 110
ラ・ロシュフコオ 113
ランケ 172
『ランドサット・マップ東京とその周辺』 155, 167
ランボー 88
『リア王』 112
『リヴァイアサン』 110, 252
リカアドオ 174
リスト 20, 174, 314
リッチ（マテオ） 354
「理髪店にて」 330
『柳橋新誌』〔りゅうきょうしんし〕 162
『旅愁』 172, 250
リルケ 111, 113
『臨床医学の誕生』 243
『臨床精神病理学』 242
ルソー 109, 110, 253
『ルーソーガ少時ノ病ヲ診ス』 288
ルナアル 112
「令嬢アユ」 259
『令嬢アユ』 346
『零度のエクリチュール』 242
レヴィ＝ストロース 231, 242
レーニン 21, 110, 111
蓮如〔れんにょ〕 282
ロウドベルトゥス 20, 174
ロートレアモン 89
『路上観察学入門』 163
『ロダン』 111
ロック 112
ロヨラ 85
『論註と喩』〔ろんちゅうとたとえ〕 203, 208

【わ行】
「若い荒地」 171
『若きウェルテルの悩み』 105, 113
『若菜集』〔わかなしゅう〕 148
『和漢朗詠集』〔わかんろうえいしゅう〕 108
『わたしのアンソロジー』 309
『私の東京地図』 161
『私のなかの東京』 163
『私を愛した東京』 164
『笑い』 111
「われらの五月の夜の歌」 330

『明治の東京』 162
『明治の東京計画』 166
『明治の東京生活』 166
『夫婦善哉』〔めおとぜんざい〕 151
『メッシュ』 244
『メランコリー』 243
メルロ=ポンティ 210, 243
『免疫の意味論』 324
『MENSURA ZOILI』 264, 265
モア 111
「猛獣篇」 31
『毛利元就書状』〔もうりもとなりしょじょう〕 287
モーパッサン 113
『モダン都市東京』 166
本居宣長 31, 282
『本居宣長集』 253
森鷗外 108, 136, 157, 167, 248, 249, 270, 271, 288, 289, 309, 320
森銑三 162
森まゆみ 163
モルガン 111
『モルグ街の殺人事件・盗まれた手紙』 112
『門』 250, 337
『紋章』 250
モンテーニュ 113

【や行】

ヤゲッツオ 20, 174
ヤコブソン 276
矢嶋仁吉 165
安田武 163
保田与重郎〔やすだよじゅうろう〕 140, 172, 292
矢田挿雲 161
柳田國男 162, 180, 252, 254, 271, 292
山上たつひこ 76
山川均〔やまかわひとし〕 284
山岸凉子 75, 244
山路愛山 297, 299
山田詠美〔やまだえいみ〕 42, 366
山室静 313, 314
『山室静著作集』 313
山本懸蔵 289
『柔らかい都市の柔らかい空間』 166
唯円 270, 277
『Uガイド・東京』 167
『ユートピア』 111
湯村輝彦 244
『夢記』 107, 291
『夢十夜』 262
「ユリイカ」 171
ユング 242
『ヨーロッパ諸学の危機と超越論的現象学』 242
横関英一 164
横光利一 140, 172, 250, 312
『横光利一全集』 312
横山源之助 162
与謝野晶子 289
与謝野晶子訳 109
吉田健一 163
吉増剛造〔よしますごうぞう〕 141
吉村昭 163
吉本ばなな 363, 381

ポランニー　243
堀口大學　248
堀越秀夫　171
『ほんのすこしの水』　244

【ま行】
『毎月抄』　291
マイネッケ　172
『舞姫』　249
『舞姫・うたかたの記』　108
前田愛　167
『枕草子』　354, 359
『マス・イメージ論』　68, 92
マタイ伝　331
「マチウ書試論」　20
松下圭一　306
『マヌの法典』　107
『蝮のすゑ』〔まむしのすえ〕　246
マラルメ　89
「マリ・クレール」　358
マルクス　20, 22, 93, 110, 174, 183, 207, 253, 269, 314, 331
『マルクス主義と国家の問題』　305
マルコ伝　203, 204, 208
マルサス　174
『マルテの手記』　113
「満願」　34, 259
『万葉集』　108, 253, 360
三浦つとむ　305
『みかぐらうた おふでさき』　108, 291
「蜜柑」〔みかん〕　124, 262, 263, 264, 292
三木成夫　292
三島由紀夫　90, 247, 310
『みずうみ』　113
『水の東京』　165
『道草』　109, 161, 250
南方熊楠〔みなかたくまぐす〕　292
南伸坊　163
『源実朝』　226
宮沢賢治　27, 29, 30, 31, 109, 172, 251, 271, 292
『宮沢賢治詩集』　251
『宮沢賢治全集』　28
『宮沢賢治名作選』　27, 28
宮本馨太郎〔みやもとせいたろう〕　164
『みゆき』　244
明恵上人　291
『明恵上人集』〔みょうえしょうにんしゅう〕　107
三好豊一郎　330
ミンコフスキー　242
《ムーミン》　314
『武蔵野』　162
『武蔵野の集落』　165
武者小路実篤　364, 365
村上一郎　144
村上春樹　41, 67, 333, 375, 376, 377, 381, 385
村上兵衛〔むらかみひょうえ〕　308
村上龍　41
『むらぎも』　247
室生犀星〔むろうさいせい〕　140
『ランプの下にて 明治劇談』　162
『明治東京逸聞史』　162
『明治大正史・世相篇』　162

『日和下駄』〔ひよりげた〕 153, 162
平野謙 72
ヒルファディング 21
ビンスワンガー 243
ファーブル 18, 22, 61, 171, 331
ファウルズ 324
フーコー 210, 242, 243
『風姿花伝』〔ふうしかでん〕 274, 279
『福音書』 252
『富嶽百景』 32, 172
『富嶽百景・走れメロス』 109, 321, 323
「富士」 100
藤田省三〔ふじたしょうぞう〕 303
『武士道』 107
藤森照信〔ふじもりてるのぶ〕 163, 166
藤原新也 165
藤原定家 291
『武装せる天皇制-未解決の宿題』 306
『復活』 113
フッサール（フッセル） 111, 242, 253
『ぶどう畑のぶどう作り』 112
プラトン 109, 252
ブランショ 243
フランス 112, 327, 328
『俘虜記』〔ふりょき〕 246
古井由吉 247
フレイザー 111
フロイト（フロイド） 93, 111, 242
フローベール 113
ブロンテ（エミリ） 112
『文学空間』 243
「『文学者について』について」 290
『文学で探検する隅田川の世界』 164
『文学論』 283, 284
『文化防衛論』 310
ベイトソン 42
ヘーゲル 110, 253
ベルク 165
ベルクソン 111
ベルナノス 111
『弁証法的理性批判』 210
『弁証法の冒険』 243
『変身』 113
『変容の象徴』 242
『ボヴァリー夫人』 113
法然 277, 321
『法然上人集』〔ほうねんしょうにんしゅう〕 108, 321, 322
『方法序説』 109, 187, 252
ポオ 112
ホーキング 42, 43
『ホーキング、宇宙を語る』 43
ホーソン 112
ボードリヤール 244
『ポーの一族』 244
『ポールとヴィルジニー』 335, 337
『ぼくの東京案内』 164
『法華経現代語訳』 107, 321, 322
『坊っちゃん』 118, 119, 249
ホッブズ 110, 252
『仏の畑の落穂』 179
『不如帰』〔ほととぎす〕 249
ホフマンスタール 113, 179

跡』 299
『女體開顕』〔にょたいかいけん〕 152, 161
『人形の家』 113
「人形の墓」 179, 181
『人間失格』 251
『人間不平等起原論』 110
『にんじん』 112
「沼地」 123, 124, 264
『眠れる美女』 247
『粘土自像』〔ねんどじぞう〕 289
『野菊の墓』 151
『「乃木伝説の思想」明治国家におけるロヤルティの問題』 309
野口冨士男 163
野坂参三 289
野間宏 246
『祝詞』〔のりと〕 273
祝詞 273, 274, 291
『ノルウェイの森』 375, 376
『呪われた部分』 242

【は行】

ハーン 179, 181, 182, 184
『ハイ・イメージ論』 68, 92, 153
ハイデガー（ハイデッガー） 111, 253
『背徳者』 112
ハイニッケ 172
『葉隠』 291
萩尾望都 244
萩原朔太郎 109, 321, 322
『萩原朔太郎詩集』 251
バクーニン 174
『白痴』 246
『歯車』 250
『派遣軍将兵に告ぐ』 285
箱崎総一 166
橋川文三 309
橋本左内〔はしもとさない〕 291
長谷川堯 166
長谷川時雨〔はせがわしぐれ〕 162
長谷川龍生 330
長谷部文雄〔はせべふみお〕 269
バタイユ 242
八代集〔はちだいしゅう〕 131
埴谷雄高〔はにやゆたか〕 247, 313, 317
『埴谷雄高評論集』 317
『妣が国へ・常世へ』〔ははがくにへ・とこよへ〕 271, 280
馬場孤蝶〔ばばこちょう〕 162
林房雄 290, 306
バルザック 25, 105, 113, 365
バルト 82, 242, 243
『判断力批判』 110
『反復』 110
『悲劇の解読』 194, 222, 226, 228
美女と野獣 370
『必殺するめ固め』 244
日夏耿之介〔ひなつこうのすけ〕 139
『悲の器』 247
『緋文字』 112
『百人一首』 270
百人一首 127, 128, 129, 130
ヒューム 112
『標注 一言芳談抄』〔ひょうちゅういちごんほうだんしょう〕 270

ドゥルーズ=ガタリ　81
『トーテムと命名』　292
トーベ・ヤンソン　314
『読書の快楽』　68
徳富蘇峰　299
徳富蘆花〔とくとみろか〕　249
『時計』　250
『都市廻廊』　166
『都市空間のなかの文学』　167
『都市構造と都市計画』　165
『都市とウォーターフロント』　166
『都市の経済力』　166
『都市のコスモロジー』　165
『都市の誘惑』　163
ドストエーフスキイ　113, 173
『ドストエフスキイの生活』　172
富岡（多惠子）　73
冨田均〔とみたひとし〕　164
トルストイ　25, 113

【な行】

『内政充実・地租軽減に関する建言書』　281
永井荷風　109, 153, 162, 357, 376
中上健次　247
中桐雅夫　330
中沢新一　67
中島みゆき　42
長塚節〔ながつかたかし〕　151
中野重治　247, 290
中野正剛〔なかのせいごう〕　300
中野翠　163
『中原中也詩集』　251
中村菊男　306
中山みき　108, 291
『なつかしき東京』　164
夏目漱石　42, 108, 109, 118, 119, 120, 161, 249, 250, 262, 263, 283, 309, 337
鍋山貞親〔なべやまさだちか〕　288
成田龍一　164
成島柳北〔なるしまりゅうほく〕　162
『成島柳北・大沼枕山』　167
『南紀特有の人名』　292
『なんとなく、クリスタル』　163
南坊宗啓〔なんぼうそうけい〕　291
『南方録』〔なんぼうろく〕　291
ニーチェ　93, 110, 183, 184
『ニコマコス倫理学』　252
西田幾多郎〔にしだきたろう〕　172
『虹の理論』　72
『日蓮上人とはいかなる人ぞ』　297
『日蓮文集』　253
新渡戸稲造　107, 292
二宮尊徳　275
『日本経済・新論』　324
『日本国家論』　304
『日本書紀』　322
『日本独得の国家主義』　284
『日本の下層社会』　162
『日本の共産主義者へのてがみ』　289
「日本の現代詩史論をどうかくか」　144
『日本の皇室』　307
『日本の橋』　172, 292
『日本の民俗13・東京』　164
『日本の歴史における人権発達の痕

『土』　151
『罪と罰』　113
鶴見俊輔　309
『帝国主義論』　21
『帝都物語』　161
ディドロ　110
ディルタイ　172
デカルト　109, 187, 188, 189, 220, 252
『敵中横断三百里』　100
『テクストの快楽』　242
『テクノフロント1990』　165
『哲学原理』　187
『哲学入門』　110
『哲学ノート』　110
『鉄眼禅師假字法語』〔てつげんぜんじかなほうご〕　291
『徹書記物語』〔てつしょきものがたり〕　291
デュルケム　111
デリダ　243
テレンバッハ　243
『田園交響楽』　112
「天才バカボン」　76
『転向に就いて』　290
『天皇制』　303
『天皇制に関する理論的諸問題』　304
『天皇制ファシズム論』　306
『天皇の戦争責任』　308
『ドイツ・イデオロギー』　21
ドイル　112
『東京映画名所図鑑』　164
東京建築探偵団　165
『東京詞』　167
『東京ゴミ袋』　166
『東京災害史』　165
『東京 下町山の手』　164
『東京震災記』　162
『東京地名考』　164
『東京「地霊」』　166
『東京都都市計画概要』　165
『東京都（特別区）家屋実態調査書』　165
『東京都の歴史』　166
『東京問屋街ガイドブック』　165
『東京23区物語』　163
『東京日記』　161
『東京の空間人類学』　154, 166
『東京の原風景』　163
『東京の三十年』　153, 162
『東京の下町』　163
『東京の都市計画』　166
『東京の美学』　166
『東京の祭』　164
『東京の昔』　163
『東京八景』　161
『東京漂流』　165
『東京風人日記』　163
『東京風船日記』　163
『東京風俗帖』　162
『東京ブチブチ日記』　165
『東京物語』　166
『「東京物語」辞典』　164
「道程」　30, 31
『道程』　29, 31, 172, 292
『道徳の系譜』　110
ドゥルーズ　243

【た行】

ダーウィン　111, 231
『大義』 301
『胎児の世界』 292
『大衆国家の成立とその問題性』 306
「大草原」 319
『大東亜戦争の思想史的意味』 308
『大東の鉄人』 100
大弐三位〔だいにのさんみ〕 131
高野文子　244
高橋和巳　247
高村光雲〔たかむらこううん〕 155, 156, 157, 167
高村光太郎　28, 29, 30, 31, 109, 140, 157, 172, 292, 316
『高村光太郎詩集』 251
『高村光太郎選集』 316
高山樗牛〔たかやまちょぎゅう〕 297
『抱きしめる、東京』 163
竹内好　301
武田泰淳　246
竹宮恵子　75
太宰治　20, 21, 32, 34, 42, 44, 109, 140, 161, 172, 250, 251, 257, 260, 261, 262, 265, 266, 311, 312, 321, 337, 338, 340, 341, 342, 346, 353
『太宰治全集』 311
多田富雄　324
立川文庫　100, 138
橘俊綱〔たちばなのとしつな〕 280
『立原道造詩集』 251
『脱学校の社会』 243
『脱病院化社会』 243
田中康夫　163
『ダニエル書』 309
谷岡ヤスジ　76
谷川雁〔たにがわがん〕 144, 330
谷崎潤一郎　246
『谷間のゆり』 25, 105, 113
田村隆一　171, 330
田山花袋〔たやまかたい〕 153, 162, 250, 265
『堕落論』 292
「ダリアの帯」 75
『誰のために』 298
「譚海」〔たんかい〕 100
『単子論』 109, 253
『歎異抄（鈔）』 253, 270, 277
『「歎異鈔」における日本的霊性的自覚』 292
「智恵子抄」 31
『智恵子抄』 109
「千曲川旅情の歌」 122
『ＣＨＩＫＵＷＡ』 244
『地図で見る東京の変遷』 167
『知性の愁い』 327
「地の人」 330
『地方別調査研究＝東京都』 166
『茶の本』 283
『チャンドス卿の手紙』 113
『弔鐘』〔ちょうしょう〕 298
『樗牛全集』 298
『月に吠える』 109
つげ義春　244
津田左右吉〔つだそうきち〕 307
津田道夫　305

『書物の解体学』　36
白樺派　361, 362, 364
『死霊』　247
シンガー　319
『箴言と考察』　113
『新古今和歌集』　108, 131
『新釈諸国噺』　250
『新・書物の解体学』　36
『信ずることと知ること』　292
「新青年」　100
『親族の基本構造』　242
『心的現象論序説』　58
『神道集』　108
陣内秀信〔じんないひでのぶ〕　154, 165, 166
『新日本文学』　141, 142
『新ハムレット』　250
『神風連』〔しんぷうれん〕　298
「人民のひとり」　330
『新約聖書』　18, 19, 20, 22, 61, 174, 265, 331
親鸞　86, 270, 277, 282, 328
『神話作用』　243
杉本五郎　301
杉山博　166
鈴木成高〔すずきしげたか〕　172
鈴木大拙　292
鈴木博之　166
スタンダール　113
『ストップ!! ひばりくん！』　244
「ストマイつんぼ」　319
『砂の女』　247
スピノザ　96, 109, 189, 220, 252
スミス　20, 174
『隅田川』　164
諏訪優〔すわゆう〕　163
世阿弥〔ぜあみ〕　108, 253, 274, 279
『政治経済論』　110
『ガーンディー聖書』　107, 204, 269
清少納言　359
『精神現象学』　110
『精神分裂病』　242
『成長する都市 衰退する都市』　159, 167, 325
『青年』　108
「西方の人」　20
関根弘　330
セギュール　327
『絶対安全剃刀』　244
瀬戸山玄　166
『狭き門』　112
『セラフィータ』　365
『善悪の彼岸』　110
『戦争責任と天皇の退位』　307
『早雲寺殿廿一箇条』〔そううんじどのにじゅういちかじょう〕　287
『像としての都市』　153, 167
『続精神分析入門』　111, 242
『族長法と王法』　302
『ソクラテスの弁明・クリトン』　109
『祖国について』　310
ソシュール　111
『それから』　108, 249, 337
『存在と時間』　111, 253
『存在と無』　242
ソンタグ　244

シェークスピア（シェイクスピア）
21, 112
『ジェンダー』 243
志賀直哉 364, 365
志賀義雄 304
『時間と自由』 111
「四季派」 172
『市区改正ハ果シテ衛生上ノ問題ニ非サルカ』 167
『死刑の前』 281
『試行』 144
『自殺および復仇の制度』 292
シスモンディ 20, 174
『私説東京繁昌記』 163
『私説東京放浪記』 163
『自然眞営道　自序と巻の一』 291
『思想としての東京』 162
「舌切雀」〔したきりすずめ〕 338, 342, 350
『日月明し』〔じつげつあかし〕 290
支那派遣軍総司令部〔しなはけんぐんそうしれいぶ〕 285
『死の棘』 247
『資本主義・社会主義・民主主義』 111
『資本論』 18, 20, 21, 22, 61, 110, 174, 253, 269, 331
島尾敏雄 247, 318
『島尾敏雄全集』 318
島崎藤村 122, 123, 148, 248
島田清 171
『シミュレーションの時代』 244
『市民政府論』 112
『市民の国について』 112
『シャーロック・ホームズの冒険』 112
『社会契約論』 110, 253
『社会分業論』 111
『シャドウ・ワーク』 243
『斜陽』 251
拾遺集 131
「十月の詩」 330
貞慶〔じょうけい〕 291
『重要データ10年後の東京』 165
「祝出征」〔しゅくしゅっせい〕 319
シュトルム 113
シュナイダー 242
『ジュネーブ人の手紙』 114
『種の起原』 111
シュムペーター 20, 111, 314
『純粋現象学及現象学的哲学考案』 111, 253
ジョイス 89
『城下の人』 298
東海林さだお 77, 165
『象徴交換と死』 244
正徹〔しょうてつ〕 291
『情熱のペンギンごはん』 244
『正法眼蔵随聞記』〔しょうぼうげんぞうずいもんき〕 253
『将来の日本』 299
『小論理学』 110, 253
『昭和歳時記』 163
『昭和東京私史』 163
『昭和二十年東京地図』 167
『昭和の東京』 165
『初期歌謡論』 226
『諸国物語』 249, 270

古今　131
『古今和歌集』　108, 253
『告白』　110
『国富論』　174
『国訳大蔵経』　173
『こゝろ』　108
『古事記』　108, 253, 322
越沢明　166
小島信夫　247
『後拾遺和歌集』〔ごしゅういわかしゅう〕　108
『個人意志・階級意志・国家意志の区別と連関』　305
『御成敗式目』〔ごせいばいしきもく〕　285
『古代研究』　254
『古代社会』　111
『国家改造計画綱領』　300
『国歌大観』　61
『国家と革命』　111
『古典における罪と制裁』　302
『言葉と物』　242, 243
小林重喜　166
小林信彦　158, 163
「小林秀雄」　194
小林秀雄　140, 172, 194, 198, 292, 309
「子守唄のための太鼓」　330
『根源の彼方に――グラマトロジーについて』　243
『昆虫記』　18, 19, 22, 61, 171, 331

【さ行】

『摧邪輪 巻上』〔さいじゃりんかんじょう〕　291
サイデンステッカー　164
坂口安吾　246, 292
『作庭記』〔さくていき〕　280
『桜島』　246
『桜姫東文章』〔さくらひめあずまぶんしょう〕　336, 337, 365
佐々木幹郎〔ささきみきろう〕　163
『細雪』　246
佐多稲子　161
佐藤光房　165
佐藤信淵〔さとうのぶひろ〕　291
『サド、フーリエ、ロヨラ』　242
『真田十勇士』〔さなだじゅうゆうし〕　100, 138
佐貫利雄　159, 166, 167, 324
佐野学　288
『猿飛佐助』〔さるとびさすけ〕　100, 138
サルトル　210, 241, 242
『産業者の政治的教理問答』　114
『珊瑚集』　109
「蚕飼乙女」〔さんしおとめ〕　319
サン=シモン　114, 174
『三四郎』　119, 337
サントブーヴ　224
サン・ピエール　335
『飼育』　247
ジイド　20, 174, 314
ジイド, アンドレ　112
椎名誠　244
椎名麟三　246
『Ｊガイド・東京』　167
『ＪＴＢの旅ノート・東京』　167

『霧隠才蔵』〔きりがくれさいぞう〕 100
「きりぎりす」 34, 259
『きりぎりす』 250
『ギリシア・ローマ神話』 112
キルケゴール 110
『記録』 31
『金閣寺』 247
『銀河鉄道の夜』 109, 251, 271, 292
「キング」 100, 106, 138
『近時政論考』〔きんじせいろんこう〕 300
『金枝篇』 111
『近代の超克』 301
『金融資本論』 21
グールド 42
陸羯南〔くがかつなん〕 300
『傀儡子記』〔くぐつき〕 279
『九条右丞相遺誡』〔くじょううしょうじょうゆいかい〕 278
九条（藤原）師輔〔くじょうふじわらのもろすけ〕 278
国木田独歩〔くにきだどっぽ〕 162, 265
『暗い絵』 246
黒澤明 142
黒田三郎 313, 330
『経済学及課税之原理』 174
『経済学原理』 174
『経済学史』 20, 314
『経済学説史』 20, 174, 314
『経済学・哲学草稿』 110
『経済と文明』 243
『経済要録』 291
『形而上学』 109
「繋船ホテルの朝の歌」〔けいせん〕 330
『啓発録』 291
ゲーテ 105, 113
『ゲーテとの対話』 113
「玄鶴山房」〔げんかくさんぼう〕 124, 250, 264, 265
『言語にとって美とはなにか』 36, 58, 225
『源氏物語』 109, 253, 282, 337, 354, 355, 359, 361, 366, 367
『源氏物語玉の小櫛』〔げんじものがたりたまのおぐし〕 282
『現代詩集』 148
「現代思想」 177
「現代日本文学全集」 171
『建築探偵術入門』 165
『建武式目』〔けんむしきもく〕 286
『小泉八雲集』 253
『光雲懐古談』 156, 167
「孔丘と老聃」〔こうきゅうとろうたん〕 140
高坂正顕〔こうさかまさあき〕 172
『工場日記』 242
『行人』 250, 337
幸田露伴 162
「講談倶楽部」〔こうだんくらぶ〕 100, 106, 138
幸徳秋水〔こうとくしゅうすい〕 281
『興福寺奏状』〔こうふくじそうじょう〕 291
高弁〔こうべん〕 291
『声と現象』 243

『おふでさき』 291
『御ふみ』〔おふみ〕 282
『思出の記』 249
『重き流れの中に』 246
折口信夫　182, 183, 184, 252, 254, 271, 280, 354
「女大学」〔おんなだいがく〕 348
『女の一生』 113
「女の自尊心にこうして勝つ」 330

【か行】
『海上の道』 254, 271, 292
『解体新書』 108
「革命」 330
「賭け」 330
「駈込み訴へ」 20, 34, 259
『駈込み訴え』 262, 265
『籠の中の鳥』 244
『風博士』 246
『家族・私有財産・国家の起源』 304
ガタリ　243
『羯南文録』 300
『河童』 250, 264, 265
『合本東京落語地図』 165
『花伝書』 108, 253
『悲しみの港』 327
カフカ　113
『カフカ』 243
鏑木清方〔かぶらぎきよかた〕 162
神山茂夫　304
亀井勝一郎　290
『仮面の告白』 247
『硝子戸の中』〔ガラスどのうち〕 118, 119, 120
『カラマーゾフの兄弟』 113
『枯木灘』 247
河上肇〔かわかみはじめ〕 284
川添登〔かわぞえのぼる〕 163
川端康成　247, 292
『雁』〔がん〕 249
観阿弥〔かんあみ〕 279
『韓山紀行』〔かんざんきこう〕 297
『感性都市への予感』 165
カント　110
樺俊雄〔かんばとしお〕 172
『機械』 250
『記紀歌謡集』 321
菊地秀夫　167
北川太一　31
北原白秋　248
北村太郎　171, 330
『乞骸骨表』〔きつがいこっぴょう〕 278
木戸孝允〔きどたかよし〕 281
木下恵介　142
吉備真備〔きびのまきび〕 278
『気分はもう戦争』 244
「君死にたまふこと勿れ」 289
木村荘八　162
『旧聞日本橋』 162
『旧約聖書』 20
『饗宴』 252
『共産党との訣別』 284
『共同幻想論』 36, 58
『共同被告同志に告ぐる書』 288
京都学派　172
清岡卓行　330
『虚妄の正義』 321, 322

『田舎司祭の日記』 111
井上光貞〔いのうえみつさだ〕 302
イプセン 113
『今川仮名目録』〔いまがわかなもくろく〕 286
『いま・むかし東京逍遥』 164
イリイチ 243
『隠喩としての病い』 244
ヴィリリオ 83
ヴェイユ 242
植草甚一〔うえくさじんいち〕 164
上田敏 248
上山春平〔うえやましゅんぺい〕 308
『歌行燈』〔うたあんどん〕 250
『右大臣実朝』 250
内田百閒〔うちだひゃっけん〕 161
『美しい日本の私』 292
『うつ病と躁病』 243
梅崎春生 246
海野弘〔うんのひろし〕 166
江口寿史 244
『エクリチュールと差異』 243
『エセー』 113
『エチカ』 109, 220, 252
エッカーマン 113
『エックハルト説教集』 269
『江戸から東京へ』 161
『江戸切絵図散歩』 163
『江戸ことば・東京ことば辞典』 164
『江戸東京大地図』 167
『江戸東京地名事典』 167
『江戸東京年表』 164
『江戸の坂 東京の坂』 164
『エピクロスの園』 112
『エミール』 109
『エロティシズム』 242
エンゲルス 304
『円陣を組む女たち』 247
「婉という女」 319
「黄金風景」 32, 257, 259, 260
大江健三郎 247
大江匡房〔おおえのまさふさ〕 279
大岡昇平 246
『大川の水』 162
大島弓子 75
『大殿祭』〔おおとのほがい〕 291
大友克洋 244
大西巨人 42
大沼枕山〔おおぬまちんざん〕 155, 156, 167
『大原富枝全集』 319
大山郁夫 307
岡倉天心〔おかくらてんしん〕 283
岡田史子 244
岡本かの子 151, 161
岡本綺堂 162
小川国夫 327, 328
荻生徂徠〔おぎゅうそらい〕 275
奥野健男 314, 315
『奥野健男文学論集』 314
『奥の細道』 108
尾崎一雄 139
小沢信男 164
『惜しみなく愛は奪ふ』 350
織田作之助〔おださくのすけ〕 151
『お伽草紙』〔おとぎぞうし〕 109, 338
尾上柴舟〔おのえさいしゅう〕 121

本文に登場する主要な著作、著作者索引

【あ行】
『愛山文集』 297, 299
『哀愁の町に霧が降るのだ』 244
『愛と死をみつめて』 337
赤瀬川原平 163
赤塚不二夫 76
『赤と黒』 113
芥川龍之介 20, 42, 123, 124, 162, 250, 262, 263, 264, 265, 292, 309, 320, 327, 328
『亜細亜の曙』〔あじあのあけぼの〕 100
芦原義信 166
安達伸生〔あだちのぶお〕 142
あだち充 244
『あの日この日』 139
「アブラハムの幕舎」 320
『阿部一族』 249
安部公房 247
『天津罪国津罪再論』〔あまつつみくにつつみさいろん〕 303
「雨ニモマケズ」 27, 28
『アメリカン・スクール』 247
鮎川信夫 316, 330
『鮎川信夫著作集』 316
荒木経惟〔あらきのぶよし〕 166
『嵐が丘』 112
荒俣宏 161, 332
有島武郎〔ありしまたけお〕 350, 362, 367, 377
『アリストス』 324
アリストテレス 109, 252
安藤昌益〔あんどうしょうえき〕 291
アンドレ・ヴェイユ 231
『アンナ・カレーニナ』 25
『暗夜行路』 364, 365
生田春月〔いくたしゅんげつ〕 148
池波正太郎 163
『池坊専応口伝』〔いけのぼうせんのうくでん〕 280
石尾芳久〔いしおよしひさ〕 303
石川光陽 165
石塚裕道 164
石田梅岩〔いしだばいがん〕 275
石原慎太郎 310
石光真清〔いしみつまきよ〕 298
石母田正〔いしもだしょう〕 302
「異神」〔いしん〕 140
泉麻人〔いずみあさと〕 163
泉鏡花 250
磯田光一 162
『一言芳談』〔いちごんほうだん〕 278
『一念義停止起請文』〔いちねんぎちょうじきしょうもん〕 277
『一国の首都』 162
『一般言語学講義』 111
一遍 278, 328
『一遍上人語録』〔いっぺんしょうにんごろく〕 107, 327
糸井重里 69, 244
伊藤左千夫〔いとうさちお〕 151
伊藤仁斎〔いとうじんさい〕 275
『田舎教師』 250

ある履歴「日本読書新聞」 1960／8／15　日本出版協会………p171
《インタビュー》批評と学問＝西欧近代化をどうとらえるか『学問のすすめ』聞き手・三浦雅士　1981／6／8　青土社………p177

第3章　なにを読んだか、なにを読むか〝読書対象論〟
ノン・ジャンル　ベスト120『読書の快楽』1985／12／10　角川書店………p234
わが古典　太宰治「黄金風景」「リテレール5」1993／6／1　メタローグ………p257
短篇小説ベスト3　作者の資質の根をあらわにした短篇「リテレール7」 1993／12／1　メタローグ………p262
思想書ベスト10　人に読んでもらいたいオーソドックスな十冊「リテレール2」1992／9／1　メタローグ………p267
思想書（日本）ベスト50　絶望的かつ楽天的な、日本の思想書「リテレール別冊」1993／4／1　メタローグ………p273
「ナショナリズム」の書　現代日本思想大系・第四巻「ナショナリズム」編集・解説　1964／6／15　筑摩書房………p297
「国家の思想」の書　戦後日本思想大系・第五巻「国家の思想」編集・解説　1969／9／10　筑摩書房………p302
文学者への言葉　全集・選集、パンフレット推薦文………p311
「太宰治全集（1975年、筑摩書房）」「横光利一全集（1981年、河出書房新社）」「山室静著作集（1972年、冬樹社）」「奥野健男文学論集（1976年、泰流社）」「鮎川信夫著作集（1973年、思潮社）」「高村光太郎選集（1981年、春秋社）」「埴谷雄高評論集（未来社）」「島尾敏雄全集（1980年、晶文社）」「大原富枝全集（1995年、小沢書店）」
私の好きな文庫本ベスト5「リテレール別冊7」1994／3／25　メタローグ………p321
'93単行本・ベスト3「リテレール別冊4」1993／12／1　メタローグ………p324
'94単行本・ベスト3「リテレール別冊7」1994／12／1　メタローグ………p327
「戦後詩を読む」「現代詩手帖」1978／10　思潮社………p330
30人への3つの質問『われらの文学』内容見本 1965／11 講談社………p331
《対談》吉本隆明・荒俣宏　恋愛小説の新しい効用「マリ・クレール」1990／2　中央公論社………p332

本書の制作にあたり、深夜叢書社の齋藤愼爾氏に多大な協力を得ました。

初出一覧

第1章　なにに向かって読むのか〝読書原論〟

なにに向かって読むのか「文京区立図書館報」50号　1972／3／30………p10

読書について「新刊ニュース」1960／4　トーハン………p17

読むことの愉しみ「八重洲ＬＥＴＴＥＲ」第12号1993／9／15　八重洲ブックセンター………p25

本に向かって（いつもそばに、本が）「朝日新聞」　1999／11／7,14,21………p27

《インタビュー》いま活字は衰退しているか　「サピオ」文・高橋肇　1992／12／10　小学館………p36

書物の評価「出版ダイジェスト」1971／11／1　出版梓会………p47

「書評」を書く難かしさ「リテレール3」1992／1　メタローグ………p55

《インタビュー》戦後思想界の巨人の頭脳が映し出された書棚『本棚の本』1987/12　アスペクト………p58

いずれ物書き自身を廃棄処分にする時代が来るだろう『私の「本」整理術』1994／8／10　メタローグ………p62

《対談》吉本隆明・中沢新一　消滅にむかう世界のなかで、「現在」を読みとくための読書論「マリ・クレール」1988／8　中央公論社………p67

第2章　どう読んできたか〝読書体験論〟

本を読まなかった「思想の科学」　1979／4　思想の科学社………p100

読書とは、書物からの知識を得ることより、一種の精神病理だ（わが生涯の愛読書）「リテレール3」1992／12／1　メタローグ………p103

思い出の本「週刊文春」1992／9／10　文藝春秋………p118

国語の教科書「月刊国語教育」1986／10　東京法令出版………p121

百人一首の遊び「短歌研究」1993／1　短歌研究社………p127

書くことで自意識の拡がりを充たした日々「リテレール8」1994／3／1　メタローグ………p134

《インタビュー》詩について『なぜ「作家」なのか』インタビュー・安原顯　1985／7　講談社………p138

近代詩の歩み『現代詩文庫』近代詩人篇・パンフレット　思潮社………p148

《インタビュー》東京の本100冊「クレア」構成・谷津晶子　1994／4　文藝春秋………p149

解説

還相《げんそう》の方位

齋藤《さいとう》愼爾《しんじ》（俳人）

ひややかにみづをたたへて／かくあればひとはし
らじな／ひをふきしやまのあととも（生田長江）

図書館の本棚で目にした本を片っぱしから読んでいくという時期が、慥《たし》かに私にもあった。本なら何でもよかったのである。熱血冒険読物や立身出世譚、エジソンやリンカーンの偉人伝、「読書論」「読書入門」といった本までが一括りになっていた。ジャンルを意識することもなく少年期特有の知識への飢渇《きかつ》感に急《せ》かされるまま貪婪《どんらん》に濫読《らんどく》していったのである。

そうして小泉信三《こいずみしんぞう》、河合栄治郎《かわいえいじろう》、柳田謙十郎《やなぎだけんじゅうろう》、亀井勝一郎《かめいかついちろう》らの「読書論」の定番と出会ったのである。さすがに大学生ともなれば、何を、どのように読むべきか、良書を選択するなりして体系的読書法を志すべきではないかとの自覚が芽生えてくる。そんな時期に読んだのが桑原武夫《くわばらたけお》、三木清《みききよし》、加藤周一《かとうしゅういち》、黒田寛一《くろだひろかず》、ショウペンハウエルの「読書論」である。さまざまな形で著者多年の豊かな読書遍歴を語り、また古今東西のすぐれた知性が残した書物への手引きをしながら読書の規則を提示するという共通項がそれらの著作にはあった。啓蒙的で謹厳実直、だが何かしら索漠《さくばく》としているという以外に印象は薄い。
吉本隆明《よしもとたかあき》氏の『読書の方法―なにを、どう読むか』は、それらに比べて異端の書の香がする。構成こそ第1章「なにに向かって読むのか〝読書原論〟」、第2章「どう読んできたか〝読書体験論〟」、第3章「なにを読んだか、なにを読むか〝読書対象論〟」と、従来の「読書論」「読書入門」のスタイルを踏襲しているものの、その読書論は思索と著者の人生に相渉《あいかかわ》っていることにおいて出色である。

読書の方法の書でありながら、詩論とも思想論とも読めるといったらいいか。言及されるのが文学、芸術はもとより哲学、政治学、社会学、歴史学、科学史、文化人類学、精神分析など、学問の全領域を包括した〈知〉の多層的冒険であることでも異色である。

こういう〈知〉の巨人に対してジャーナリズムは「博覧強記《はくらんきょうき》」、「碩学鴻儒《せきがくこうじゅ》」、「マルチ人間」といった冠をかむせるのが常道だが、それは知識という貧弱な富を貯えるジャーナリストや知的道楽者、専門領域に逼塞《ひっそく》した専門家にこそふさう名辞であり、吉本氏には無縁のものである。呼ばれるとしたら一箇の思想家、これ以外にはない。戦争中、吉本氏は、甚大な影響を受けてきた文学者の太宰《だざい》治《おさむ》や小林《こばやし》秀雄《ひでお》たちが、いま、どこでなにを考え、どんな思いでいるのか、知りたいと願ったという。吉本氏の存在に私たちが希求している魂の構図も、おそらく同じようなものではないだろうか。

この半世紀、日米安保条約をどう思うかとか、連合赤軍事件をどう考えるか。昭和天皇の死にはどんな意味があるのか。湾岸戦争、反核問題、脳死と臓器移植に私たちはどう向きあえばいいのか。これらの問いに世界思想の水準で即答し、公開できるのは吉本隆明氏ひとりだけと言い切っても過言ではないだろう。家庭内暴力から農業問題まで、安楽死問題からクローン人間の可能性まで、いつでも正面から答える用意ができているのが吉本という思想家である。その数十年後の検証にも堪《た》えられる理論的根拠の啓示が戦後の日本人、殊《こと》に若い世代に強力な影響力を終始一貫して与え続けてきた。このような思想家の存在を他に見いだすことはできない。オールマイティの所以は何なのであろう。

『心的現象論序説』のはしがきで、氏は言語の原理論的な考察から、心的現象についての探求へ不可避的に移行したことについて、「いうまでもなく、この領域は、心理学、精神医学、哲学の領域に属していて、わたしはひとびとがわたしの専門とかんがえている文学の固有領域から、すくなくとも具体的には一段と遠ざかることになる。しかし、現在では、一個の文芸批評が独立した領域として振る舞おうとするとき、このような文学的常識からの逸脱はまぬがれ難いものである」と述べている。「逸脱はまぬがれ難い」という箇所に、埴谷雄高《はにやゆたか》氏が文学作品のかわりに政治論文を書きつづけたことの意味について氏が考察した一文を重ねてみる。

「かれは、政治理論と政治組織の貧困な風土で、過重な負担をおわされた必然的な前期革命者にほかならない。いったい、政治理論の本質的な部分を、ひとりの文学者に負わせねばならない社会で、おめおめと生きている革命家とは何者か（略）政治からとおくにあって架空の世界を構築してきた文学者が、政治屋たちへの侮蔑《ぶべつ》をこめて政治について語らなければならない奔倒の時代ははじまっているのだ」（「永久革命者とは何か」）と埴谷氏の根源的逸脱を指摘した箇所は吉本氏自身の内心の吐露とみて過《あやま》つまい。一箇の文学者に過重な負性を背負わす奔倒の時代は連綿として続いており、「はるかな手のとどかぬ先頭のあたりを血煙をたてて突っ走っている」（島尾敏雄《しまおとしお》）のが吉本隆明氏だ。氏はひとり哲学者や心理学者や経済学者や精神医学者への侮蔑をこめて、閉じ籠《こ》もりについて、エコロジーについて、産業構造の高次化について語ることで、それら個別の学的な領域を転倒し、逸脱するのである。マルクスが単なる哲学者でも政治学者でも経済学者でもなく、一人の思想家であったそれと氏は相似形をなす。当然のごとく、その『読書の方法』は、逸脱する読書法の現象学となるであろう。

　吉本氏の読書の方法の序章はまずは辛辣《しんらつ》かつユーモラスな助走ではじまる。「もしただいま大恋愛の最中だったら、本など読むことをおすすめしない。とくに恋愛小説など、間違っても読んじゃいけない。（略）また恋愛中の相手の恋人に、本の話など仕掛けてはいけない。たとえば遊園地に行って黙って恋人とジェット・コースターに乗って遊ぶことに比べたら、ずっと不毛なお喋りにすぎないからだ」（「読むことの愉しみ」）という意表をつく発言がある。軽いおしゃべりのようにみえるが、『対幻想』の「恋愛は論じるものではなく、するものだ」という名言同様に思考を刺激する含蓄に富む。それでいて親和的であたたかい。わんぱく少年ぶりは、ユングやバタイユなどの思想的営為を論じた『書物の解体学』でも「書物を解体するという意味は、スクラップにすることを含んでいる。書物をそのまま〈もの〉とみなし、表紙の片端をもって振りまわしてみたり、ゆさぶってみたりしてみる。悪質な造本だと、すこしつづけていると文字通り解体してくれる」といった書き出しにも表われていて、その悪戯《いたずら》っ子ぶりには微笑を誘われる。このユーモラスな記述は、「本の整理法」を論じた別の文章では、古本屋にお払箱にする解体法を提示したあとで、「物書きの結果である本を売りとばすのではなく、物書き自身の方を廃棄処分にして売りとばす整理法がある」と結ぶなど、鮮やかな自己処断を下す。ここには鹿爪らしい啓蒙家や道学者の厳《いか》つい表情は寸毫《すんごう》もない。

「最も深く影響をうけた作家・作品は？」というアンケートで、氏はファーブル『昆虫記』、編者不詳『新約聖書』、マルクス『資本論』の三冊を挙げている（『われらの文学』内容見本）。吉本氏の読書遍歴ひいては思想の核心を端的に象徴する局面であるので、ここは「読書について」「ある履歴」「埴谷雄高論」といったエッセイを参照しながら、いま少しく踏み込んでみたい。

膨大な読書体験のなかから、あたかも現実上の事件に遭遇したような精神上の事件となった書物として挙げられた十代半ばにおける『昆虫記』、二十代はじめの『新約聖書』、二十代半ばの『資本論』の三冊。まず私たちが三嘆にたえないのは、吉本氏が弱年にして震撼されるべく用意された精神の持ち主であったという事実である。「書物に展開された思想は、それが肉声をはなれた表現である理由で、震撼さるべく用意されたものの精神をしか、震撼することはありえない」からだ。

「ファーブルの分析的な緊密な文体をたどりながら、たしかに、ここに、一生を棒にふってどこかの路《みち》ばたにうずくまって蟻地獄の生態などを観察している孤独な人間がいるような気がした。それは、十代の柔軟なこころには恐ろしい感動であった。昆虫の生態を観察しているファーブルは充実した時間のなかにおり、すこしの孤独もないのだが、そういうことに生涯をついやしうるということで、わたしは人間の孤独とは何かということを感じないではおられなかった」という述懐が、十代の少年時に考えられていたことに驚くのだ。いや十代といわず、『昆虫記』をこのような位相で読んだ人、読みこみ得る人が、いま、何人いるだろう。ファーブルの故国にもいないのではないだろうか。

人間は昆虫の観察のために一生を費しうるのだということ、彼自身の生自体が必然的にそこにのめり込み、のめり込んだ主題に突き進んだまま、やがて気がつくと、膨大な時間を浪費していた……。「ファーブルは、昆虫を眺めて、ふとわれにかえったらシラガのお爺さん。『新約聖書』の作者は人を愛憎して、ふとわれにかえったらシラガのお爺さん。読書が、マルクスは資本主義社会の正体をあばいて、ふとわれにかえったらシラガのお爺さん。読書が、こういう人物の精神に出あうためになされるのでなければ、あるいは、書物よりも、現実のほうがずっとおもしろいのではないかとかんがえる」には壮大なシンフォニーを聴きおえたような余韻が残る。通奏低音《つうそうていおん》として「生れ、婚姻し、子を生み、育て、老いた無数のひとたちを畏《おそ》れよう」という『初期ノート』に録《しる》された心ふるえる旋律がある。

吉本氏の思想に内部的一貫性があることを指摘したのは鮎川信夫《あゆかわのぶお》である。「変化を前提としての内部的一貫性とでも言ったらよいのであろうか。時とともに、その特色を変更してゆくが、元の構造上の同一性は維持されるという、ダイアレクティクな発展を意味するものに他ならないのである。いわば、変化を進化として意識する方法が、そこにとり入れられている。吉本のダイナミックな詩的、批評的全機能を支えているのは、その方法である」(「吉本隆明」)。世界を認識する方法を戦前に全く知らなかったという吉本氏はその苦《にが》い内省から読書の対象を選びとり、烈《はげ》しく自己の命運を賭してゆくことで思想家としての決定的な飛躍をなしとげていったのである。

早熟性ということで私が最初に衝撃を受けたのは、吉本氏が二十一歳時に『初期ノート』に書きつけた小品「哀しき人々」である。冬の晩、友人三人が下宿に集まり、「若し斯う言ふものになりたいといふ事があつたら言ひあおうではないか」と話し合う挿話である。吉本氏のそれは「頭髪を無造作に刈った壮年の男が、背広を着て、両手をポケットに突込んだまま、都会の街路樹の下をうつむいて歩んでゆく。俺は若しなれるのならそんな者になりたい」というものである。吉本氏の思想源には、こういう資質と、戦争の実体に自身の生存の中核がぶつかったという契機が複合している。そのことが氏の読書の履歴に微妙な陰翳を帯びさせることになる。戦中、『宮沢賢治名作選』（松田甚次郎《まつだじんじろう》編）、高村光太郎《たかむらこうたろう》『道程』、保田与重郎《やすだよじゆうろう》『日本の橋』、小林秀雄《こばやしひでお》『ドストエフスキイの生活』、横光利一《よこみつりいち》『旅愁』、太宰治《だざいおさむ》『富嶽百景』の影響を受けはしたものの、しかし「これらをすべてあげても、動員生活の労働や、寮生活の友情の葛藤や、戦争の運命に追いつめられて刻まれてゆく生存感からえとくしたものには及ばなかった」（「ある履歴」）という透徹した述懐になるのだ。人はなぜ読書をするのか。自分の資質が宿命的に描いてしまう固有の挫折の仕方に出会うためだといいたげである。読書も宿命的な資質が演じるドラマのように映る。

敗戦のあと数カ月、氏は戦争中もっていた書物を、皆うそっぱちだとおもえ、腹立ちのあまり、蔵書をリュックにつめ、叩き売る。かわりに『国訳大蔵経』と岩波文庫の古典を集めてかえり、しばらくは、それを読んでくらす。だが「漢訳を日本語よみにかきなおしているだけの日本の流布仏典というのは、よみづらいばかりか、すこしもピンとこないようにできていたが、我慢してよんだ。ようするに内容が判るとか判らないなどということは、たいした問題じゃないんだ。おれがこうして古ぼけた仏典をよんでいることにくらべればな、わたしは自分にいいきかせた」（「大菩薩峠」）。吉本読書論の要諦《ようてい》である。こうした発言の背景に「当時の僕には読むという操作と眺めるという操作と直感するという操作とは同時的なものであった」という虚無と焦燥《しょうそう》に苦悩し、殆んど生きる方途《ほうと》を喪《うしな》うという「暗い時間のほとり」を彷徨《ほうこう》する辛い覚醒の刻があったことを忘れてはなるまい。こういう体験なしでは、どんなに知識を蓄積し、感覚的な芸をみがいても、決して社会科学や哲学や文学の本質に参入することはできない。ひとは知識なくして本質に参与することもできるし、知識があっても本質をあかされない場合もあるということだ。

六〇年安保世代、七〇年全共闘世代の学生の間で、「吉本千年、埴谷万年」という言葉が飛び交ったことがある。誰がどういう理由で言い出したのか詳《つまび》らかにしないが、思想の賞味期限をさすものという。宇宙のことから〈存在〉や〈意識〉といった形而上的《けいじじょうてき》な問題までを思索する埴谷雄高に優位性を見ているが、私の評価では逆である。それは措《お》いて、吉本氏がマルクスのような「千年に一度しかこの世界に現われないといった」思想家であることは肯定してもいいだろう。千年で驚いては困る。「三千年に気づかぬ者は、暗黒と無知の世界に住んで、その日暮らしをするがよい」とゲーテはいい、「少なくとも二千年という歴史的広がりの文脈のなかで自分自身を見ることのできない者は、一生、日々の雑事に追い回されることになる」とリルケは明言している。吉本氏もまた「古代のギリシャの思想も、古代の東洋の思想も、ほとんどの人間の考えることは全部考えつくしたのです。人間の起源から宇宙の起源まで、人間が死んだらどうなるのかとか、そんなことは全部考えられているのです」とか「古典がのこされているということは、人間の叡知《えいち》というものが、すでに遠い古い時代に、考えるべき大すじのことは考えつくし、感ずべきことの多くは感じつくしていたことの証拠のような気がする」と、人類史の全タイムスパンを思考の射程に入れていることを表明している。二千年前の思想家が考えたことを、〈いま〉と同じ平面で解読している。

これは人類史の時間を縦軸にとった認識法だが、ソシュールの「共時的」という見方、つまり時間を横軸にとれば、イエスも親鸞《しんらん》もマルクスもニーチェも、すべて横にある隣人という関係が開かれてくる。みんな〈いま〉という時間を生きていることになる。イエスも親鸞もマルクスもニーチェも吉本隆明も、〈いま〉という共時的時間のところで出会うことになる。別の言い方もできる。無限遠のランドサットの衛星から眺めれば、イエスも親鸞もマルクスもニーチェも吉本隆明も等身大に見えると。

「吉本隆明がいるかぎり、この世はまだ捨てたものではない」といって六〇年、歌人の岸《きし》上大作《がみたいさく》が自殺したが、深夜、思想史のノートを繰るとき、私の内にもその声に和するものがある。「私たちが吉本隆明をもつことを世界に誇っていい」ということは本書一巻に限定しても首肯できる。

吉本氏は十代二十代三十代までの震撼された書物を挙げたが、それ以後はどんな本を呈示するか。「一冊を択べといわれたら、サルトルの『存在と無』かフーコーの『言葉と物』を挙げるだろう。また、おまえがいちばん影響をうけた本と言われれば、クルト・シュナイダーの『臨床精神病理学』を挙げるとおもう」が示唆的といえよう。「無人島にもっていく一冊の本」では『国歌大観』と答えてもいる。畏敬《いけい》しながらも吉本氏はサルトルやフーコー批判を七〇年代に遂行し、思想家として往相《おうそう》の極限を独往《どくおう》している。氏が知識の最後の課題は還相《げんそう》、即ち「非知」に向かって「寂《しず》かに」着地することだと語るとき、私の胸裡《きょうり》で〈現代の親鸞〉といった想念が屹立《きつりつ》する。「千年にひとりの思想家」という発想などが矮小なものに思われてくる。氏が宗教という「心情の王国」へ向かおうとしないのは「精神はその閉ざられた極限において神と結合する。精神はその開かれた極限において現実と結合する」（『初期ノート』）ことを熟知しているからだ。何よりかつて「人生は一行のボオドレエルにも若《し》かないという断言の背後には、かならずや百行のボオドレエルの詩も、下層庶民の生活の一こまにも若かないという痛切な反語的な自己処罰の鞭《むち》があった筈だ」と芥川龍之介《あくたがわりゅうのすけ》に迫り、断罪した吉本氏が「心情の王国」へ逃れ、安心立命をはかるはずはない。生きた現実へ、庶民の生活の場へと降りていくのみである。

梅原猛《うめはらたけし》氏は吉本氏との対話『ロゴスの深海――親鸞の世界』で、吉本氏が戦争中、高等工業学校時代に「親鸞和讃」を書きおえていることに、「これはもう、私など及びもつかない早熟な才だ」と驚嘆している。せいぜいここ十年内外（一九七六年頃）の作品だと思っていたことを告白もしている。実際は一九四四年、二十歳のときの原稿であった。

「人に読んでもらいたいオーソドックスな十冊」の一冊にマルクス『資本論』（長谷部文雄《はせべふみお》訳）を挙げ、「訳者自身も気づいていない日本マルクス主義の解体を予兆した訳本といってよい」と推薦の理由を説明している。語学痴《ごがくち》の私には、興味を唆《そそ》られる指摘だが、単なる和訳と学識と感性によって磨かれ決定的な相貌《そうぼう》を刻む翻訳とは違うということだろう。

ことのついでに触れるが、吉本氏の古典論や海外詩人論で引用される原典の現代語訳は、すべて吉本氏の私訳である。『伊勢物語論』『源氏物語論』『歎異鈔論』『反ヴァレリイ論』『マチウ試論』『アラゴンへの一視点』等々がそうである。そのうち『吉本隆明翻訳集』が編まれることがあるかもしれない。

いつだったか吉本氏と歓談したおり、私が「吉本さんの作品はもっと海外へ翻訳されるべきです」と愚痴ったところ、間髪容れずに「その思想が本物なら、原文で読まれるものなのです。向うのひとが日本語を学んで読めばいいのです」と返されたものである。私は無知を曝《さら》け出すとともに、「目から鱗《うろこ》」の体験を味わったのである。

現代日本思想大系『ナショナリズム』『国家の思想』（編集吉本氏）には収録した各論稿の標題の傍に数行のリードが付されている。出版社の編集者によるものと漠然と考えられていたが、今回初めて吉本氏自身の執筆であったことが明らかになった。論文の長短にかかわらず、評価の核心をすべて三〜四行に集約した手練を、論文の収録にみせた炯眼《けいがん》（保守派思想家、論敵からも選択）とともに記憶に留めたい。

本書に未収録の読書論（『文化のパラドックス』（「サントリークオータリー」一九八六年九月刊）の一端を紹介しておこう。大略「西武のカルチャー・センターというのがあるでしょう。僕、そこで読書術というか、読書論というのをやってくれと言われたんですね。それを四回なり五回なり一応聞いた人が、同じ本でもいままで読んでた読み方とまるで違っちゃったという読み方ができるというふうな、そういう効果がなければ、これをやったって意味がないし、しようがないじゃないかと思って、やらなかった。本を読んだときに感銘の深い場所があるでしょう。そういう個所をつなげまして、ああこの本を読んだ、この小説を読んだ、この小説はこうなんだというふうに、以前は論じていたように思うんです。読み方もそうしてた。ところが僕はある時期から、これはだめだ、こういう本の読み方はだめじゃないかと思ったんですね。ことさら感銘とかなんとかというのを起さないという個所があるんですね。本当はそういうところに文学作品の核心があったり、あるいは書物の核心があったりすることがある。これを拾い出せるような読み方というのをしなけりゃ批判にはならんぜ、というふうに思いました。多分それが僕の唯一の進歩です。読書術の進歩です」

いま一つ、過日、『なぜ、猫とつきあうのか』を再読した感動をも録しておきたい。

「子どものころは知らなかった（気がつかなかった）というべきか、猫はもう老人にちかくなっても、眠った夢うつつに、母親のお腹を両前足で交互にふみながら乳汁《にゆうじゆう》を吸ったときの動作を毛製のクッションに顔を埋めてやることが、ときどきある。このときかなり幼児化したいい表情をしている。捨て猫を拾って育てた猫だと、つくづくそうおもう。人間は老人に近くなってからは、そんな夢などみないような気がする。無意識の動作のうちに発散しているからかもしれないし、乳児の夢として結晶するほどの無意識の強さを意識過程のなかに消去してしまっているからかもしれない」（「猫の部分」吉本隆明）

この緻密《ちみつ》な観察と寂寥と静謐《せいひつ》をたたえた文体――私がファーブルの『昆虫記』についての吉本氏の文章の断片を想起し、変わることないその内部的一貫性を確認したことはいうまでもない。「そこには鋭利な分析的な文体と、なめるように対象を観察したものにしかありえない感覚的なイメージがあり、その背後に、うずくまって猫（虫）を観察している充実した孤独な吉本氏（老人）を視たような気がした」

二〇〇一年十一月　光文社刊
二〇〇六年五月　知恵の森文庫刊

光文社文庫

読書《どくしよ》の方法《ほうほう》 なにを、どう読《よ》むか

著 者 吉《よし》 本《もと》 隆《たか》 明《あき》

2007年6月1日 初版1刷発行
2017年2月25日 4刷発行

発行者 鈴 木 広 和
印 刷 慶 昌 堂 印 刷
製 本 ナ シ ョ ナ ル 製 本

発行所 株式会社 光 文 社
〒112-8011東京都文京区音羽1-16-6
電話 (03)5395-8149 編 集 部
8116 書籍販売部
8125 業 務 部

落丁本・乱丁本は業務部にご連絡くだされば、お取替えいたします。
ISBN978-4-334-74261-4 Printed in Japan

組版 慶昌堂印刷

お願い　光文社文庫をお読みになって、いかがでございましたか。「読後の感想」を編集部あてに、ぜひお送りください。

このほか光文社文庫では、どんな本をお読みになりましたか。これから、どういう本をご希望ですか。

どの本も、誤植がないようつとめていますが、もしお気づきの点がございましたら、お教えください。ご職業、ご年齢などもお書きそえいただければ幸いです。当社の規定により本来の目的以外に使用せず、大切に扱わせていただきます。

光文社文庫編集部